W0364083

dtv

In einer wilden Herbstnacht feiern die Bewohner der irischen Aran-Inseln Samhain, die Zeit, in der die keltischen Naturgötter ins Winterlager wechseln. Man verkleidet sich, um von den Gestalten der Anderswelt nicht erkannt zu werden. Einem Gast in Pattie Burkes Bed & Breakfast wird diese Nacht zum tödlichen Verhängnis. Denn der geheimnisvolle »Green Man«, eine Gestalt in Baumkostüm, schlägt brutal zu. – In ihrem dritten Fall bekommt es Grace O'Malley, Leiterin des Morddezernats in Galway, mit der irischen Sagen- und Geisterwelt zu tun. Außerdem muss sie sich mit dem Verein »Für das Recht, Torf zu stechen« auseinandersetzen, lernt etwas über das Goldschürfen im Delphital und begegnet den Travellern, Irlands fahrendem und nach wie vor ungeliebtem Volk. Einmal mehr erkennt Grace, wie schmerzhaft der Umgang mit dem Begriff »Heimat« manchmal sein kann.

Hannah O'Brien ist Journalistin und Autorin und war lange Zeit in Großbritannien und Irland zu Hause. Heute lebt sie in Köln und an der Mosel, ist aber regelmäßig auf der Grünen Insel zu Gast und kennt Land und Leute wie ihre Westentasche. ›Irische Nacht‹ ist der dritte Fall für die eigenwillige Ermittlerin Grace O'Malley.
Mehr über die Autorin: www.hannah-o-brien.de

Hannah O'Brien

Irische Nacht

Kriminalroman

dtv

Ausführliche Informationen über
unsere Autoren und Bücher
www.dtv.de

Von Hannah O'Brien
sind bei dtv außerdem erschienen:
Irisches Verhängnis (21584)
Irisches Roulette (21631)
Irisches Erbe (21720)

Auf den Seiten 391 ff. befinden sich ein Glossar,
ein Personenverzeichnis und eine Karte.

MIX
Papier aus verantwortungsvollen Quellen
FSC® C019821
www.fsc.org

Originalausgabe 2017
3. Auflage 2018
© 2017 dtv Verlagsgesellschaft mbH & Co. KG, München
Dieses Werk wurde vermittelt
durch die Literarische Agentur Michael Gaeb
Das Zitat auf Seite 214 wurde entnommen aus:
Jo Kerrigan, ›Old Ways, Old Secrets. Pagan Ireland in Today's World‹,
O'Brien Press, Dublin 2015, Deutsch von der Autorin
Umschlaggestaltung: Johannes Wiebel/punchdesign, München
Satz: Fotosatz Amann, Memmingen
Gesetzt aus der Aldus 10,4/12,8
Druck und Bindung: Druckerei C.H.Beck, Nördlingen
Gedruckt auf säurefreiem, chlorfrei gebleichtem Papier
Printed in Germany · ISBN 978-3-423-21675-3

Für Trygve und Lucy

Vom Meer her kam der Wind und schob die Wellen mit unbändiger Macht ans Land. Das Wasser spritzte hoch, wenn es über den weichen Sand gerutscht war und sich an den messerscharfen Klippen brach.

Graínne Ni Mháille war auf den Felsen geklettert. Sie winkte von dort ihrem Vater Shaun zu, der weiter unten am Strand zwischen den Steinen saß und seinen Rucksack packte.

»Bleib dort oben, Graínne«, rief er. »Die Flut kommt bald zurück und dann ist es hier nicht mehr sicher. Ich komme gleich zu dir.«

Der Himmel hatte sich graugrün metallisch verfärbt und düstere Wolkentürme schoben sich über dem Meer zu ihnen heran, als wollten sie Obdach unter den Bergen erbitten. Graínne kauerte sich auf den nackten Stein und streichelte ihn wie ein geliebtes Tier.

Als sie die Schritte des Vaters vernahm, musste sie sich nicht zu ihm umdrehen, um zu wissen, dass er hinter ihr stand.

»Warum will das Meer immer wieder zum Land? Wäre es nicht glücklicher, wenn es einfach dort draußen bliebe, wo es frei ist und niemand ihm eine Grenze zieht?«

Shaun trat neben sie. »Das könnte man meinen, aber das Meer hat Sehnsucht nach dem Land.«

Die kleine Graínne erhob sich und verschränkte die Arme. »Warum hat es Sehnsucht?«

Er streckte einen Arm aus und sie nahm seine Hand.

»Weil es sich durch das Land selbst erfährt. Ohne Land

wäre das Meer nur Wasser und könnte sich nicht spüren. Das Land zeigt dem Meer, was es ist. So wie das Land auch uns zeigt, wer wir sind.«

1

Er keuchte ein wenig, als er wieder auf der Dorfstraße stand, und starrte in die Dunkelheit. Wo waren sie nur geblieben? Sie mussten noch weiter oben an den Klippen sein. Er war an mehreren erleuchteten Häusern vorbeigekommen und durch die weit geöffneten Haustüren getreten, um nach der maskierten Fünfertruppe zu suchen. Doch vergeblich. Er runzelte die Stirn. Dass sein Gegenspieler bei dem wichtigen Deal, den er morgen unter Dach und Fach bringen wollte, heute Nacht auch hier sein würde, hatte er beim besten Willen nicht erwartet. Vielleicht sollte er jetzt umkehren. Das geplante Treffen konnte er auch später noch nachholen. Und der Spaß am Feiern war ihm sowieso gründlich verdorben worden. Dabei wurde in dieser Nacht Samhain gefeiert, das höchste Fest im keltischen Kalender, die irischste aller irischen Nächte. Die Nacht, in der die Geister der Toten, die Seelen der Vorfahren und alle keltischen Naturgötter von ihrer Sommer- in die Winterresidenz umzogen und die Menschen in ihren Häusern besuchten. In der Nacht vom einunddreißigsten Oktober auf den ersten November durfte kein Haus auf den Inseln verschlossen bleiben. Die Götter mussten Zutritt haben und jeder Mensch durfte sich, ohne einen Laut von sich zu geben, überall umsehen. So wollte es der uralte Brauch, der nur hier auf den drei irischen Aran-Inseln gepflegt wurde.

Im letzten Haus, das eine ältere Frau mit ihren drei Katzen bewohnte, waren die Vermummten wohl schon gewesen. Die alte Frau konnte sich gut an die Truppe erinnern, mit den braunen Papiertüten, die sie sich übergestülpt hatten, und ihren Kostümen aus blauen Müllbeuteln. Sie hatte ihm die Richtung gezeigt, in die sie weitergelaufen waren. Eine komische Frau, die komische Fragen gestellt hatte.

Plötzlich hörte er ein undefinierbares Geräusch hinter einer der Mauern und drehte sich um. Er konnte aber niemanden sehen.

Der Vollmond war hinter einer dichten Wolkendecke verschwunden und nun war es auf einmal stockdunkel. Er fluchte und kramte im Anorak nach seiner Taschenlampe. Ihr Lichtstrahl war nur sehr schwach, aber besser als nichts, dachte er. Der Sturm hatte sich gelegt und man konnte in der Ferne die Meeresbrandung vernehmen. Unschlüssig stand er da und überlegte, was er tun sollte. Die Truppe konnte nicht weit sein.

Da trug ihm der Wind ein paar Lachfetzen herüber, die vom Ende der Straße zu kommen schienen. Das mussten sie sein. Wahrscheinlich waren sie auf dem Weg zu Synge's Seat, dem Findling, auf dem vor über hundert Jahren angeblich der berühmte irische Schriftsteller John Synge gesessen und auf das Meer gestarrt hatte.

Irgendetwas raschelte nicht weit von ihm. Er zuckte zusammen und versuchte, in der Dunkelheit etwas zu erkennen. Ein Tier vielleicht, mutmaßte er. Hinter den niedrigen Steinwällen rechts und links der Straße hielten die Inselbewohner oft Esel, Kühe und Schafe. So waren die Tiere windgeschützt und konnten nicht allzu weit umherstreifen.

Er ließ den dürren Strahl der Taschenlampe über das Feld und die leicht abschüssige Straße gleiten. Niemand außer ihm hielt sich hier auf. Er musste sich so darauf konzentrieren, in der Dunkelheit nicht die Orientierung zu verlieren, dass er nicht wahrnahm, wie sich schräg hinter ihm auch ein Strauch hinter der Mauer in Bewegung setzte und ihm folgte. Wie der Wald von Birnam in Shakespeares Macbeth.

Unsicher tastete er sich an einer Steinmauer entlang, und als er bald darauf das Ende der Mauer und dann ein Metallgatter spürte, glaubte er plötzlich, ein Flüstern dahinter zu hören. Er hielt abrupt inne und hielt den Atem an. Doch das Geräusch war verstummt. Vielleicht hatte er sich das Flüstern auch nur eingebildet. Gerade als er seinen Weg fortsetzen wollte, vernahm er es erneut.

Jemand flüsterte seinen Namen.

Diesmal hatte er es eindeutig gehört. Langsam griff er nach dem Riegel, um ihn zurückzuschieben, als er merkte, dass das Tor nur angelehnt war. Es quietschte leicht, als er es aufstieß und hindurchschlüpfte.

War das ein Mann oder eine Frau gewesen? Beim Flüstern konnte man das kaum unterscheiden. Eine Welle der Aufregung durchströmte seinen Körper, eine angenehme Aufregung. Vielleicht war es ihr endlich gelungen, sich von den anderen abzusetzen, um ihn vorzeitig zu treffen. Aber ausgerechnet hier?

»Hierher!« Die Aufforderung hatte nicht herrisch und befehlend, sondern eher verheißend geklungen.

Er stolperte über das steinige Feld und konnte immer noch nichts erkennen. Auf einmal registrierte er eine blitzschnelle Bewegung ganz in der Nähe und ein Geräusch, das er nicht einordnen konnte – es klang wie raschelnde Blätter. Und als er merkte, dass der Mensch, der ihn durch das Gatter gelockt hatte, nun hinter ihm war, witterte er endlich die Gefahr. Es war klar, dass er nur noch wenige Sekunden hatte, um sich in Sicherheit zu bringen. Da spürte er einen Schlag von hinten in die Kniekehlen und kippte nach vorne. Er roch Erde und Moos und wunderte sich. Kurz darauf spürte er kühles Metall an seinem Hals. Die Verwunderung war jäh verschwunden und nacktem Grauen und seinem Überlebenskampf gewichen. Er war vergeblich.

2

Es sah fast so aus, als gehörte ihr Arm nicht zu ihrem Körper. Die Hand an seinem Ende zuckte und fuhr mit ihren zarten Fingerkuppen anmutig leicht, fast schwerelos, dann wieder kraftvoll und mit Entschiedenheit in die Saiten, als duldete sie keinen Widerspruch.

Peter Burke hob sein Glas und versuchte sich einen Weg zu den Musikern zu bahnen, um ihnen näher zu sein. Die Band, die sich an diesem Abend im einzigen Pub auf Inis Meáin zur Feier des keltischen Samhain zusammengefunden hatte, bestand aus exzellenten Musikern, fünf Männern und drei Frauen, doch die Fiedlerin war eindeutig ihre Königin. Die rothaarige zarte Frau schien wie in Trance zu spielen. Sie war es, die das höllische Tempo des Jigs vorgab. Ihr linker Fuß schlug unter der Bank mit der Ferse fest auf den Boden, der Oberkörper wippte leicht mit dem Rhythmus. Sie wiegte sich nicht, wie es die meisten Fiedler machen. Sie wippte wie ein unruhiges Tier.

Peter nahm einen Schluck Bier und beobachtete sie. An wen erinnerte sie ihn?

Schließlich setzten alle Musiker zu einem rasenden Finale an. Der Bodhran-Spieler warf den hölzernen Handknochen in die Luft, um ihn dann über seine Trommel wirbeln zu lassen, als würde er es mit sämtlichen Geistern, die in dieser Nacht auf den Aran-Inseln umherstrichen, aufnehmen wollen und mit ihnen um die Wette hetzen.

»Wunderbare Stimmung mal wieder – mein Gott, was für ein Trubel!« Pattie Burke war mit einem Glas Wein in der Hand neben ihren Sohn getreten und nahm einen

Schluck davon, während sie über den Rand hinweg die anderen Gäste musterte. »Die Kostüme auf Meáin sind immer die besten«, fuhr sie fort. »Hier sind die Leute tatsächlich noch komplett vermummt, so wie es sein soll, damit man nicht erkannt wird. – Nicht wie auf Inis Mór.«

Das Letzte hatte sie eine Spur verächtlich gesagt. Dass die Bewohner von Inis Meáin mit der benachbarten größten und bekanntesten der drei Aran-Inseln in einer Art Konkurrenz standen, war nicht zu überhören, obwohl Pattie das niemals zugegeben hätte.

Peter grinste und zeigte mit der freien Hand auf eine kleine Gruppe Vermummter, die in einer Ecke des Pubs saßen. Alle vier hatten sich braune Papiertüten über die Köpfe gestülpt, aus denen nur Löcher für Augen, Mund und Nase geschnitten waren. Die Körper steckten in blauen Müllsäcken, an die sie selbst gemachte bunte Strohblumen geheftet hatten.

»Auf Inis Mór denken sie, wenn sie sich ein Halloween-Hütchen aufsetzen, reicht das schon. Schämen sollten die sich! Wir sind in ganz Irland die Einzigen, die die wahre Tradition, wie man Samhain begeht, hochhalten.« Pattie nippte wieder an ihrem Glas und verschluckte sich fast dabei. Die attraktive Endfünfzigerin mit dem dunklen Zwanzigerjahre-Bob und der silbernen Strähne darin war vor über zehn Jahren aus der Grafschaft Mayo auf die mittlere der drei Arans gezogen und hatte hier im alten Schulhaus ein exklusives Bed and Breakfast eröffnet. Dass sie ganz nebenbei noch ein ebenfalls exklusives Online-Wettbüro für die kleine Gälisch sprechende Welt betrieb, hatte ihr Sohn erst vor Kurzem herausgefunden. Obwohl er ein erfahrener Privatdetektiv war, der sich auf Wirtschaftsfälle spezialisiert hatte, konnte Pattie das Wettbüro jahrelang vor ihm verheimlichen. Peter lebte im nahen Galway am Ende der großen Bucht, in der diese bizarren Inseln lagen.

Die Musik hielt mitten in ihrem Höhepunkt an und war urplötzlich zu Ende. Alle klatschten begeistert. Einige johlten und stießen hohe, spitze Töne aus. Dann drängten sich die Gäste vor der kleinen Theke. Die Leute an der Bar kamen mit den Bestellungen kaum nach. Die Fiedlerin mit dem strengen Haarknoten hatte sich kurz halb stehend umgesehen, als suchte sie in der Masse der Besucher jemanden. Dann hatte sie sich aber wieder an einen Tisch gesetzt und sich der Flötenspielerin neben ihr zugewandt.

»Die spielt ja unglaublich!« In Peters Stimme schwang Bewunderung mit. Seine Mutter nickte zustimmend. »Das ist Tessa Keane. Eine unserer besten Musikerinnen hier im Westen. Komisch, dass du sie noch nie gehört hast.« Pattie ließ ihren Blick nun wieder durch den Schankraum des kleinen Pubs schweifen.

»Suchst du jemanden, Mum?«

Pattie hob kurz die Schultern. »Eigentlich war ich mit Michael auf ein Schwätzchen und ein Glas verabredet ...« Sie griff sich gedankenverloren an die schmale Kette aus schwarzem Jet, die sie um den Hals trug.

»Einer von deinen Bed-and-Breakfast-Gästen?«

Pattie schüttelte den Kopf. »Nein, Michael Lynch ist ein alter Bekannter aus Delphi. Er wollte dieses Jahr unbedingt zu Samhain rüberkommen. Ich glaube, er hat eine Ferienwohnung von den Walshs angemietet. Weil ich schon belegt war, als er vor ein paar Tagen anrief.« Sie zögerte und korrigierte sich dann. »Nein, das stimmt nicht ganz. Ich rede mir das mal wieder schön. Ich war zwar ausgebucht, aber er hatte das Cottage schon vorher gemietet. Das fand ich ein bisschen schade, aber, mein Gott, so gut kennen wir uns auch wieder nicht.«

Etwas in ihrer Stimme kam ihm merkwürdig vor. Peter hatte sich nun ganz zu seiner Mutter umgedreht. »Du hast ihn nie erwähnt. Woher kennst du ihn?«

Pattie lächelte. »Er ist Farmer, wie ich schon sagte, aus dem Delphital. Etwa in meinem Alter. Ein angenehmer Mann, wie ich finde. Und wenn ich Farmer sage, dann meine ich das. Er hängt an seinem Land. Ein Mayo-Mann. Mit viel Herz, Seele und Verstand. Und mit Visionen. Deshalb hat er auch eine Menge Geld. Er besitzt Land, viel Land, weißt du?«

Peter nahm ihr das leere Glas ab und sah sie prüfend an. War dieser Michael etwa einer der zahlreichen namenlosen Liebhaber seiner Mutter, die er nicht einmal alle kennengelernt hatte? Sie war schon seit Langem Witwe und wollte ihren Junggesellinnenstatus, wie sie ihm gegenüber häufig betonte, ganz bestimmt nicht aufgeben.

»In welcher Reihenfolge?«

Einen Moment sah Pattie ihn irritiert an. »Was meinst du damit?«

»Na, was war zuerst da? Geld oder Seele? Land oder Visionen? Oder hatte er schon immer Verstand und leistete sich das große Herz nebenbei als Maskottchen?« Um seinen Mund zuckte es.

Pattie stieß ihren Sohn mit dem Ellenbogen liebevoll in die Rippen. »Ach, Peter. Du bist ungezogen.«

Da setzte die Band auf einmal wieder ein. Diesmal sang ein alter Mann mit einer knarzigen, fast krächzenden Stimme die Ballade von der Spanish Lady. Sofort verstummten die lebhaften Gespräche in dem überfüllten Pub. Alle richteten ihre Aufmerksamkeit auf den Sänger, der sein Lied inbrünstig und mit halb geschlossenen Augen vortrug, das schüttere Haar so zurückgekämmt, dass die Spur der Zinken wie kleine Reifenspuren auf der Kopfhaut zu erkennen waren.

Peters Blick fiel auf einen großen, kräftigen Mann, der plötzlich schräg hinter den Musikern aufgetaucht war. Er war mittelblond und glatt rasiert. Das kantige ausgeprägte

Kinn verlieh seinem Gesicht eine Entschlossenheit, die beinahe an Brutalität grenzte. Seine Augen waren hell und wach. Peter bemerkte, wie sie sich an der Fiedlerin festhakten, so lange, bis sie sich, von diesem Blick wie an unsichtbaren Fäden gezogen, umdrehte und ihn über ihr Instrument hinweg ansah.

»Whack fer the dora dora lady, whack fer the dora dora day«, sang der Alte unverdrossen und mit schnarrender Stimme.

Peter spürte, wie sich seine Mutter auf die Fußspitzen stellte und sein Ohr suchte.

»Das da drüben ist er übrigens – Michael«, flüsterte sie ihm eindringlich zu und wies mit dem Kopf in Richtung der Band.

Peter runzelte die Stirn. »Du meinst den Großen mit dem Richard-Burton-Kinn?«

Pattie nickte stumm. Doch Peter wusste bereits, dass Michael Lynch mit seinen Ländereien, dem außergewöhnlichen Verstand und seinen Visionen nicht der aktuelle Liebhaber seiner Mutter sein konnte. Ihn verband eher etwas mit der rothaarigen Fiedlerin. Das war offensichtlich.

Eine Viertelstunde später bahnte sich die Gruppe mit den blauen Müllbeutelkleidern einen Weg zur Tür, um den übervollen Pub zu verlassen. Tessa Keane und ihre Band bekamen an der Bar gerade frische Getränke serviert. Sie stießen ausgelassen an. Trotzdem schien die Fiedlerin abgelenkt und unruhig zu sein. Peter beobachtete sie immer wieder. Michael Lynch hatte sich ihr in einer Musikpause kurz genähert und ein paar Worte mit ihr zu wechseln versucht. Aber alle in diesem Raum schienen zu schreien, lauthals zu lachen oder sich überschwänglich zuzuprosten. An ein normales Gespräch war bei diesem Lärm nicht zu denken.

Ein dreiköpfiges Monster – drei Männer, die zusammen in einem riesigen Sack steckten – wankte auf Peter und Pattie zu.

»Der ganz normale Wahnsinn«, nuschelte einer der Köpfe freundlich in ihre Richtung.

Peter grinste und nickte, während sich der zweite Monsterkopf zu Pattie hinunterbeugte und ihren Kopf tätschelte. Standen die etwa auf Stelzen, überlegte Peter, oder warum waren die gut dreißig Zentimeter größer als alle anderen?

»Die Müllsäcke inspizieren gerade deine bescheidene Hütte, Süße. Ich weiß, von den Inselleuten klaut niemand was, aber wir sind nicht ganz unter uns. Sind 'ne Menge Besucher von außerhalb heute Nacht hier. Also, sieh dich vor! Nur als kleiner Tipp.« Damit schwankte das dreiköpfige Monster leicht unkoordiniert zur Theke weiter.

Pattie nickte Peter kurz zu. »Da könnte was dran sein. Ich geh besser wieder nach Hause.«

Resolut bahnte sie sich einen Weg zur nahen Tür und Peter folgte ihr.

Vor dem Pub ging es weder leiser noch geordneter zu. Um die groben Holztische mit den festgenagelten Bänken und den schiefen Sonnenschirmen drängten sich zahlreiche Menschen, die ebenfalls übermütig brüllten und wild gestikulierten. Das war *craic,* der unbändige Spaß an der Freude, wie die Iren es nannten. Was hatte Peter in dieser Nacht auch anderes erwartet?

Seine Mutter war rasch die wenigen Schritte über die Straße zu ihrem Haus gelaufen und durch die weit geöffnete Tür in seinem Inneren verschwunden, als Peters Handy sich meldete. Erstaunt antwortete er. Es war Grace O'Malley, die ihn um Mitternacht noch anrief.

»Langweilst du dich etwa auf Achill Island?«, fragte er amüsiert seine alte Jugendfreundin. Grace O'Malley war neugierig, wie man die keltische Nacht auf den Inseln feierte. Die Polizeikommissarin, die seit Kurzem das Morddezernat in Galway leitete, hatte ihn nicht wie geplant begleiten können. Sie musste kurzfristig zu den Verwandten in ihre gemeinsame Heimat Achill Island fahren, um eine Familienangelegenheit zu klären, wie sie Peter erzählt hatte.

»Es geht so«, antwortete sie ihm. »Bei euch ist es bestimmt viel ausgelassener und wahrscheinlich auch gefährlicher, wenn die Geister heute Nacht ihr Unwesen treiben.«

Mit dem Handy am Ohr folgte Peter seiner Mutter ins Haus und bemerkte eine Gruppe der Samhain-Geister, die gerade die Runde darin machten. Es waren nicht nur die fünf aus der Müllbeuteltruppe, sondern noch drei weitere, die aber keine Maske trugen.

»Na ja, hier streifen überall Vermummte umher und treiben Schabernack. Als gefährlich würde ich das nicht bezeichnen. Du solltest es da oben wirklich mal für ein paar Tage genießen und eine Auszeit nehmen, Grace. Du bist schließlich nicht nur Kommissarin, sondern auch …« Er stockte kurz.

»Na, was denn?« Sie klang gespannt.

»Peter! Hilfst du bitte mal?« Seine Mutter rief und er war froh, das Gespräch beenden zu können.

»Ich muss aufhören, die Götter übernehmen jetzt hier die Herrschaft. Bis morgen in Galway.« Er legte auf.

Peter ging in die Küche, als er aufgeregte Stimmen aus dem hinteren Garten hörte, die heftig zu streiten schienen. Vorsichtig schlich er in die Vorratskammer, die unmittelbar an den Garten grenzte.

Da zischte jemand mit kaum unterdrückter Wut: »Du bist der Teufel! Du hast mich schon so oft hintergangen und jetzt willst du mich austricksen. Doch das wird dir diesmal nicht gelingen!«

Peter versuchte durch das niedrige Fenster zu spähen, konnte aber von diesem Blickwinkel aus niemanden sehen.

Ein zweiter Mann lachte leise und flüsterte etwas, das Peter nicht verstehen konnte.

»Aber jetzt hast du Pech gehabt. Delphi gehört mir!« Das war wieder der erste.

»Oh, da täuschst du dich, bis morgen kann noch viel passieren!«, zischte die zweite Stimme.

Und dann rannte jemand hastig weiter in den Garten hinein. Blitzschnell nahm Peter die hintere Tür und gelangte so ebenfalls in den Garten. Es war Vollmond und der Himmel sternenklar. Peter erkannte den Mann sofort, der da ungeduldig mit dem Schloss des Gartentors kämpfte. Es war Michael Lynch.

Peter trat zu ihm. »Die Geister nehmen heute Nacht nur die vordere Tür. Diese hier halten wir immer geschlossen. Wir hoffen, dass sie deswegen nicht zornig auf uns sind.« Peters Stimme klang unaufgeregt und freundlich.

Dem Farmer war die Situation offensichtlich unangenehm und er versuchte ein Lächeln, das etwas schief in seinem Gesicht hing. Aus der Nähe betrachtet, wirkte er auf Peter nicht so unsympathisch, wie er ihm im Pub zunächst vorgekommen war.

»Ich bin Peter Burke, Patties Sohn. Sie kennen, glaube ich, meine Mutter.« Er streckte dem großen Mann seine Hand hin, die der schnell ergriff.

»Entschuldigen Sie, ich bin auf der Suche nach meiner Gruppe. Ich hab sie verloren.«

Peter hob die Augenbrauen. Kurz überlegte er, ob er den Mann auf das hitzige Gespräch im Garten ansprechen sollte, entschied sich aber dagegen. Es ging ihn nichts an. »Die lustigen Müllbeutel mit den Blümchen?«

Michael nickte zerstreut. »Nicht alle von ihnen sind lustig«, entfuhr es ihm schließlich.

Peter warf ihm einen fragenden Blick zu. Offenbar hatte auch Michaels Gegenspieler bei dem Schlagabtausch kurz zuvor in einem der Müllbeutel gesteckt. Darüber musste Peter schon fast wieder schmunzeln. Das Böse lauert eben überall, ging es ihm durch den Sinn.

»Vielleicht sind sie hoch in Richtung Synge's Seat«, überlegte er laut. »Da gibt es noch ein, zwei Häuser, die sie sicher noch nicht inspiziert haben. An Ihrer Stelle würde ich mich sputen.«

Michael deutete eine Verbeugung an und verschwand blitzschnell im Haus. Peter kratzte sich am Kopf. Auch im ausgelassenen Getümmel gibt es immer wieder Hässliches, dachte er. Um was es bei dieser Auseinandersetzung wohl gegangen war?

Dann kehrte auch Peter in den Hausflur zurück, wo seine Mutter ihm schon fröhlich entgegenkam. Sie legte ihm den Arm um die Schultern und er ließ es gern geschehen.

»Dieses Jahr sind die Kostüme wirklich grandios, finde ich. Weißt du, wer eben noch hier vorbeikam?«

Amüsiert schüttelte der Detektiv den Kopf.

»Der Green Man höchstpersönlich!« Pattie klang begeistert.

»Und du sagst mir sicher gleich, wer das ist?«

»Das ist ein uralter Naturgeist, der wie ein Baum aussieht.«

»Ach so.«

Pattie trat einen Schritt zurück. »Na ja, dem Green Man sagt man übernatürliche Kräfte nach, was die Regeneration der Natur betrifft. Er gilt als der erste Umweltschützer.«

»Was du nicht sagst, Mommy«, erwiderte Peter eher unbeeindruckt.

Pattie schüttelte ungläubig den Kopf. »Du hast das beste Kostüm verpasst, Peter! Er war ganz in Rinde gehüllt, sein Gesicht hinter einer dunkelgrünen Maske verborgen und mit lauter Zweigen, die wie ein Busch über seinem Kopf standen.«

Peter bemühte sich, ernst zu bleiben. »Und der war eben hier?«

Sie nickte heftig. »Ja, vorhin im Pub hab ich ihn gar nicht gesehen, so ein Kostüm fällt einem doch sofort auf. Wo der wohl die ganze Zeit gesteckt hat? Schließlich haben wir schon fast …« Nun sah sie auf ihre teure Armbanduhr. »Meine Güte, es ist schon weit nach Mitternacht! Jetzt sind alle Geister unterwegs! Jetzt geht Samhain erst richtig los!« Sie lächelte geheimnisvoll. »Ich habe für unsere Hausgäste einen gälischen Mitternachtstrunk und ein paar kleine Snacks vorbereitet. Du bleibst doch auch noch ein Weilchen, nicht wahr?«

Peter dachte nach. »Was wollte er?«

»Wen meinst du, mein Sohn?«

»Na, der Green Man. Was wollte er hier? Sich auch nur ein bisschen umschauen?«

Sie war schon fast in der Küche verschwunden und band sich eine schneeweiße Schürze um, die ihr bis zu den Knöcheln reichte. Dann drehte sie sich noch einmal um und sah ihren Sohn gedankenverloren an.

»Ja, komisch – jetzt, wo du mich fragst … Er hat das traditionelle Schweigen heute gebrochen und mich tatsächlich angesprochen. Aber nur ganz kurz und undeutlich. Er hat sich nach Michael Lynch erkundigt.«

»Nach Michael Lynch?« Irgendetwas daran beunruhigte Peter. Hatte Lynch sich wirklich mit einem der Müllbeutel gestritten – oder war er mit dem Green Man im hinteren Garten gewesen?

»Und was hast du geantwortet?«

Pattie starrte ihn mit ihren großen dunklen Augen an. »Ich hab ihm gesagt, dass Michael vorhin hier war und dann hinter einer Gruppe hergelaufen ist, der er sich wohl spontan angeschlossen hat. Ich hab dem Green Man sogar die Richtung gezeigt. Glaubst du, das war falsch?« Pattie, die selten von Selbstzweifeln geplagt wurde, hörte sich auf einmal wie ein unsicheres Schulmädchen an.

Peter zuckte die Schultern und legte einen Arm um seine Mutter.

»Ich glaube nicht, Mum. Schließlich ist es ja kein böser Geist, sondern nur der Green Man.«

Er beugte sich zu einer der Platten, die auf einem Tisch im Flur bereitstanden und mit kleinen Lachshäppchen belegt waren, und naschte eines davon.

Pattie war in Gedanken weit weg. »Trotzdem seltsam, was er zum Schluss gesagt hat.«

Peter kaute und hob fragend die Augenbrauen.

»Dass man zu mehreren heute Nacht sicherer sei. Deshalb sei er auch mit der lustigen Truppe mit den Müllbeuteln unterwegs.«

Peter schluckte. »Das hat der Green Man gesagt?«

Pattie sah ihn entrüstet an. »Quatsch, nicht der Green Man. Das hat Michael vorhin zu mir gesagt, bevor er sich auf die Suche nach den Müllbeuteln machte.«

3

»Peter, ich warte im Pick-up draußen auf dich. Aber beeil dich, die Fähre wartet nicht!«

Kieran O'Dowds durchdringende Stimme war auch durch die geschlossene Vordertür gut zu vernehmen. Peter steckte sich den Rest seines Toasts in den Mund, griff nach seiner Übernachtungstasche und ging auf seine Mutter zu, die noch etwas verschlafen im nachtblauen Seidenpyjama in ihrem Breakfast Room an einer Vitrine lehnte und herzhaft gähnte. Aus der Küche hörte man schon das Geschirrgeklapper von Sarah, die Pattie seit Jahren bei der Betreuung der Gäste zur Hand ging. Sie bereitete wohl gerade das opulente Frühstück in Patties feinem B&B vor.

Peter hauchte seiner Mutter einen Kuss auf die Wange und winkte noch einmal, während er durch die Tür hastete. Er wollte die frühe Fähre um acht unbedingt erreichen, eines von zwei Booten am Tag, die die Besucher in einer knappen Stunde ans Festland nach Rossaveel brachten. Die Anlegestelle war nur eineinhalb Kilometer vom Dorfzentrum entfernt, wo Patties schmuckes altes Schulhaus stand.

»Spring rein!«, forderte Kieran, der junge Farmer, Peter auf. Hinten begrüßte ihn mit lebhaft wedelndem Schwanz sein Spaniel, der auf der Ladefläche des Pick-ups aufgeregt hin und her lief. Kieran hatte Peter am Abend zuvor im Pub angeboten, ihn zum Anleger mitzunehmen, da er seinen Esel Harry, den er auf dem Weg von der Fähre in einem Feld abgestellt hatte, abholen wollte.

Sie fuhren los. Es nieselte leicht und die grauen Mauern, die sich wie eine gigantische archaische Installation über die gesamte Insel erstreckten, sahen aus, als hätten sie durch den feinen Regen ein glitzerndes Netz übergestülpt bekommen.

»Warst du gestern Abend noch lange da?«, fragte Peter und ließ den Blick von seiner leicht erhöhten Position im Wagen über die Steinwälle wandern, die den schlecht geteerten Weg säumten.

Kieran, ein junger Mann von Anfang zwanzig mit dem krausen, störrischen Haar, das so typisch für die Menschen dieser Region war, seufzte statt einer Antwort.

Peter grinste. »Noch ziemlich verkatert, was?«

Kieran nickte erschöpft und bog hinter dem Landeplatz für die Leichtflugzeuge und Helikopter nach links zu dem neuen Pier ab. Wäre es nicht so diesig gewesen, hätten sie von hier aus schon die kleine Fähre erkennen können.

»War 'ne Wahnsinnsstimmung«, ächzte er leise in sein Lenkrad, sodass Peter ihn kaum verstehen konnte.

»Super Musik und irre Kostüme«, stimmte Peter ihm lächelnd zu. »Jemand meinte, beim nächsten Samhain auf Meáin sollte RTÉ mal kommen und alles senden. Wäre aber schade, wenn du mich fragst.«

Peter gab ihm recht. Man musste nicht alles, was noch ursprünglich und halbwegs intakt war, durch die Medien in die Welt hinausjagen, um es zu »teilen«.

Plötzlich entdeckte er in einiger Entfernung etwas Merkwürdiges. »Was ist das denn, Kieran?«

Der junge Mann fuhr langsamer. »Was?«

»Da drüben im Feld!«

Kieran hielt an und beugte sich an Peter vorbei in die Richtung, in die sein Finger zeigte. »Das ist unser Feld, wo ich später Harry abhole.«

Tatsächlich stand nahe am Tor zu ihrem Weg ein brauner

Esel mit imposanten Ohren und knabberte etwas überdrüssig an einem Büschel nassem Gras.

»Keine Ahnung, sieht von hier aus wie 'ne Plane. Hat wohl gestern der Wind reingeweht. Ich guck nachher mal.« Kieran gab Gas. »Wir müssen uns beeilen, Mann, es ist drei vor acht und Paddy legt normalerweise pünktlich ab. Der will drüben auf keinen Fall nach der Fähre von Mór ankommen, sonst kriegt er beim Frühstück in Rossaveel nur noch die halb verkohlten Schinkenstücke ab, die übrig geblieben sind.«

Eine andere Erklärung für einen überpünktlichen Iren zu früher Stunde hätte Peter auch sehr verwundert. Er erinnerte sich jedoch, dass es in der letzten Nacht keinen nennenswert starken Wind gegeben hatte, der eine Plane hätte herbeiwehen können.

»Guck mal, wer rennt denn da noch zum Boot bei dem miesen Pfützwetter?«

Vor ihnen erschien aus dem nebligen Morgendunst die Gestalt einer Frau, die mit einem Rucksack und einem Geigenkasten in der Hand die Straße hinunterhetzte.

»Das ist Tessa! Taucht die auch mal wieder auf? Die ist aber früh dran!«, wunderte sich Kieran und hielt ein paar Sekunden später neben ihr an.

Tessa Keane sah besorgniserregend aus, fand Peter. Sie wirkte nicht nur übernächtigt, sondern auch völlig aufgelöst und war leichenblass. Hilflos stolperte sie wie ein geschundenes Tier den Weg entlang, offenbar unfähig, irgendetwas um sie herum wahrzunehmen. Sie reagierte nicht einmal auf Kierans lautstarke Aufforderung durchs geöffnete Seitenfenster, für die letzten zweihundert Meter zum Boot zu ihnen in den Wagen zu springen. Sie hatte gerade den Weg zum Anleger erreicht, als Kieran sie kopfschüttelnd hinter sich ließ.

»Was ist denn mit der passiert?«

Peter blinzelte, obwohl es gar nicht sonnenhell, sondern trüb war. »Vielleicht hat sie gestern einfach zu viel getrunken?«

Kieran schien nachzudenken.

»Nee«, stieß er schließlich hervor. »Tessa war mit Sicherheit nicht betrunken. Zumindest nicht, solange sie im Pub war.«

Der Regen war nun stärker geworden und trommelte auf die Windschutzscheibe.

Peter nutzte Kierans Schweigen, um nachzuhaken. »Wovon redest du, Kieran?«

»Na, sie war doch gestern Abend plötzlich verschwunden. Alle haben sie gesucht, im Pub und vorne im Hof.«

»Ich bin gegen Mitternacht gegangen, da hat sie noch gespielt«, erwiderte Peter. »Ich kann mich genau erinnern, weil sie so außergewöhnlich gut war. Und dann hat der Alte mit der schnarrenden Stimme die Spanish Lady gesungen.«

»Frank.« Kieran nickte. »Tessa wollte nur eine rauchen gehen und kam nicht mehr zurück. Die anderen Musiker waren ziemlich sauer auf sie, glaube ich. Wenigstens ist sie jetzt wieder da. Bisschen ramponiert, aber immerhin.«

Kurz darauf hatten sie das leicht schaukelnde Boot erreicht. Das Schiffshorn ertönte. Es war Punkt acht. Peter ergriff seine Tasche und sprang aus dem Wagen. »Danke fürs Mitnehmen, Kieran! Wir sehen uns!«

Der junge Farmer gab Gas und fuhr durch ein paar Pfützen spritzend die Straße hoch. Im nächsten Moment war Peter auch schon auf dem metallenen Fußgängersteg, der auf die Fähre führte.

»Mann, willst du noch mit oder bleibst du auf Gottes schönster Insel?«

Paddy kontrollierte die Fahrscheine an der Brücke. Er trug die für seine Generation typische Kopfbedeckung, eine Tweedkappe mit Schild, und den traditionellen beigen Aran-Pullover, dazu verbeulte, farblich undefinierbare Hosen. Paddy ließ sich gern als »typischer Eingeborener« von Touristen fotografieren und war wohl auf Tausenden von Schnappschüssen rund um den Globus zu finden.

Jetzt tauchte Tessa aus dem Regen auf, drängte sich atemlos und ohne ein Wort an Peter vorbei und hetzte über den Steg.

Peter hielt dem Bilderbuch-Iren sein Ticket hin.

Doch Paddy zündete sich im starken Regen eine Zigarette an und grinste. »Immer mit der Ruhe. Wir fahren noch nicht. Bedank dich bei Michael Lynch. Der hat mich gebeten, auf jeden Fall auf ihn zu warten. Er muss unbedingt mit dem Morgenboot mit. Das hat er mir gestern, als er ankam, mit Nachdruck gesagt.« An dieser Stelle strich er mit dem Daumen über Mittel- und Zeigefinger und grinste. »Und ich hab eben noch mal unten nachgesehen, damit ich ihn auch ja nicht übersehe – aber er ist definitiv noch nicht da. Wir warten noch fünf Minuten.«

Die verkohlten Speckstücke für die Fährmannschaften in der Küche von Rossaveel würde Paddy wohl bald riechen können.

4

Unten im Passagierraum roch es abgestanden nach Schlaf und leicht säuerlich nach ausgedünstetem Alkohol. Außer einem quengelnden kleinen Mädchen, das auf einer übermüdeten Mutter herumturnte, sprach niemand. Alle dämmerten erschöpft vor sich hin. Peter schaute sich kurz um und wählte dann einen der Plätze am Mittelgang, wo er sich seufzend niederließ. Die Polster waren abgeschabt und durchgesessen. Er hasste die Morgenfähre. Auf dem Nachmittagsboot ließ er sich, außer wenn es heftig regnete, meist auf dem Oberdeck nieder und genoss die atemberaubende Kulisse: die beiden Inseln Inis Meaín und Inis Mór, die an der Fähre vorbeischaukelten, die imposante Bergkette der Twelve Bens, die vom Festland Connemaras aus herüberwinkte, und der sanft geschwungene Uferstreifen der Bucht von Galway.

An diesem Morgen war es Peter für diesen lohnenden Ausblick draußen zu ungemütlich. Er warf einen Blick durch das salzverkrustete Fenster, doch es war nichts zu erkennen. Stattdessen musterte er die anderen Passagiere etwas genauer. Für einen Wochentag im Herbst war die Morgenfähre erstaunlich gut belegt. Das hatte natürlich mit der vergangenen Nacht zu tun. Viele der schätzungsweise knapp vierzig Passagiere waren sicher Besucher der ausgelassenen Samhain-Feier in der Nacht zuvor gewesen. Er selbst hatte den längst fälligen Besuch bei seiner Mutter auch deshalb auf den einunddreißigsten Oktober gelegt. Dabei hatte er für die Anreise den Flieger gewählt, der heute leider ausgebucht war.

Der Mann, der auf der anderen Seite des Mittelgangs mit halb offenem Mund gedöst hatte, richtete sich abrupt auf und schaute sich verwirrt um. Er warf einen Blick auf die Bootsuhr über der Tür, die nun fast zehn Minuten nach acht zeigte. Der Mann war etwa so alt wie Peter, Mitte dreißig. Er hatte eine leicht geschwungene Nase, lange mittelbraune Haare, die er sich hinter die Ohren geklemmt hatte, und trug eine feine dunkelgrüne Wachsjacke. Von irgendwoher kannte Peter ihn, doch er konnte ihn im Moment nicht einordnen. War er einer der Musiker von gestern Abend gewesen? Peter drehte sich um. Die bleiche Tessa Keane saß auf einem der hinteren Sitze am Fenster und starrte mit unbewegter Miene vor sich hin, als müsste sie sich anstrengen, aufrecht sitzen zu bleiben.

Jetzt polterte jemand die Stufen herunter. Der Mann auf der anderen Seite des Gangs hob sofort den Kopf in die Richtung. Ob der Typ auf der Treppe jetzt wohl endlich Michael Lynch war, der offenbar an diesem trüben Morgen der wichtigste Gast auf diesem Boot sein würde?

Doch es war nur einer von Paddys Helfern auf der Fähre, der sich nun anschickte, leise vor sich hin fluchend, in einem der Wandschränke herumzuwühlen.

Plötzlich wurde der Schiffsmotor angeworfen. Peter atmete erleichtert auf. Es war fast Viertel nach acht. Er hatte an diesem Tag eine ganze Reihe wichtiger Termine zu erledigen, die, wenn sich die Ankunft auf dem Festland noch länger verzögerte, ins Rutschen kämen. Lynch fehlte hier immer noch. Möglicherweise stand er oben bei Paddy auf der Brücke und hielt ein Schwätzchen mit ihm.

Der Mann in der Wachsjacke grunzte nun zufrieden und richtete sich auf eine Fortsetzung seines Morgennickerchens ein, indem er sich einen roten Wollschal vom Hals zog, ihn umständlich auf der Armlehne faltete und seine rechte Wange darauf bettete.

Tessa in der Ecke hatte ebenfalls die Augen zu, schlief aber mit Sicherheit nicht, denn Peter sah, wie sie mit fast geschlossenen Lippen etwas vor sich hin murmelte, als ob sie beten würde. Er zog sein Smartphone aus der Jackentasche, um seinen Posteingang zu überprüfen, als er merkte, dass die Fähre ihre eben erst aufgenommene Geschwindigkeit schon wieder drosselte und nachdem sie einen Halbkreis beschrieben hatte, nach Inis Meáin zurückzukehren schien. Peter stand auf und beugte sich zu der verschmierten Scheibe hin.

Tatsächlich, der Anleger tauchte verschwommen wieder vor ihnen auf. Schon wollte Peter nach oben, um nachzufragen, was los sei, als Paddy mit hochrotem Kopf an der Treppe erschien.

»Alle ruhig bleiben. Keine Panik, es herrscht keine Gefahr!«, brüllte er so laut, dass jeder im Passagierraum hochschreckte und auf der Stelle verängstigt war.

»Ich komm gleich zu euch runter, wenn wir angedockt haben. Jetzt muss ich Gerry helfen.«

Ein paar Minuten verstrichen, während sich alle Fahrgäste unsichere Blicke zuwarfen. Das Kind hatte angefangen zu weinen. Tessa starrte wieder geradeaus und der Mann mit der Wachsjacke, der Peter am nächsten saß, lehnte sich zu ihm herüber. Er hatte eine Fahne und Peter drehte sich schnell zur Seite.

»Ist irgendwas? Habe ich was verpasst? Ich habe geschlafen.«

Peter zuckte mit den Schultern.

Der andere beugte sich noch näher zu ihm. »Aber kennen wir uns nicht? Ich bin Marten Molloy.« Er hielt ihm die Hand hin.

Peter nahm sie und drückte sie fest. »Klar doch! Ich dachte mir auch, dass wir uns kennen. Bin nur nicht draufgekommen, woher.«

Marten Molloy war ein Farmer aus den Sheefry Hills zwischen Leenane und Delphi. In den Counties Mayo und Galway war er als einer der besten Trainer für Border Collies bekannt, ja, vielleicht war er einer der erfolgreichsten in Irland überhaupt. Aus dem ganzen Land brachten ihm die Leute ihre Hütehunde, damit er sie für das anspruchsvolle Schafehüten trainierte, oder sie erwarben einen Welpen aus seiner erstklassigen Zucht. Marten war ein Hundeflüsterer der besonderen Art. Bei ihm bekam man nicht etwa das normale Training, das alle Hunde absolvierten, die in den Bergen Schafe zusammenhielten, nein, Martens Training war die Elite-Akademie für Border Collies. Mehr ging nicht. Ein Hund, der von Marten Molloy ausgebildet worden war, konnte fast alles, sagte man. Peter und Molloy hatten sich vor drei Jahren einmal kurz kennengelernt. Molloy hatte ihn damals beauftragt herauszufinden, ob ein Konkurrent unten in Cork seine Trainingsmethode geklaut und, ohne die fällige Lizenz zu zahlen, angewandt hatte. Das hatte Peter damals ausschließen können und alle Beteiligten waren zufrieden gewesen.

Nun war es Paddy, der lärmend die Treppe herunterpolterte. Er hustete. »Also, ganz ruhig, Leute.« Dabei waren sowieso alle ruhig, sogar das Kind auf dem Arm der Mutter, das mit großen Augen zu ihm hinüberblickte. »Wir dürfen nicht ablegen.«

»Was soll das heißen?«, fragte ein Mann aus der vorderen Reihe, der genau vor Paddy hockte.

»Das heißt, dass wir vorerst hierbleiben werden.«

Peter war aufgestanden und stützte seinen Arm auf die Lehne des Vordersitzes. »Das muss doch einen Grund haben. Habt ihr technische Probleme?«

Paddy schüttelte entschieden den Kopf. Peter bemerkte aus den Augenwinkeln dass Tessa sich abgewandt hatte und nun wie hypnotisiert auf das Fenster starrte, durch das man nach wie vor nichts erkennen konnte.

»Ich hab eben einen Anruf über die Bordkommunikation erhalten. Von Garda.« Paddy machte eine gewichtige Pause, damit das Wort seine Schwere voll im Raum entfalten konnte. »Garda Galway. Sie sind schon im Helikopter unterwegs, und bis sie hier sind, darf keiner von der Insel. Deshalb.«

Wie auf Kommando fingen alle gleichzeitig und aufgeregt an zu reden.

»Schhh!«, versuchte Peter die Passagiere zu beruhigen. »Und was weiter? Weshalb ist Garda Galway auf dem Weg hierher? Die machen doch mit Sicherheit keinen Betriebsausflug.«

Paddys Miene wurde plötzlich ernst. »Nein, das machen sie nicht. Es wurde eine Leiche gefunden. Auf 'ner Wiese. Mehr weiß ich auch nicht. Aber niemand verlässt diese Insel.«

Peter war sich sicher: Paddy war stolz auf jedes einzelne Wort dieses Satzes, den er zu diesem besonderen Anlass sagen durfte. Und er genoss jede Silbe.

5

»Mommy, es riecht verbrannt!« Declan kaute noch ausgiebig, während er seine kleine Nase hochreckte und die Luft tief einsog.

»Er hat recht«, bekräftigte Grace O'Malley die Aussage ihres Neffen. »Ich schätze, das ist der Toast.« Sie aß ungerührt ihr Eier-Sandwich weiter, ohne etwas zu unternehmen.

Ihre Schwägerin Oonagh legte das Besteck hin und stand schließlich mit einem Seufzer auf. Sie drehte den Grill am Gasherd auf null und zog hastig die kleine Emaillepfanne hervor, auf deren Rost ihr Mann Dara vor ein paar Minuten zwei Scheiben Weißbrot gelegt hatte, die er toasten wollte. Danach war Dara in einem der anderen Zimmer im Erdgeschoss verschwunden. Jetzt roch das Brot scharf nach schwarzer Kruste und Oonagh kippte alles in den Mülleimer.

Sie seufzte erneut. »Ich hab die Nase voll.«

»Von was, Mum?«, bohrte der zehnjährige Declan nach, ohne jedoch ernsthaft an einer Antwort interessiert zu sein, wie Grace zu registrieren meinte.

»Von allem, Dec. Von diesem Umzug und von dem Haus, das nicht rechtzeitig fertig geworden ist, weshalb wir Gott weiß wie lange noch auf einer Baustelle wohnen müssen. Und das nur, weil dein Vater immer alles besser weiß. Außerdem nervt es mich, dass er Toast unters Feuer schiebt und dann einfach irgendwohin verschwindet.«

Sie ließ sich auf einen großen Sessel fallen, der mitten im Essraum stand, und vergrub ihr Gesicht in den Händen.

Grace und Declan tauschten fragende Blicke. Schließlich räusperte sich die Kommissarin.

»Das mit dem Umzug in dieses Haus war absolut nicht nötig und ich würde wirklich gern mal erfahren, warum ihr für diese … diese gewaltige Bruchbude aus eurer schicken Villa in Dalkey geflohen seid. Darauf habe ich, seit ich hier bin, noch keine vernünftige Antwort bekommen.«

Graces Bruder Dara war mit seiner Familie gerade dabei, den alten Familiensitz der O'Malleys auf Achill Island zu renovieren und hier einzuziehen, obwohl Grace absolut nichts von diesem Plan hielt. Sie verband nichts Gutes mit dem Haus ihrer Vorfahren.

Declan grinste. Er kratzte den Rest der Schokocreme aus dem Glas und verstrich sie sorgfältig nach allen Seiten hin auf seinem Brot. Graces Schwägerin sah wieder hoch. Ihr ebenmäßiges Gesicht mit dem leicht herben Zug zeigte einen Ausdruck der Entschlossenheit.

»Die Antwort ist, wie so oft im Leben, ganz einfach, meine Liebe: Wir sind pleite.«

Grace schluckte. Das Elternhaus der O'Malleys hatte seit dem Tod der Großeltern vor über zwanzig Jahren leer gestanden. Graces Vater Shaun, der älteste der drei O'Malley-Brüder und Haupterbe, hatte es abgelehnt, darin zu leben, und mit seiner Frau Liv entschieden, dass sie mit ihren Kindern Grace und Dara in der Nähe von Dublin wohnen würden. Wenige Jahre später war Shaun tödlich verunglückt, doch die Frage nach einer Rückkehr in das Haus auf Achill hatte sich für seine Kinder nie mehr gestellt. Es gab zu viele dunkle Schatten der Vergangenheit, die auf diesem Haus lagen und bis in die britische Kolonialzeit zurückreichten – und mit denen sie nichts zu tun haben wollten. Die Einnahmen aus der Pacht des dazugehörigen Landes wollten Grace und ihr Bruder Dara jedoch gut anlegen und für die Ausbildung ihrer eigenen Kinder verwenden, für die vierzehnjährige Roisin, die Grace mit knapp zwanzig bekommen hatte und die bei der Familie des Bruders aufgewachsen war, und für Daras Sohn Declan. Ein irisches Arrangement, das auch im dritten Jahrtausend auf der Grünen Insel nicht unüblich war.

Roisin hatte erst vor wenigen Monaten Daras Familie verlassen und war zu ihrer Großmutter nach Dänemark umgesiedelt. Als Grund dafür hatte sie die ewigen Streitigkeiten ihrer Pflegeeltern ums Geld angegeben, die sie genervt hatten.

»Kein Wunder, dass ihr pleite seid«, stellte Grace mit sarkastischem Ton fest. »Das Haus war total verrottet. Die Renovierung muss ein Vermögen kosten. Wo nehmt ihr das Geld dafür her?«

Grace drehte den Kopf zur hohen Decke, die mit neuem Stuck restauriert worden war. Die bodentiefen Erkerfenster zum Garten hinaus, der noch ganz verwildert im Herbstlaub ertrank, waren gegen eine moderne Dreifachverglasung ausgetauscht worden.

»Du weißt, dass wir unser Haus in Dalkey sehr günstig an eine exklusive kleine Firma vermieten konnten. Die haben einiges hingelegt.«

Grace lächelte schief. »Du meinst, günstig für euch?«

Oonagh zuckte unbeteiligt die Schultern. »Damit habe ich kein Problem, Grace. Die scheffeln das Geld mit Seltenen Erden, und wenn sie sich eine repräsentative Stadtvilla mit Blick aufs Meer leisten wollen, wären wir blöd, wenn wir es an Privatleute vermieten würden.«

Grace schaute sie prüfend an und nahm einen Schluck Tee. Ein paar Sekunden sagte keine von beiden etwas. Man konnte Declan kauen hören.

»Mir ist es letztlich egal, was ihr macht, obwohl ich immer der Meinung war, dass weder Dara noch ich dieses Haus anrühren sollten. Es klebt Blut daran.«

Declan hob interessiert den Kopf.

»Tatsächlich?« Oonagh klang ironisch.

»Aber das wissen doch alle, die im Geschichtsunterricht aufgepasst haben.« Das war die Stimme ihres Bruders und Grace drehte sich um.

»Sollen wir es etwa in die Luft jagen, Grace? Nur weil unsere verdammten Vorfahren Opfer der irischen Geschichte wurden? Wobei ›in die Luft jagen‹ ja eine durchaus verbreitete und allgemein akzeptierte irische Option wäre.«

Dara stand in seinem grauen Jogginganzug unrasiert in der Esszimmertür. Er hatte die Arme vor der Brust verschränkt und wirkte angriffslustig, was Grace verwunderlich fand. Ihr älterer Bruder, ein wenig erfolgreicher Autor unveröffentlichter Bücher über irische Wasservögel, besaß eher ein zurückhaltendes, versöhnliches Naturell – ganz im Gegensatz zu seiner Schwester.

»Sie waren keine Opfer, Dara. Nicht die O'Malleys«, zischte Grace ihrem Bruder zu. »Sie waren Kollaborateure! Sie waren die Statthalter für die britischen Junker und Militärs, die unser Land jahrhundertelang geknechtet haben, und haben sich den Kolonialherren angedient und sich an der irischen Bevölkerung schuldig gemacht. Du kannst dieses Haus geschenkt haben. Ich habe nichts damit am Hut!«

Grace war aufgestanden und begann ungeduldig das Frühstücksgeschirr zusammenzustellen und abzuräumen.

Gerade als Dara zu einer Entgegnung ansetzen wollte, ertönte ein trommelnder Klingelton. Grace nahm den Anruf an. Als sie kurz darauf das Handy wieder einsteckte, wirkte sie beinahe erleichtert.

»Tja, ich denke, ich muss früher los, als ich eigentlich vorhatte.« Sie strubbelte ihrem Neffen mit der Hand durch die noch ungegelten Haare.

»Aber du wolltest doch noch bis morgen bleiben, dachte ich«, erwiderte der Junge. »Wir wollten heute zusammen auf den Slievemore.«

Sein Vater räusperte sich nervös. »Du weißt doch, was deine Tante von Beruf ist. An Garda Síochána. Eine Hüterin des Friedens. Bei der irischen Polizei, wo du später auch mal arbeiten willst.«

Dara hörte sich fast gut gelaunt an bei der Aussicht, seiner streitbaren Schwester, die er ansonsten anbetete, bald zu entkommen.

»Tut mir leid, Declan, aber ich komme sicher bald wieder. Das war mein Kollege Rory Coyne. Wir haben eine Leiche auf Inis Meáin und alle sind schon auf dem Weg. Ich muss auch hin, schließlich bin ich der Chef der Truppe.«

In diesem Moment waren Schritte im Flur zu hören, jemand rief Hallo und kurz darauf erschien ein kleiner Mann in der Tür. Er hielt eine Strickmütze mit einem Bommel in der Hand und wirkte unsicher.

»Ja?« Oonagh lächelte ihn aufmunternd an. »Guten Morgen, Mister …«

»Ich bin Paul Lavelle aus Keel. Freut mich, dass die O'Malleys endlich wieder hier auf Achill Island wohnen. Das freut uns alle im Dorf, wirklich.«

Dara und Oonagh reagierten zuerst nicht. Schließlich machte Oonagh einen Schritt auf ihn zu und schüttelte ihm die Hand.

»Es freut uns auch, Paul.«

Der Mann schien zu überlegen, ob er wirklich sagen sollte, was er sagen wollte. »Jetzt kümmert sich wieder ein O'Malley um das Haus und das Land. Wie es sich gehört.«

Alle schwiegen betroffen, als hätte er damit in ein Fettnäpfchen getreten. Aber nun ging auch Dara auf den Dorfbewohner zu und reichte ihm die Hand.

Grace zögerte. Das hier versprach spannend zu werden.

Der Mann hatte etwas auf dem Herzen, das war ihr klar. Aber was?

Paul Lavelle ließ die Bommelmütze von einer Hand in die andere wandern.

»Das Dorf trifft sich meist in Tommy's Bar. Wir hoffen, Sie und …«, hier zögerte er einen Moment, »auch Ihre Frau würden vielleicht heute Abend vorbeischauen. Wir haben etwas zu besprechen.«

Dara warf Oonagh einen kurzen Blick zu. Sie nickte fast unmerklich.

»Gut, wir kommen gern.« Damit wandte er sich ab, um möglichst rasch das Zimmer zu verlassen.

Etwas verwundert blickte Lavelle ihm nach.

»Um was geht es denn?«, fragte Oonagh und griff nach einem Tuch, um den Frühstückstisch abzuwischen.

»Oh, es ist nur das Camp«, erwiderte Paul. »Wir sind ja so froh, dass jetzt endlich wieder ein O'Malley hier im Herrenhaus lebt, der die Sache in die Hand nehmen kann.«

Langsam richtete Oonagh sich auf. »Welches Camp meinen Sie denn?« Ihre Stimme klang leicht brüchig.

»Na, das zwischen Dugort und Keel, in der Nähe der Kirche. Da lagern schon seit Wochen Traveller. Ein ganz bekannter Clan. Wir sind ziemlich beunruhigt. Sie wissen schon, was ich meine.« Er lächelte verhalten.

Grace warf Oonagh einen triumphierenden Blick zu, den die Schwägerin mit Sicherheit sofort einzuordnen vermochte: Ich habe es euch ja gleich gesagt.

6

Harrys Haufen ähnelte ganz normalen altmodischen Pferdeäpfeln. Die Spurensicherung in ihren weißen Overalls stocherte auf Knien darin herum, während Rory mit dem Handy am Ohr im Sprühregen auf dem Feld auf und ab ging, das den Esel der O'Dowds beheimatet hatte. Er telefonierte mit seiner Vorgesetzten Grace O'Malley, die schon zu ihnen unterwegs war.

»Der Flieger wartet auf dich, Grace. Sag ich doch. Ich habe denen gesagt, dass du in einer Stunde eintrudelst. So gegen elf. Schaffst du das?«

Der Leichnam vom Michael Lynch war in einem glitzernden Leichensack verschwunden. Die Gerichtsmedizinerin Aisling O'Grady, die ihn offenbar kurz zuvor untersucht hatte, stand auf, klopfte sich Gras und Erdspuren von ihrer Jeans ab und kam auf Rory zu. Sie griff sich mit der Hand an den Hals, noch bevor sie den Kommissar erreicht hatte. Er schaute sie fragend an.

»Erdrosselt«, flüsterte sie und begann, ihre Utensilien wieder in ihrem bunten Rucksack zu verstauen. »Wahrscheinlich mit einer Drahtschlinge. Der Abdruck am Hals deutet darauf hin.«

»Er wurde erdrosselt«, gab Rory an seine Chefin weiter.

»Wann war das, Aisling?«

Die rotblonde Medizinerin mit dem Pferdeschwanz, die noch wie ein junges Mädchen aussah, zuckte mit den Schultern. Sie zog skeptisch die Mundwinkel nach unten. »Weiß ich erst nach der Obduktion. Aber keine zwölf Stunden, schätze ich mal.«

Rory zwinkerte ihr zu, wechselte die Telefonhand und wiederholte, was seine Kollegin eben gesagt hatte. »Ja, Grace. Und Kevin ist bei einer Ermittlung in Owenmore. Ich bin allein hier und warte auf dich.«

Er lächelte ein fast verträumtes Lächeln und steuerte auf die Steinmauer zwischen den Feldern zu. Als er stehen blieb, um nachzusehen, ob er gerade in einen weiteren Kotballen getreten war, entdeckte er oben an der Mauerkante einen Zweig mit einigen trockenen Blättern daran. Er hob ihn vorsichtig hoch und winkte der Spurensicherung.

»Wo sollen wir die Zeugen vernehmen, Grace? Im Pub oder besser in Patties Pension? Wir könnten uns auch aufteilen …« Beim Gedanken an die luxuriöse Pension strahlte der rundliche Guard über das ganze Gesicht. »Die Vernehmung bei Pattie könnte ich übernehmen.«

Nun hörte er Grace am anderen Ende der Leitung zu und lachte schließlich unverstellt. »Nein, Grace, nicht weil die Sandwiches bei Pattie besser sind. Obwohl sie es eindeutig sind. – Wie viele Zeugen wir haben?«

Er zog einen halb zerknüllten Zettel aus der Hosentasche, glättete ihn gekonnt mit einer Hand und las vor: »Etwas über zwanzig, denke ich. Obwohl nur ein halbes Dutzend davon wirklich interessant ist, weil sie das Opfer mehr oder weniger gut kannten oder mit ihm gestern Abend noch gesprochen haben. Von den anderen nehmen wir erst mal nur die Daten auf.«

Ein junger Mann im weißen Spusi-Anzug kam auf Rory Coyne zu, der ihm vorsichtig den Zweig in seiner Hand überreichte.

Während der Kommissar wieder seiner Chefin zuhörte, veränderte sich allmählich sein Gesichtsausdruck. »Hmm, das könnte schwierig werden. Lynch stammte aus Delphi in Mayo. Das ist ein anderes County.« Seine Miene war sorgenvoll. »Du meinst, wir bräuchten unter Umständen für die Ermittlung eine Sondergenehmigung? Das glaube ich nicht. Soll ich Byrne dazu anrufen?«

Wieder entstand eine Pause. Rory kratzte sich am Hinterkopf und hörte plötzlich im Regen lautes Vogelgezwitscher. Er blickte sich verwundert um. Es war Aisling O'Gradys Handy, das da zirpte und tirilierte. Sie meldete sich sofort.

Rory versuchte sich auf sein eigenes Gespräch zu konzentrieren. »Aber der Leichenfund war auf Inis Meáin, und das ist eindeutig in Galway«, fügte er hinzu. »Da gibt es bestimmt keine Kompetenzstreitigkeiten mit den Kollegen aus Castlebar. Also, bis gleich, Grace. Und guten Flug!«

Er beendete das Telefonat und ließ das Handy in seiner Uniformtasche verschwinden.

Als er sich gerade noch einmal der Spurensicherung zuwenden wollte, fiel sein Blick auf die Gerichtsmedizinerin. Überrascht stellte er fest, dass sie die Hand mit ihrem Handy weit von sich gestreckt hielt. Allein diese Geste war schon äußerst merkwürdig. Doch noch merkwürdiger war ihr Gesicht. Die junge Medizinerin, deren fröhliches Naturell er bei ihrem deprimierenden Job immer wieder bewundert hatte, stand mitten auf dem Feld der O'Dowds und schluchzte herzzerreißend.

7

Die Vernehmung von Pattie Burke und ihrem Sohn Peter, den Rory schon kannte, seit Grace vor einem halben Jahr ihren Posten in der Garda-Zentrale übernommen hatte, brachte den Kommissar auf eine interessante Spur. Pattie hatte nämlich kurz nach Mitternacht den sagenhaften Green Man als einen der Samhain-Besucher in ihrem Haus gesehen und zumindest undeutlich seine Stimme hinter der Maske gehört. Außerdem war kurz davor eine Gruppe von fünf Leuten, die sich mithilfe von Müllbeuteln vermummt hatten, bei ihr aufgetaucht.

»Das Kostüm des Green Man muss spektakulär gewesen sein«, berichtete Rory seiner Vorgesetzten O'Malley, als sie am späten Vormittag in Patties Pension eintraf.

»Ein Mann mittlerer Größe, mehr wissen wir nicht. Aber wir haben ja auch gerade erst angefangen.«

Rory strich sich sein lockiges dunkles Haar glatt, das oben am Kopf schon etwas spärlicher wuchs und bei dem Grace sich nicht sicher war, ob seine Farbe seit ihrem Amtsantritt nicht noch eine Spur intensiver geworden war. Rory beschrieb ihr das Kostüm des Naturgeistes.

»Er gilt bei uns als keltischer Umweltschützer, wie du vielleicht weißt. Kümmert sich um die Natur, klar, um Bäume und Pflanzen, das Moor mit dem Torf, eben alles, was wir hier so haben.«

Grace musste schmunzeln. Sie mochte die Art, wie ihr Kollege humorvoll und gleichzeitig sachlich über die keltisch-irische Geisterwelt sprach. Unaufgeregt und liebevoll behandelte er die alten Götter.

»Aha. In der Maske des Umweltschützers. Und niemand hat ihn weder davor noch danach gesehen?« Grace knabberte an ihrer Unterlippe.

Rory schüttelte den Kopf.

»Was darauf hindeutet, dass der Green Man möglicherweise nur zu einem einzigen Zweck losgezogen ist – nämlich, um zu morden«, stellte der Kommissar fest.

»Um Michael Lynch zu ermorden, würde ich sagen«, ergänzte Grace.

»Sonst hätten wir es ja mit einem Psychopathen zu tun, der sich auf Halloween spezialisiert hat und wahllos zuschlägt. Aber das hier scheint mir ganz gezielt abgelaufen zu sein.«

»Samhain, nicht Halloween«, korrigierte er sie. «Die irische Nacht. Aber du hast recht, er hatte es wohl auf Lynch abgesehen. Er hat sich bei Pattie nach ihm erkundigt und sie hat ihn ahnungslos auf die richtige Fährte gesetzt. Psychopathen haben wir hier zwar auch, aber die Kategorie, die du beschreibst, ist wohl eher in Skandinavien zu Hause, wenn man den Kriminalromanen glauben darf.«

Grace machte sich auf ihrem Pad Notizen und nahm sich eins der leckeren Krebssandwiches, die Pattie ihnen kurz zuvor auf die Mahagoni-Anrichte gestellt hatte.

»Ach, Rory.«

Er zögerte und schaute seiner Vorgesetzten dabei zu, wie sie genussvoll in ihr Brot biss. Er musste schlucken.

»Deshalb suchen wir also jetzt nach einem Green Man.«

Rory nickte. Dann griff er ebenfalls nach einem der Häppchen. Er konnte einfach nicht anders. Es war schon sein drittes und er fand sie unwiderstehlich köstlich.

»Ich habe übrigens in dem Feld, wo wir die Leiche gefunden haben …«

»Wissen wir schon, ob man ihn auch dort ermordet hat?«, unterbrach ihn die Kommissarin.

»Nein. Aber ich hab auf der Mauer einen Zweig mit trockenen Blättern gefunden, der dort nicht hingehört. Da gibt es weit und breit keinen Baum – allerdings ...« An dieser Stelle senkte er theatralisch die Stimme. »... gehörte der mit ziemlicher Sicherheit zum Kostüm des Green Man, wenn wir der genauen Beschreibung von Pattie Burke Glauben schenken dürfen.«

Grace setzte sich auf das gemütliche Chesterfield in Patties Wohnzimmer und schlug die Beine übereinander. Heute trug sie ausnahmsweise mal Jeans, denn sie hatte ja eigentlich mit ihrem Neffen den Slievemore, den höchsten Berg auf Achill Island, besteigen wollen.

»Was wissen wir über das Opfer?«

»Über Lynch? Erfolgreicher Farmer im Delphital. Viel Land, viel Einfluss, aber eine solche Konstellation lässt auch viele Feinde vermuten. Ich gehe dem nach, wenn wir wieder in der Zentrale sind. Jetzt mache ich mit den Vernehmungen weiter. Und zwar im Pub«, setzte er freundlich lächelnd hinzu.

»Danke, Rory. Steck dir hier ein Stück von Patties Kuchen ein. Pattie kannte Lynch doch auch, nicht wahr? Ich werde sie noch mal dazu befragen. Und wen schickst du mir dann als Erstes?«

»Tessa Keane.«

»Wer ist das?«

Rory hatte sich schon über die traditionellen Fruit Pies gebeugt und wickelte gerade ein Aprikosentörtchen in eine der bereitliegenden Papierservietten. Dann drehte er sich zu seiner Chefin um und ließ das kleine Kuchenpaket in seine Uniformtasche gleiten.

»Laut Peter kannte sie Michael Lynch. Tessa hat mit ihm gestern Abend im Pub kurz ein paar Worte gewechselt. Sie ist Musikerin, genauer gesagt, eine hervorragende Fiedlerin, und hat bei der Samhain-Session dort in der Band mitgespielt.«

Grace nickte und Rory verließ Patties Wohnzimmer. Dabei wäre er fast mit der Gerichtsmedizinerin zusammengestoßen, die gerade an die Tür klopfen wollte.

»Komm rein, Aisling!«

Doch die junge Frau blieb auf der Schwelle stehen und Grace erkannte sofort, dass sie geweint hatte. Ihre großen hellen Augen waren verquollen, ihr fein geschnittenes Gesicht leicht gerötet.

Besorgt stand Grace auf. »Was ist passiert?«

Aisling O'Grady wischte sich mit dem Jackenärmel durch das Gesicht. Dann schnäuzte sie sich in ein Papiertaschentuch. »Ich wollte dich fragen, ob ich mit dem Nachmittagsboot zurück nach Galway fahren kann. Ich muss ins Krankenhaus, es ist wirklich dringend.«

Sie erzählte, dass ihre Mutter mit einem Herzinfarkt in die Klinik eingewiesen worden sei und dass es nicht gut um sie stehe. Ihr Vater sei auf einer Dienstreise im Südosten bei Waterford unterwegs und man habe ihn noch nicht verständigen können. Der Albtraum. Grace nickte. Aisling musste schnellstens ins Krankenhaus. Sie schien sehr an ihrer Mutter zu hängen.

»Selbstverständlich. Hast du noch Geschwister, die du benachrichtigen musst?«

Die junge Ärztin schüttelte den Kopf und Grace merkte, dass sie wieder mit den Tränen kämpfte. In dem Moment klopfte es und kurz darauf ging die Tür auf und eine Frau mit zusammengebundenen langen Haaren betrat verlegen den Raum. Sie warf einen unsicheren Blick auf die Kommissarin, dann auf die weinende Medizinerin.

»Entschuldigen Sie, ich wusste nicht, dass Sie … Ich komme später wieder …«

Grace winkte sie zu sich. »Sie sind Tessa Keane, nicht wahr? Bitte, setzen Sie sich. Meine Kollegin geht gerade.«

Sie wies auf einen der rundlichen Samtsessel in verschiedenen Farben, die überall im Raum verteilt waren. »Ich bin gleich bei Ihnen.« Dann legte sie die Hände behutsam auf die Schultern ihrer Kollegin. »Hör mal, Aisling. Ich rufe bei der Zentrale an, ob der Heli noch zur Verfügung steht. Dann kannst du den nehmen, okay?«

Aisling lächelte tapfer und Grace bemerkte, wie sie die Fiedlerin trotz aller Sorge, die sie offensichtlich empfand, mit kaum verhohlener Neugier musterte. Irgendetwas musste Aislings Aufmerksamkeit geweckt haben. Grace blickte von der einen zur anderen und da sah sie es: Beide Frauen waren sich trotz ihres Altersunterschieds auf verstörende Weise ähnlich. Es war keine Ähnlichkeit wie die zwischen ihrem Kollegen Rory und seinem Zwillingsbruder Ronan Coyne, die sich an einer gleichförmigen Nase, ähnlichen Augen oder dem gleichen prägnanten Kinn festmachen ließ. Die Ähnlichkeit hier war viel subtiler. Sie war nicht auf den ersten Blick zu erkennen. Aber sie war da und frappierend.

8

»Wann genau haben Sie Michael Lynch zum letzten Mal gesehen?« Tessa Keane ließ sich mit ihrer Antwort Zeit. Sie schien zu überlegen. Die Musikerin sah blass und übernächtigt aus.

»Die genaue Uhrzeit weiß ich nicht mehr. Es muss um Mitternacht gewesen sein. Die Band hat eine kurze Pause gemacht und wir haben ein paar Worte gewechselt.«

»Um was ging es dabei?«

Tessa wich dem Blick der Kommissarin aus. Schließlich hustete sie. »Um Belanglosigkeiten.«

»Genauer, bitte.« Grace merkte, wie angespannt die Frau ihr gegenüber war. Sie hatte beide Hände fest ineinander verkrallt.

»Er sagte mir, wie sehr ihm unsere Musik gefällt, und fragte, wie lange ich noch spielen würde.«

»Und was haben Sie darauf geantwortet?«

Tessa hob fast bedauernd die Schultern. »Dass ich das nicht wüsste und dass es nicht von mir abhängt.«

Grace rutschte auf dem Chesterfield weiter nach vorne. Auf dem Schoß hatte sie ihr Pad abgelegt, das bei der Bewegung auf den Boden glitt. Grace bückte sich und hob es auf.

»Aber das klingt doch eher danach, als ob er ganz konkret Sie meinte. Er wollte wissen, wie lange Sie noch spielen würden. Und nicht, wie lange der Auftritt der ganzen Band noch dauerte, oder?«

Tessa blickte sie einen Moment verständnislos an.

»Es interessierte ihn, wann Sie frei sein würden. Frei,

um etwas mit ihm zu unternehmen. Lynch wollte offenbar mit Ihnen allein sein, ohne Band, ohne Trubel und Samhain.«

»Das glaube ich nicht«, erwiderte die Fiedlerin leise.

»Kannten Sie Michael Lynch schon lange?«

Tessa hatte ihren Blick auf ihre ineinander verkrampften Hände gerichtet. Als keine Antwort kam, wurde Grace ungeduldig. Sie stand auf und trat an den seegrünen Sessel, in dem die Zeugin Platz genommen hatte.

»Tessa, wie lange kannten Sie und Lynch sich?«

»Wir kannten uns von früher.«

»Genauer, bitte. Seit wann und woher?«

Wieder hob die schmale Frau die Schultern, als wüsste sie nicht, worauf die Kommissarin hinauswollte. »Ich kann mich nicht genau erinnern. Man läuft sich halt irgendwann über den Weg, und ich bin als Musikerin immer viel auf Achse gewesen.«

Als Grace schwieg, fuhr sie stockend fort: »Etliche Jahre. Ja, es muss über zehn Jahre her gewesen sein. Aber wir kannten uns nicht gut. Wir hatten uns sicher drei Jahre lang nicht mehr gesehen.«

Grace wurde misstrauisch. Welche Strategie verfolgte diese Frau mit ihren Antworten?

»Für jemanden, den Sie angeblich nicht besonders gut kannten, sind Sie sich aber erstaunlich sicher darüber, wann Sie ihn das letzte Mal gesehen haben. Dabei habe ich das überhaupt nicht gefragt. Bei jemandem, den ich nicht so gut kenne, wüsste ich gar nicht zu sagen, wie lange es her ist, dass man sich über den Weg lief.« Graces Stimme war kühl und sachlich, aber nicht unfreundlich. Sie strich sich eine Haarsträhne aus der Stirn, stand auf und begann, im Zimmer herumzulaufen.

»Wussten Sie, dass Michael Lynch zu Samhain auf Inis Meáin sein würde?«

Ohne zu zögern, schüttelte Tessa Keane den Kopf. Es war eindeutig zu schnell und zu heftig, fand Grace.

Da klopfte es plötzlich. Noch bevor die Kommissarin etwas hinzufügen konnte, flog die Tür auf und ein Mann in grüner Wachsjacke marschierte herein. Grace verzog ärgerlich das Gesicht.

»Das hier ist im Augenblick nicht Pattie Burkes Wohnzimmer, sondern ein Vernehmungszimmer von Gardai. Ich muss Sie daher bitten, einen anderen Aufenthaltsraum zu benutzen.« Grace hielt den Mann mit den halblangen Haaren für einen von Patties Gästen. Er blieb vor ihr stehen, verschränkte die Arme und grinste. »Nee, da liegt wohl 'ne Verwechslung vor, Guard. Ich bin kein Gast, ich soll hier nur den Zeugen spielen. Aber ich muss die Fähre um vier erreichen. Dass ich heute Morgen nicht aufs Festland zurückkonnte, hat mir schon genug Ärger eingebracht.«

Grace überlegte. Sie hatte ganz vergessen, dass die Fähre ja nur zweimal am Tag fuhr. Doch Garda würde unmöglich alle Leute vom Festland, die dringend wegmussten, bis zum Nachmittagsboot vernehmen können. Gleichzeitig konnten sie die Zeugen von außerhalb nicht zwingen, noch eine weitere Nacht hierzubleiben.

Der Mann lachte, als hätte er ihre Gedanken erraten, und hielt den Kopf leicht schief, was sie an einen Puck erinnerte.

Tessa Keane saß reglos wie eine Puppe, die man abgelegt hatte, im Sessel und schien in ihre Gedanken vertieft. Sie würdigte den Mann in der Wachsjacke keines Blickes.

»Na gut«, lenkte Grace ein. »Gehen Sie zu meinem Kollegen Coyne. Der verhört drüben im Pub.«

»Sie meinen den niedlichen Runden in Uniform?«

So hatte Grace noch nie an Rory gedacht. Sie schmunzelte und nickte. »Ja, genau den. Geben Sie ihm Ihre

Adresse und Telefonnummer, für alle Fälle.« Sie schaute auf ihre Armbanduhr. »Es ist drei Uhr. Die Fähre geht in einer Stunde und ich habe noch zwei Zeugen vor Ihnen auf der Liste. Falls Sie bis Viertel vor vier nicht aufgerufen werden, melden wir uns morgen bei Ihnen, Mister …?«

»Molloy, Marten Molloy.«

Tessa Keane zuckte zusammen und starrte zu dem Mann hinüber. Molloy bemerkte offenbar nichts davon. Doch Grace fand das plötzliche und unverstellte Interesse, das Tessa für Molloy zeigte, hochinteressant. Er griff kurz in seine Jacke und reichte ihr seine Visitenkarte.

»Coach für Hunde. Carrowkennedy, Sheefry Mountains«, las sie laut. Sie musterte die Karte, die einen springenden Border Collie zeigte, und blickte dann wieder zu dem Hundetrainer. »Sie hören von uns.«

Er lachte und stapfte hinaus.

Grace schloss die Tür hinter ihm. »Kennen Sie ihn?«

Tessa schüttelte vehement den Kopf.

»Warum haben Sie dann so überrascht reagiert, als er seinen Namen nannte?«

»Sie müssen sich täuschen, Guard.«

So sanft sie auch wirkte, man konnte sich an ihr die Zähne ausbeißen. Tessa Keane war auf der Hut, das war unverkennbar.

Die nächste Viertelstunde brachte Grace im Verhör auch nicht weiter. »Wie können wir Sie erreichen, Tessa?«

Die Musikerin war aufgestanden und lächelte engelsgleich. »Ich bin, wie gesagt, viel unterwegs.«

»Nur hier im County?«

Tessa Keane zupfte an ihrem Pferdeschwanz. »Nein, ich spiele auch oft in Mayo. Aber nicht allzu weit entfernt, das ist mir zu anstrengend. Ich fahre nicht besonders gerne herum.«

Warum betonte sie das?

»Bis Achill?« Grace wusste nicht, weshalb sie ausgerechnet ihren Heimatort nannte.

Tessas Augenbrauen schnellten in die Höhe. »Nein, nicht bis Achill. In Westport gibt's viele gute Musikpubs, und auch in Louisburgh. Weiter fahre ich nicht.«

»Louisburgh liegt nicht weit von Delphi entfernt.«

Wieder keine Reaktion. Grace beobachtete die Frau, die immer noch verkrampft auf dem Sessel saß.

»Michael Lynch lebte im Delphital«, fuhr die Kommissarin fort. »Vielleicht kannten Sie sich ja daher?«

Tessa Keane heftete ihre grauen Augen auf einen Punkt hinter Grace. »Ich habe eine kleine Wohnung in Clifden. Ich schreibe Ihnen meine Handynummer auf. Damit erreichen Sie mich am schnellsten, falls Sie es für nötig halten. Aber ich habe Ihnen alles gesagt, was ich weiß.«

Tessa stand auf und kritzelte die Nummer auf einen Block, der neben dem Telefon lag. Sie reichte Grace das Papier und verabschiedete sich.

Ein harter Brocken, dachte Grace, als sie den Weg in die Küche einschlug, wo sie auf eine Tasse Tee hoffte. Sie verheimlicht uns etwas. Und sie lügt. Fast alles, was sie gesagt hat, war gelogen.

Kurz darauf hörte Grace jemanden die Haustür zuschlagen und dann stand auch schon Rory vor ihr im Flur.

»Ich hab was, Grace!«

Behutsam legte sie den Finger auf ihre Lippen und schob ihn in die leere Küche.

Rory schaute sich leicht irritiert um. »Werden wir etwa belauscht?«

»Keine Ahnung, aber ich will es nicht darauf ankommen lassen. Hier gibt es offenbar einige Leute, die Geheimnisse haben. Was hast du herausbekommen?« Sie rechnete mit der üblichen Zettelwirtschaft ihres Kollegen, der alle Erkenntnisse auf Papierschnipsel zu notieren pflegte, die er dann zusammenknüllte, um sie am Ende ganz geordnet und präzise zu präsentieren. Doch Rory holte keinen Zettel hervor. Stattdessen lockerte er seine Krawatte ein wenig, als brauchte er für die Neuigkeit mehr Platz um den Hals.

»Die Müllbeutel.«

Grace sah ihn fragend an.

»Ich meine die lustigen Müllbeutel von Samhain. Die mit der Papiertüte über dem Kopf und dem blauen Plastikkostüm mit Blumen drauf.«

»Und?« Grace warf ungeduldig einen Blick auf die Uhr.

»Plötzlich war es einer mehr.«

Grace starrte ihren Kollegen ungläubig an. »Wie bitte?«

»Im Pub waren es vier Leute mit Müllbeuteln, sagen die Zeugen aus. Aber Pattie schwört, dass sie bei ihr im Haus zu fünft waren.«

9

Am nächsten Morgen hatten sie auch offiziell die Genehmigung, im Zusammenhang mit dem Mord an Michael Lynch im County Mayo ermitteln zu dürfen. Robin Byrne, der oberste Chef der Garda-Zentrale in Galway, hatte Rory das Fax mit einem breiten Grinsen auf den Schreibtisch gelegt.

»Die Kollegen in Castlebar waren offenbar nicht scharf auf den Mord und haben mir den Fall sofort zugeworfen.«

Rory schaute verblüfft hoch. »Aber da er in unserem County ermordet wurde, stand er uns doch zu, oder?«

»Das ist letztlich Ansichts- und Auslegungssache«, erwiderte Byrne und zögerte, die Klinke schon in der Hand. »Irgendwas scheint da im Busch zu sein, Rory. Keine Ahnung, was. Der Name Michael Lynch scheint bei den Kollegen nicht besonders beliebt zu sein. Das wollte ich euch noch sagen.«

»Was genau meinst du damit, Rob?«

Der Zweimetermann Byrne drehte sich schwungvoll um. Grace stand genau hinter ihm und hatte den Kopf fragend zur Seite geneigt.

»Ich glaube, euer Opfer hätte bei einem Wettbewerb um den beliebtesten Mann von Mayo wohl nicht mal den Trostpreis abgeräumt.«

»Ich hab im Netz schon etliches über ihn herausgefunden, aber – danke für den Hinweis«, tönte Rory von seinem Schreibtisch aus.

Robin Byrne grinste und wandte sich wieder an Grace. »Weißt du, wen du zu Lynch mal befragen könntest? Nicht dass ich mich in eure Ermittlungen einmischen will – aber dein Onkel Jim weiß da bestimmt einiges. Ich könnte mir vorstellen, dass du nicht gut auf ihn zu sprechen bist, aber er darf ruhig mal für Garda ein bisschen aus dem Nähkästchen plaudern.« Mit diesen Worten ging Byrne schmunzelnd an Grace vorbei und den frisch gestrichenen Gang hinunter, der seit Neuestem in einem mediterranen Gelbton erstrahlte.

Rory schob seine Zettel wie ein kompliziertes Puzzle auf dem Schreibtisch herum, als Grace neben ihn trat.

»Meinst du, Byrne hat das ernst gemeint mit Jim oder wollte er dich nur provozieren?« Rory wusste wie jeder Kollege in der Polizeistation, dass Grace kein gutes Verhältnis zu ihrem Onkel hatte. Auch wenn Jim O'Malley einer der einflussreichsten Politiker in dieser Grafschaft war und überall Beziehungen hatte, was sicher häufig hilfreich gewesen wäre, wenn sie ihre verwandtschaftliche Verbindung stärker genutzt hätte.

Grace hockte sich auf die Tischkante und beobachtete Rory, der immer noch mit seinen Zetteln beschäftigt war.

Schließlich seufzte der Kollege. »Dein Onkel hat Einblick in vieles. Und bei Michael Lynch ließ sich der auch gar nicht vermeiden, wenn ich das auf die Schnelle hier alles richtig zusammengestellt habe …«

»Rück raus.« Grace verschränkte erwartungsvoll die Arme vor der Brust.

»Also, Lynch hat seine Farm in den letzten zwanzig Jahren auf die zehnfache Größe ausgedehnt.«

»Auf legale Weise?«

Rory zuckte mit den Schultern. »Scheint so. Es waren korrekt abgewickelte Landkäufe bei Auktionen und Ähnlichem. Genaues erfahren wir, wenn wir bei den Nachbarn vor Ort mal ein Öhrchen hinhalten. Das mach ich heute noch.«

Grace nickte. »Ist das wertvolles Land?«

Rory wiegte nachdenklich den Kopf hin und her. »Von hier aus schwer einzuschätzen. Ich lass das gerade überprüfen. Ich habe der Landwirtschaftskammer eine Anfrage gemailt. Es scheint das typische karge Land zu sein, das zwischen dem Mweelrea Massiv und den Sheefry Hills liegt. Schafe knabbern mangels Alternativen auf dem salzigen Gras dort herum und es gibt ganz begehrte Angelrechte in den Gewässern – aber das war's dann auch. Pittoresk. Sehr pittoresk.«

Grace horchte auf. »Sheefry Hills? Zu den Schafen gibt es auch Schäferhunde. Marten Molloy, einer unserer Zeugen, kommt von dort. Den müssen wir noch vernehmen. Er musste gestern ziemlich schnell aufs Festland zurück.«

Rory war plötzlich aufgestanden und fummelte in der Tasche seiner Jacke herum, die er über den Stuhl gehängt hatte.

»Da war doch noch …«

»Was suchst du?«

»Hmm. Mrs Coyne hat mir ein unglaublich leckeres Brot eingepackt, das weiß ich genau. Mit ihrer Minze-Senf-Butter und hauchdünnem Lammschinken drauf – wo wir grade von Schafen sprachen. Wo ist das nur? – Ah, da hab ich es!« Er schien hocherfreut. »Marten Molloy?«, fuhr er dann fort, während er das Brot auswickelte. »Den Namen habe ich bei meiner Recherche auch gefunden. Hundetrainer und Farmer. War wohl ein Nachbar von Lynch und konnte ihn nicht besonders gut leiden. Den knöpfe ich mir auf jeden Fall vor.«

»Wie kommst du darauf, dass er Lynch nicht mochte?«

»Sie sind sich angeblich regelmäßig bei Lynchs Landkäufen in die Quere gekommen. Molloy war auch auf das eine oder andere Stück Land scharf.«

Grace richtete sich auf. »Interessant, was du da sagst.

Immerhin suchen wir neben einem Täter natürlich auch ein handfestes Motiv. Und Land ist da immer gut.«

»Aktuell ging es um ein bestimmtes Gebiet im Delphital«, fuhr Rory unbeirrt fort. »Da sollte wohl gestern der Vertrag von Lynch unterschrieben werden, was Molloy unbedingt verhindern wollte. Aber dazu kam es ja dann nicht mehr. Den beteiligten Notar habe ich für zehn Uhr zu mir bestellt. – Mhm, riecht das lecker!« Er biss verzückt in sein Brot und rollte mit den Augen.

Grace musste grinsen. »Es ist gleich zehn, Rory. Aber lass dich nicht stören.« Sie überlegte kurz. »Damit hätten wir ja schon ein ganz vernünftiges Motiv, nicht wahr?«

»Willst du ihn haben, Grace?« Sich von einem Zeugen zu trennen, fiel Rory wesentlich leichter, als sein Sandwich beiseitezulegen oder gar zu teilen.

Grace winkte ab und warf lachend ihr langes Haar zurück, während sie in Richtung Tür ging. »Ich habe ein Rendezvous mit dem Chef der Müllbeuteltruppe, und das lass ich mir bestimmt nicht entgehen. Bis später, Rory!«

Auf der Schwelle stieß sie fast mit einem weißhaarigen Herrn in dunklem Anzug zusammen.

»Wissen Sie, wo Kommissar Coyne sein Büro hat, junge Dame?«, fragte er mit einer fein modulierten, aber sehr leisen Stimme.

Grace deutete lächelnd auf ihren Kollegen.

10

Henry Casey war einer der letzten hauptberuflichen Fischer auf Inis Meáin. Er sah kräftig aus, war schätzungsweise Mitte vierzig und spielte, wie Grace bei seinem Anblick sofort vermutete, sicher in der Inselmannschaft Hurling oder Gaelic Football. Sie traute ihm ohne Weiteres zu, dass er eines der traditionellen Currachs, eines dieser weltberühmten schwarzen Boote, ohne fremde Hilfe hoch über den Kopf stemmen konnte. Auf Fotografien, die man überall kaufen konnte, sah man normalerweise drei gestandene Männer sich damit abmühen.

Casey strahlte über sein ganzes sommersprossiges Gesicht und freute sich offenbar, dass er zu Garda eingeladen worden war.

»Ich bin ganz aufgeregt, Superintendent O'Malley, Sie endlich persönlich kennenzulernen. Sie haben ja bei uns auf der Insel schon öfter ermittelt. Das war ein Knaller, was Sie da aufgedeckt haben. Respekt!«

Er gluckste auf seinem Stuhl und Grace musste schmunzeln.

»Danke«, erwiderte sie. »Aber kommen wir zu Samhain. Sie waren an besagtem Abend mit Ihren Freunden unterwegs und hatten sich mit Müllbeuteln verkleidet. Erzählen Sie mir von dieser Nacht.« Sie schob ihr Pad, auf dem sie sich Notizen machte, in die optimale Position, schaltete ihr Aufnahmegerät ein und schaute ihn aufmerksam an.

»Tja, was gibt es da zu erzählen? Meine Cousine Mary Walsh hilft uns jedes Jahr mit den Kostümen. Sie ist Näherin und hat ein Händchen dafür.«

Grace unterbrach ihn kurz. »Wie viele sind Sie in der Gruppe?«

Casey runzelte die Stirn. »Normalerweise sind wir immer zu fünft: Paddy Coneely, Kieran O'Dowd, dann Paul Walsh, Robert Gaynor und ich. Wir machen auch sonst jede Menge zusammen.«

»Und in der Samhain-Nacht war es dieselbe Fünfergruppe?«

»Ja.« Casey zog das Ja extrem in die Länge. »Im Prinzip schon. Aber Kieran hatte keine Lust auf das Kostüm, er wollte lieber ohne Maske im Pub rumhängen.«

»Warum?«

Henry Casey zog ruckartig die Augenbrauen hoch und runter, wie es der Filmkomiker Groucho Marx einst getan hatte. Grace musste lachen.

»Er hatte was vor.«

»Was?«

»Na, was wohl. Irgendwas Erotisches wahrscheinlich. Da würde ihn der Papierbeutel über dem Kopf nur stören, meinte er. Das war aber okay für uns. So waren wir diesmal eben nur zu viert.«

Dann beschrieb er ausführlich und stolz ihre Kostüme und woraus sie sich zusammensetzten.

»Tja, schade, dass Kieran seins nicht anziehen wollte.«

»Wo wurden die Kostüme aufbewahrt?«

Der Fischer kratzte sich hinter dem rechten Ohr. »Also, normalerweise ziehen wir uns immer in Robert Gaynors Ferienhäuschen um. Die Kostüme darf ja niemand vorher sehen. Deshalb wurden sie auch, als sie fertig waren, bis zum Fest dort aufbewahrt. Aber Robert konnte sein Cottage dann noch kurzfristig vermieten. Ein Typ aus dem Norden wollte es haben.«

»Wissen Sie genauer, woher der kam?« Grace sah Casey unbeirrt an.

»Nein – vielleicht aus Donegal, Sligo, Monaghan oder so. Jedenfalls hat Robert die Kostüme schnell da rausgeholt und sie in das leere Häuschen seiner Tante Moira gebracht. Das liegt gleich neben dem Cottage und Moira wohnt direkt gegenüber. Dort haben wir uns später auch umgezogen.«

Grace machte sich Notizen und blickte dann auf. »Wann genau hat Robert Gaynor die Kostüme in das andere Cottage gebracht?«

Casey überlegte. »Keine Ahnung. Ich war ja nicht dabei. Vermutlich am Nachmittag. Er musste ja auf den Typen warten, der das Haus kurzfristig gemietet hatte. Und wann und wie der kam, weiß ich nicht. Ob mit dem Boot oder dem Flieger. Muss man ihn mal fragen. Den hat niemand von uns zu Gesicht bekommen.«

Graces Kopf, der vorher noch über das Pad gebeugt war, schnellte nach oben. »Den hat niemand gesehen? Hat er gar nicht mitgefeiert?«

»Nein. Wir haben Robert im Pub nach ihm gefragt. Der kommt extra zu Samhain auf die Insel rüber, mietet sich für gutes Geld hier ein und bleibt dann den ganzen Abend in der Wohnung hocken. Das fanden wir alle ziemlich merkwürdig. Robert meinte, der wird schon seine Gründe haben.« Der Fischer zwinkerte Grace komplizenhaft zu.

Sie ließ sich die Telefonnummer von Robert Gaynor geben.

»Und was passierte, als Sie den Pub gegen Mitternacht verließen, um sich das Haus von Pattie Burke anzusehen?«

»Tja«, wieder kratzte er sich hinterm Ohr. »Da sind wir uns nicht hundertprozentig einig. Wir waren nicht mehr ganz …« Er schaute sie treuherzig an. »… nicht mehr ganz auf der Höhe, wenn man das so sagen kann.«

»Sie waren also betrunken?«, hakte Grace nach.

Casey nickte. »Außerdem kann man durch so eine Tüte

aus Papier … also, Superintendent, das schränkt das Blickfeld schon ziemlich ein, obwohl wir Löcher für die Augen hatten.«

Grace konnte sich ein Grinsen kaum verkneifen. Sie sah die Szene förmlich vor sich.

Henry Casey kramte in seiner Regenjacke und holte rasch sein Handy hervor. Er suchte offenbar etwas darin, was er Grace zeigen wollte. Dann hielt er ihr ein Foto hin. »Das ist ein Selfie von uns, draußen vor dem Pub. Kurz bevor wir zu Pattie gingen.«

Sie beugte sich hinüber, um es sich genau anzusehen.

»Sehen Sie, das sind wir. Zu viert.«

»Hmm.«

Das Bild zeigte vier Gestalten, die sich umarmten, mit braunen Papiertüten über dem Kopf. Am unteren Bildrand konnte man den Ansatz des blauen Plastikkostüms erkennen, das mit Blumen beklebt war.

»Wir sind durch alle Zimmer im Erdgeschoss gegangen, aber nicht in die Schlafzimmer oben. Da wohnen ja Patties Gäste. Und als wir in der Küche wieder zusammenkamen, tja, da waren wir auf einmal einer mehr. Aber ganz sicher bin ich mir nicht. Denn da waren ja auch noch Pattie und ihr Sohn Peter. Und zwei Unvermummte – und dann kam noch der große Farmer dazu, der ja auch keine Maske hatte. Der, der später ermordet wurde.« Der Fischer hielt inne, wie um einen bösen Zauber aus seiner Erinnerung abzuschütteln.

Grace sah ihn aufmerksam an. »Und der Green Man war auch da, nicht wahr?«

Casey runzelte verständnislos die Stirn. »Nee, der kam erst später. War aber echt was los bei Pattie.«

»Und was passierte dann?« Grace tippte die Informationen des Fischers blitzschnell in ihr Pad. Als sie keine Antwort erhielt, blickte sie auf und wiederholte ihre Frage.

Casey schien einen Moment lang verwirrt, fing sich dann aber wieder. »Wir sind schnell weitergezogen. Der Farmer blieb, glaube ich, zurück. Ich weiß es wirklich nicht mehr genau, es war alles chaotisch, wenn Sie wissen, was ich meine. Ich krieg das zeitlich nicht mehr so zusammen. Aus dem Pub gegenüber strömten ja auch immer neue Grüppchen und einzelne Leute, die sich irgendwohin verteilten oder in der Dunkelheit verschwanden. Andere rauchten einfach nur vor dem Pub und machten Krach.«

»Sind Sie zu viert oder zu fünft weitergelaufen?«

Casey fixierte sie einen Moment lang, als hätte er sie nicht ganz verstanden. Schließlich seufzte er.

»Schwer zu sagen. Ich hatte den Überblick verloren. Als wir auf die Hauptstraße einbogen, kam uns jedenfalls der Green Man entgegen.«

»Den haben Sie da gesehen?«

»Klar. Der war ja nicht zu übersehen, auch im Dunkeln nicht. Mit seinem tollen Kostüm.«

»Konnte man erkennen, wer darunter steckte?«

Casey lachte laut auf. »Sie machen wohl Witze! Der war so sehr Baum, dass es kaum zu fassen war. Wir sind dann schnell weiter zu Moira. Die hat es gern, wenn die Götter bei ihr vorbeischauen, und legt uns immer was Süßes zum Naschen hin.«

Er beschrieb ihr die alte Tante von Robert Gaynor, die mit ihren drei Katzen in einem der letzten Häuser vor Synge's Seat lebte.

»Haben Sie den fünften Mann denn irgendwann wiedergesehen?«

Henry Casey hob deprimiert die Schultern. »Nein, ich hatte eher den Eindruck, dass er bei Pattie oder beim Pub zurückgeblieben ist.«

Grace tippte eilig wieder auf ihr Pad, als sich plötzlich

Caseys Handy mit einem markerschütternden Eselsgewieher meldete.

»Das ist Kierans Harry, tolle Aufnahme, was?«, raunte er ihr zu, bevor er das Gespräch annahm.

»Ja?« Der Fischer hörte eine Weile zu, dann nahm sein Gesicht einen höchst überraschten Ausdruck an. »Gut, ich geb's weiter.«

Grace hatte sich zurückgelehnt und wartete geduldig, bis ihr Zeuge sein Eselshandy wieder verstaut hatte. »Etwas, was uns betrifft?«

Der Mann nickte heftig. »Das war Robert Gaynor. Die wissen ja alle, dass ich heute Morgen bei Garda bin. Deshalb hat er mich angerufen. Bei uns auf der Insel funktioniert die Kommunikation astrein, mit oder ohne Handy.« Er grinste die Kommissarin freundlich an und zog einen Beutel mit altmodischen bunten Bonbons aus der Jackentasche hervor, die er ihr einladend hinhielt. Grace nahm eins mit Zitronengeschmack.

»Er sagt, dass das fünfte Kostüm in Moiras Cottage spurlos verschwunden ist. Und der Gast, den Robert in letzter Minute noch reingekriegt hat, auch.«

»Was heißt, verschwunden?«

»Na ja, der wollte sich eigentlich mit Robert treffen, um ihm das Geld für das Cottage zu geben. Aber er hat es nur auf den Tisch gelegt und ist dann abgehauen. Das Cottage ist so leer, als wäre nie jemand drin gewesen. Und was am Merkwürdigsten ist …«

Grace runzelte fragend die Stirn.

»Tante Moira ist auch weg. Nur die Katzen sind noch da.«

11

Aisling O'Grady war eindeutig nicht bei der Sache. Gedankenverloren stand sie mit ihrem Besteck an dem Tisch, auf dem der nackte Leichnam von Michael Lynch aufgebahrt worden war. Sergeant Sheridan saß in der Ecke und wischte auf ihrem Handy herum.

O'Grady beugte sich über den Leichnam. Er wies bereits zahlreiche Obduktionsspuren auf, deren Schnitte grob vernäht worden waren. Sie hatte ihre Untersuchung zwar fast abgeschlossen, verlor jedoch immer wieder den Faden. Sie biss sich verzweifelt auf die Lippen und Tränen liefen ihr über die Wangen. Sie wischte sie mit dem Ärmel ihres grünen Untersuchungskittels weg und drückte dann den Knopf ihres Aufnahmegeräts.

»Im Halsbereich Hämatome, wahrscheinlich wurde eine Garrotte verwendet. Erdrosselung, das heißt Zuschnüren oder Zudrücken der Luftröhre. Dazu kommen deutliche Spuren von …«

Es klopfte leise. Zunächst nahm sie das zaghafte Geräusch gar nicht wahr und redete weiter. Doch das Klopfen wurde lauter. Aisling hielt inne, hob den Kopf in Richtung Tür und zögerte.

»Ja?«, rief sie schließlich laut, immer noch nicht sicher, ob da wirklich jemand vor der Tür wartete.

Doch die wurde nun beinahe lautlos aufgeschoben und ein grauhaariger, elegant gekleideter Mann stand auf der Schwelle, der ebenfalls mit den Tränen kämpfte.

»Dad!«

Die Gerichtsmedizinerin stürzte auf ihn zu und fiel ihm

um den Hals. Er hielt sie fest umarmt und drückte sie. So standen sie beide eine Zeitlang da und nur das Zittern ihrer Schultern ließ erahnen, dass sie heftig weinten. Nach ein paar Minuten hatten sie sich ein wenig beruhigt und lösten sich voneinander. Aisling zog ihn ins Vorzimmer und bot ihm ihren Stuhl an, den einzigen im Raum, doch er blieb lieber stehen.

»Sergeant, ich bin gleich wieder da«, rief sie ihrer verwunderten Kollegin zu, die man zur Obduktion abkommandiert hatte, und dann schloss die Medizinerin die Tür hinter sich.

Aislings Vater hatte ein Stofftaschentuch aus seinem Jackett gezogen und tupfte sich damit die Augen ab.

»Ich konnte nicht früher kommen, Darling. Ich bin sofort losgefahren, als ich deine Nachricht gehört habe. Ist sie noch einmal wach geworden? Habt ihr euch voneinander verabschieden können?«

Aisling schüttelte betrübt den Kopf und ließ sich erschöpft auf den Stuhl fallen. »Nein, Dad. Die Ärzte haben alles versucht, aber der Infarkt war zu heftig. Sie hatte keine Chance. Sie …«

Die Gerichtsmedizinerin brach ab. Sie angelte sich aus dem Papiertuchhalter an der Wand ein kleines Stück und schnäuzte sich.

»Die Unterlagen, die die Ärzte haben wollten – hast du sie gefunden?«

Aisling schaute ihn prüfend an. »Ja, doch, die Liste mit sämtlichen Medikamenten, die sie einnehmen musste, lag in eurer Schublade. Genau, wie du es mir beschrieben hast. Aber als ich in der Klinik anrief, war es schon zu spät.«

Alfred O'Grady seufzte, kam ein paar Schritte näher und strich seiner Tochter liebevoll übers Haar.

»Wann können wir sie beerdigen?«

»Ich habe mit Father McDoonagh telefoniert. Er meinte,

Mittwoch wäre ein guter Tag. – Ach, Dad!« Aisling klang verstört und hilflos.

O'Grady beugte sich zu seiner Tochter und legte ihr den Arm um die Schultern. »Zieh dir was Warmes über, Kleines, du zitterst ja. Hier ist es ziemlich kühl.«

Aisling reagierte nicht, sondern starrte ihn nur an. Eigentlich hätte sie ihren Vater gar nicht hereinlassen dürfen, noch nicht einmal hier ins Vorzimmer, aber dies war eindeutig ein Notfall.

Sie holte tief Luft. »Dad, ich habe in der Schublade im Schreibtisch außer der Medikamentenliste noch etwas anderes gefunden.«

Ihre sonst so klare Stimme klang dünn und schien fast zu kippen. Um Alfred O'Gradys Mund zuckte es leicht.

»Einen Brief von St. Mary's in Castlebar.«

O'Grady sagte einen Moment lang nichts. Schließlich räusperte er sich. Trotzdem klang seine Stimme heiser. »Das war die Gemeinde, der deine Mutter und ich damals, vor über dreißig Jahren, angehörten.«

Aisling war zu ihrem Vater getreten und sah ihm direkt ins Gesicht. Er wich ihrem Blick nicht aus. »Obwohl ihr nie in Castlebar gelebt habt?«

Mit schnellen Schritten ging sie zur Garderobe und griff in die Seitentasche ihres gelb-grünen Rucksacks, der dort hing. Ein Stück Papier kam zum Vorschein, das sie vorsichtig auseinanderfaltete. Sie drückte es ihrem Vater in die Hand. »Lies!«

Alfred O'Grady erbleichte.

Aisling ging zum Schreibtisch zurück, auf dem sie ihre Unterlagen abgelegt hatte, und wartete stumm. Als der Mann nichts sagte, hob sie den Blick.

»Das ist kein netter Brief an alle Gemeindemitglieder von St. Mary's, um sie auf den jährlichen Kirchenbazar aufmerksam zu machen«, sagte sie und ihre Stimme klang plötzlich zornig. »O nein, Dad. Das ist eine Mitteilung der Adoptionsagentur von Castlebar. Man unterrichtete euch davon, dass eurem Antrag nun stattgegeben wurde und dass ihr in wenigen Wochen ein irisches Baby bekommen würdet. Das war am …« Sie brach ab. Dann ging sie auf ihren Vater zu, der erschüttert mitten im Raum stand, und riss ihm den Brief aus den Händen. »Das war am achtundzwanzigsten Februar 1984. Also genau sechs Wochen vor meiner Geburt. Falls ihr dieses Datum nicht auch noch gefakt habt.«

12

Im Spaniard's Head, dem beliebtesten Pub mitten in der Altstadt von Galway, war es gegen zwölf Uhr mittags in allen vier Schankräumen noch ruhig und ziemlich leer. Fitz, der Wirt des Pubs, der mit seiner Brille und der Cordjacke, dem kurz getrimmten Bart und den leicht ergrauten Schläfen eher wie ein Intellektueller als wie ein gestandener Gastwirt wirkte, polierte hinter dem Tresen eifrig seine neuen Weingläser, die er eine halbe Stunde zuvor in Empfang genommen hatte. In einem früheren Leben war er, wie viele Galwegians wussten, der Gerichtsmediziner von Limerick gewesen. Nach einem Zusammenbruch und einem längeren Krankenhausaufenthalt hatte er in Galway, der viertgrößten Stadt Irlands an der malerischen Westküste, diesen alten, damals ziemlich heruntergewirtschafteten Pub übernommen und ihn in kurzer Zeit zum beliebtesten Treffpunkt Galways gemacht.

Als Grace das Spaniard's betrat, schaute Fitz sofort auf und winkte ihr zu. Sie trat zu ihm an die Bar.

»Wo hast du gesteckt? Du warst drei Tage lang verschwunden. Ich hab mir Sorgen gemacht«, begrüßte er sie.

Grace winkte ab und bestellte sich ein Wasser. »Wir haben eine Leiche. Aber wie ich dich kenne, weißt du das bereits. Sie wurde ja schon vorgestern gefunden.«

Fitz nickte. »Ein ›alter Körper‹ heißt das im Fachjargon, wenn ich mich recht erinnere.«

»Es ist Michael Lynch aus Louisburgh.«

Der Wirt stellte ihr das stille Wasser hin. »Das stimmt

wohl nicht ganz. Er kommt aus Delphi. Und gefunden wurde er auf …«

»Inis Meáin«, ertönte eine männliche Stimme vom anderen Ende der Theke. Grace hatte ihn sofort erkannt. Es war Hilary, der wie immer im Spaniard's herumhing und ihr früher oft mächtig auf die Nerven gegangen war. Doch das hatte sich inzwischen gelegt.

Der alte Mann mit den gelben Zähnen kam zu ihr an den Tresen und schüttelte ihr herzlich die Hand.

Grace lächelte. »Das stimmt, Hilary. Der Leichenfund war auf den Arans. Auf der mittleren, der stillen Insel.«

Hilary prustete los. »Ich kann mir nicht vorstellen, dass es an Samhain auf den drei Inseln irgendwo still war. Das ist der ideale Ort für ein Verbrechen. Und die ideale Nacht.« Er bestellte noch ein Bier bei Fitz.

Grace musste ihm recht geben. Genau das hatte sie auch gedacht, als sie die ersten Zeugen vernahm.

Sie nippte an ihrem Glas. »Hast du meinen Onkel gesehen? Er trifft sich doch häufig hier bei dir um die Mittagszeit mit Kollegen.«

»Wenn du dich schon freiwillig mit Onkel Jim triffst, musst du echt verzweifelt sein.« Fitz' Mundwinkel zuckten, während er mit dem Daumen nach rechts zeigte.

Grace machte sich auf den Weg in den angrenzenden Schankraum. Darin standen drei alte, leicht zerkratzte Tische und einige gemütliche Holzsessel mit roten Kissen in kleinen Nischen. Der mächtigste Mann des County Galway saß kichernd in einer davon, ein volles Pint Guinness in der Hand, und der Mann neben ihm, den Grace noch nie gesehen hatte, redete eifrig auf ihn ein. Sie konnte James O'Malley, den jüngsten Bruder ihres verstorbenen Vaters Shaun, absolut nicht ausstehen. Er sah sich als Puppenspieler der Grafschaft, der alle Fäden in der Hand hielt. Sogar bei ihrer Bewerbung auf die leitende Stelle bei Garda hatte er sich im letzten Winter hinter ihrem Rücken eingemischt und dafür gesorgt, dass sie auch tatsächlich die neue Leiterin der Mordkommission wurde. Onkel Jim bekam als Vorsitzender der Regierungspartei hier in der Grafschaft fast alles, was er wollte. Grace spielte jedoch nicht mit. Sie hatte umgehend dafür gesorgt, dass seiner Einflussnahme bei Ermittlungen in den höchsten Polizeikreisen Galways nach Jahrzehnten ein jähes Ende bereitet wurde.

Doch der Privatdetektiv Peter Burke, der ihr wertvolle Hilfe geleistet hatte und dem sie mehr und mehr vertraute, hatte ihr den Ratschlag gegeben, Onkel Jim nicht immer und von vornherein zu verteufeln.

»Oh, Grace, das ist ja mal eine Überraschung!« Der korpulente Politiker brüllte begeistert ihren Namen, als er seine Nichte erblickte, und winkte sie aufgeregt zu sich.

Grace schlenderte zu ihm hinüber und blieb dann abwartend vor ihm stehen.

Onkel Jim wandte sich leutselig an den Mann neben ihm. »Darf ich dir meine Nichte Graínne vorstellen?« Er hörte sich unerklärlicherweise wie ein stolzer Vater an.

Der andere Mann stand halb auf und reichte Grace die Hand. Seine Augen waren braun und funkelten neugierig. Er war um einiges jünger als Jim. Doch vielleicht wirkte es auch nur so, da er schlanker war und trotz kleiner Geheimratsecken noch volles dunkles Haar besaß, das er gescheitelt trug.

»Freut mich sehr – ich heiße Finbar Ward.« Er deutete eine Verbeugung an und nahm wieder Platz.

Jim O'Malley klopfte auf den leeren Holzsessel zwischen ihnen. »Bitte, setz dich zu uns, Grace.«

Mr Ward trank ebenfalls Wasser, mit Kohlensäure und einer Scheibe Zitrone.

»Finbar ist ein Kollege von mir.«

Grace wunderte sich ein wenig, denn der Mann mit dem lässigen Dreitagebart machte nicht den Eindruck eines Politikers vom Schlage ihres Onkels. Er war ihr nicht unsympathisch. Grace schaute ihn abwartend an.

»Ich bin nicht in der gleichen Partei wie Ihr Onkel, sondern bei den Indis. Das heißt, eigentlich in gar keiner Partei.«

Grace schenkte ihm ein sprödes Lächeln. Dadurch war er weiter in ihrer Gunst gestiegen. Sie hasste die beiden großen irischen Traditionsparteien mit den in ihren Augen anmaßenden gälischen Namen, die seit dem Bürgerkrieg in den Zwanzigerjahren die Loyalität des irischen Volkes einforderten wie ein längst verjährtes Lehen. Dabei wurde die Affinität zur einen oder anderen Partei an die jeweils nächste Generation weitervererbt wie die Augenfarbe des eigenen Kindes. Jahrzehntelang hatten sich diese zwei Parteien die Regierungsmacht gegenseitig aus den Händen gerissen und niemandem sonst eine politische Chance gegönnt. Erst bei der letzten Parlamentswahl hatte eine erstaunlich starke Gruppe von Unabhängigen, die sogenannten Indis, das Parlament in Dublin aufgemischt. Und Finbar Ward gehörte offenbar zu ihnen.

»Sie sitzen im Dáil?«

Der Mann schüttelte den Kopf und Jim ergriff blitzschnell für ihn das Wort.

»Finbar sitzt für Rossaveel und Cashel in der County-Vertretung in Galway. Der Dáil kommt bei ihm bestimmt auch noch, da bin ich ziemlich sicher.«

Jim klopfte Finbar kumpelhaft auf die Schulter. Der lächelte leicht gequält. Nun bekam Grace tatsächlich ein wenig Mitleid mit ihm. Offenbar war der junge Politiker hier in die Fänge ihres Onkels geraten und wusste nicht, wie er sich höflich davonstehlen konnte.

»Onkel Jim, ich habe da ein Problem und wollte dich fragen, ob du mir weiterhelfen kannst. Hättest du heute Nachmittag ein paar Minuten Zeit für mich?«

Jim war eine Sekunde lang sprachlos. Seit ihrer Ankunft in Galway vor einem halben Jahr war Grace noch nie so freundlich zu ihm gewesen. Er strahlte und hob dann sein Glas, um es sich genüsslich an den Mund zu führen.

»Klar. Immer. Vielleicht um drei?«

Grace nickte und wollte gerade aufstehen, als er sie behutsam, aber energisch zurück auf das rote Kissen drückte.

»Weißt du übrigens, dass Finbar, der alte Gauner, einer der Mitbegründer der Torf-Kampagne ist?«

»Tatsächlich?« Sie hatte von dieser Bürgerinitiative schon gehört, als sie noch in Kopenhagen lebte. Damals hatte ihr ein Kollege unter Lachtränen einen Zeitungsartikel darüber vorgelesen und gesagt, dass die Iren ja total abgedreht seien. Die Initiative hatte sich mit dieser Kampagne tatsächlich den Gesetzen der EU entgegengestellt und das uralte Recht jedes Iren eingefordert, Torf zum eigenen Verbrauch stechen zu dürfen. Schließlich musste die EU den Erlass zwar nicht zurücknehmen, doch so modifizieren, dass die Bürgerinitiative am Ende als Sieger dastand. Und Grace war sogar ein wenig stolz gewesen, Irin zu sein.

»Nun ja …« Finbar war dieses Lob offenbar genauso unangenehm wie Jims Prophezeiung, was seine Karriere im irischen Parlament betraf. »Ich war mit einer Gruppe von Leuten damals dabei. Brüssel hat einfach keinen Schimmer, was das Torfstechen für uns bedeutet – wie sollten sie auch? Wir haben versucht, es den Bürokraten klarzumachen. Dass wir so viel Unterstützung erhalten würden, hätten wir nie gedacht. Dabei war es vielen Iren damals noch peinlich, wenn sie zugeben mussten, dass sie nach wie vor mit Torf heizten.« Er nahm einen Schluck Wasser und behielt das Glas in der Hand. »Und heute gilt es als energiebewusst und total fortschrittlich.«

Jim nickte eifrig. Jetzt stand Grace entschlossen auf.

»So, ich muss dann mal wieder zurück. War interessant, Sie kennenzulernen, Mr Ward.«

»Finbar.« Er lächelte sie freundlich an und reichte ihr wieder die Hand. »Was machen Sie eigentlich beruflich? Ihr Onkel hat mir das gar nicht verraten, obwohl er so gerne redet.«

Sie musterte ihn amüsiert. »Ich hüte den Frieden.«

Er sah sie verblüfft an. Dann huschte ein Lächeln über sein Gesicht. »Verstehe. An Garda Síochána.«

Onkel Jim klopfte ihm wieder auf die Schulter. »Ich dachte, du weißt das, mein Junge. Alle kennen mittlerweile Grace O'Malley, die neue Chefin der Mordkommission. Sie war doch im Sommer überall in den Medien.«

Finbar Ward hob entschuldigend die Achseln.

Jim grinste. »Und jetzt hat sie schon wieder eine harte Nuss zu knacken – nicht wahr, mein Mädchen? Das war doch Michael Lynch, den ihr da tot aufgefunden habt, oder? Ich kannte ihn. Jeder, der ein Stück Land besitzt, kannte ihn. Frag Finbar.« Wieder bekam der dunkelhaarige Mann einen aufmunternden Schlag ab, diesmal auf den Rücken.

Finbar Ward schaute an Grace vorbei. Er schien ihren Blick zu meiden. Die Kommissarin zögerte einen Moment und sagte dann: »Bis später, Onkel, bei mir im Büro. Sei bitte pünktlich.«

13

Als Rory aus dem Wagen stieg, drang sofort heftiges Gebell an sein Ohr. Er schaute sich neugierig um, konnte aber nirgendwo einen Hund erblicken. Der Lautstärke nach zu urteilen, musste es sich um eine ganze Meute handeln. In einiger Entfernung stand ein stattliches dunkelgraues Farmhaus. Es war kein ebenerdiges Cottage, wie es traditionell von irischen Kleinbauern bewohnt wurde, sondern ein imposantes Haus für einen reichen Farmer, dessen Vorfahren Gutsverwalter waren und den Hof des meist abwesenden englischen Landbesitzers gegen die Einheimischen schützen sollten.

Ungewöhnlich, ging es Rory durch den Kopf, dass Marten Molloy und seine Eltern das Haus nicht in den Neunzigerjahren hatten abreißen lassen. In diesen Jahren des sogenannten keltischen Tigers, einer Zeit unglaublichen wirtschaftlichen Wachstums in Irland, hatte es in den ländlichen Gebieten wie zum Beispiel in Mayo als äußerst schick gegolten, alte Gebäude abzureißen, um sie durch moderne zu ersetzen. Gemütliche Cottages mussten im »Bungalow Blitz«, wie diese Phase genannt wurde, kastenförmigen Gebilden weichen, die eher den Charme eines Schuhkartons besaßen.

Bis heute gab es an der irischen Westküste architektonische Absonderlichkeiten wie mallorquinische Fincas im tiefsten Roscommon oder alpenländische Holzhäuser in Nordmayo, die man sich im Engadin abgeschaut hatte. Iren, so wusste Rory, hatten seit Jahrhunderten die unangenehme Angewohnheit, sich immer und überall mit anderen Nationen zu vergleichen und sich absurderweise dafür zu schämen, angeblich nicht so gut wie die anderen zu sein.

Da das Gebell nicht aufhören wollte und offenbar von hinter dem Haus stammte, nahm der Kommissar den schmalen Weg, der um das Gebäude herumführte. Doch plötzlich flog die Haustür auf und ein freundlich dreinblickender Mann mit fast schulterlangem Haar stand vor dem Guard. Während er sich das letzte Stück eines Sandwiches in den Mund stopfte, lud er ihn mit einer weit ausholenden Handbewegung ins Haus ein. Rory fand beides sympathisch und erinnerte sich, den Mann am Tag zuvor flüchtig auf Inis Meáin gesehen zu haben. Er folgte ihm.

»Mr Molloy?«

Molloy nickte und kaute weiter. »Möchten Sie einen Tee, Guard?«

Rory betrat beschwingt die luftige Eingangshalle und registrierte die imposante Menge an verschiedenfarbigen Wachsjacken, Capes, Daunenanoraks und Kappen, die an der Garderobe hingen. Darunter standen drei Paar Gummistiefel, alle etwa gleich groß. Auf der Hutablage sah er mehrere Paar Handschuhe.

Molloy folgte dem taxierenden Blick des Kommissars.

»Ja, das sind alles meine Klamotten für draußen. Hier in den Sheefry Mountains ändert sich das Wetter jede halbe Stunde.«

Er lachte und reichte Rory seine raue Hand.

»Hier entlang, bitte!« Molloy führte ihn in eine gemütliche Küche mit einem altmodischen Herd, der dem angenehmen, feinen Duft nach zu urteilen von Torf befeuert wurde. Molloy zeigte auf einen abgewetzten Sessel, der einladend daneben stand. Auf seiner Armlehne lag die neueste Ausgabe der Irish Times.

Zufrieden sank Rory in den Sessel und beobachtete Molloy dabei, wie er ihm einen Humpen Tee eingoss, ein paar Kekse aus einer Dose angelte und sie auf einen Teller legte. Plötzlich erhob sich ein schwarz-weißer Border Collie, der in einer Ecke des Zimmers auf dem Boden gelegen hatte, und steuerte schwanzwedelnd auf den Guard zu.

»Oh, dich habe ich ja gar nicht gesehen, komm, mein Junge!«

Rory kraulte den Hund hinter den Ohren, was das Tier dazu bewog, sich ganz dicht an ihn gedrängt zu seinen Füßen niederzulassen.

»Das ist ein Mädchen, Guard. Lottie. Ganz wunderbare alte Dame. Sie war ihr Leben lang draußen bei den Schafen unterwegs. Lottie hatte immer alles unter Kontrolle, aber jetzt müssen wir ein bisschen auf sie aufpassen. Sie ist leider erblindet.«

Molloy ließ sich in den zweiten Sessel fallen und schaute den Kommissar erwartungsvoll an. Rory schlürfte seinen Tee und nickte.

»Gut. Kommen wir direkt zum Thema. Sie wissen, warum ich hier bin. Es geht um den Abend und die Nacht auf Inis Meáin. Wann sind Sie auf der Insel angekommen?«

»Ich kam mit dem Morgenboot. Ich war eigentlich nur wegen Samhain auf der Insel. Ich hatte schon so viel darüber gehört und wollte mir das einfach mal ansehen und mitfeiern.«

»Wo haben Sie übernachtet?«

Der Farmer runzelte die Stirn. »Wieso ist das wichtig?«

Rory ließ sich nicht aus dem Konzept bringen. »Irgendwo müssen Sie ja untergekommen sein. Draußen wäre es in dieser Jahreszeit zu ungemütlich. Das finden auch die Geister, sonst würden sie in dieser Nacht schließlich nicht umziehen.« Er biss in einen Keks und erkannte sofort am Geschmack die in seinen Augen minderwertige Supermarktware. Aber die Geste zählte, räumte Rory ein und nahm noch einen.

Molloy musste lachen und nannte ihm Marias Bed & Breakfast, das Rory sich auf einem seiner Zettelchen notierte.

»Wie haben Sie den Abend dort verbracht?«

»Ich war natürlich im Pub. Es gibt ja nur den einen, soweit ich weiß, den in der Mitte des Dorfes. Vorher habe ich bei Maria etwas gegessen.«

»Allein?«

Marten ließ sich Zeit mit seiner Antwort und Rory wartete geduldig. Er kraulte Lottie am Hals, bis Marten schließlich nickte.

»Ich kannte ein paar Farmer in dem Pub vom Sehen. Man läuft sich ja immer wieder auf den jährlichen Hundewettbewerben über den Weg, aber ich war nicht mit einer Clique da, falls Sie das meinen.«

»Sie kannten zum Beispiel Michael Lynch. Der war auch zu Besuch auf der Insel. Scheint ein Nachbar von Ihnen gewesen zu sein.«

Marten wirkte nun leicht nervös. »Klar kannten wir uns. Aber ich kann nicht behaupten, dass ich mich unbedingt mit ihm unterhalten wollte. Ich hab ihn nicht mal gesehen. Es war rappelvoll und laut, eine Band spielte in der Ecke, und auch wenn der Pub nicht besonders groß war, hatte ich nicht den Überblick, wer da ein und aus ging.«

»Aber Sie wussten, dass Lynch auf Inis Meáin war?«

Der Hundetrainer starrte Rory verwirrt an und schüttelte vehement den Kopf. »Nein, das wusste ich nicht, Inspector …«

»Coyne«, erwiderte Rory mit liebenswürdigem Lächeln.

»Um ehrlich zu sein, waren Lynch und ich uns nicht besonders zugetan. Und ich legte auch keinen großen Wert darauf, mit meinem lieben Nachbarn auf derselben Feier herumzuhüpfen – um das einmal ganz klar zu formulieren.«

»Hm, verstehe. Sie haben ihn also rein zufällig dort getroffen?«

»Ich habe ihn überhaupt nicht dort getroffen! Das hab ich doch gerade gesagt!«

Nun war er laut geworden und die Hündin hob kurz irritiert den Kopf. Molloy stand auf und suchte etwas auf dem Sideboard.

»Stört es Sie, wenn ich rauche?«

Rory verneinte.

Molloy fingerte eine Zigarette aus der Packung und zündete sie an. Dann wandte er sich wieder dem Guard zu, der einen Zettel auf dem Oberschenkel balancierte, auf den er schrieb. Wenig später schaute Rory erneut zu ihm auf.

»Interessanterweise kann sich niemand aus dem Pub an Sie erinnern. Trugen Sie vielleicht eine Maske wie einige an diesem Abend?«

An dieser Stelle lief Marten Molloy rot an, wie Rory befriedigt feststellte. Und wieder dauerte es ein paar Sekunden, bis sich Molloy für eine Antwort entschieden hatte. Rory kam das Zögern ungewöhnlich lang vor.

»Nein. Ich hätte auch gar nicht gewusst, wie man sich für Samhain verkleidet. Ich hab's ja nie zuvor gesehen. Ist ja nicht so wie bei Halloween auf dem Festland, oder?«

Rory musste noch etwas anderes klären. »Gut. Wo waren Sie zwischen ein und drei Uhr am Morgen der Tatnacht?«

Aisling O'Grady hatte ihnen nach der vollständigen Obduktion diesen Zeitraum für die mögliche Tatzeit genannt.

Molloy wirkte perplex. »Wo ich war? Im Pub. Bis ungefähr … ach, ich weiß es nicht mehr genau. Ich hab nicht auf die Uhr geschaut, als ich ging. Ich glaube, das war gegen eins oder so. Es war noch viel los. Vielleicht war es auch früher, keine Ahnung.«

»Und danach?«

»Ich bin noch eine Weile an der frischen Luft herumgelaufen und dann ins B&B zurück. Hab mich sofort hingehauen, denn ich hatte einiges getrunken.«

»Sie sind im Dunkeln dort herummarschiert?«

»Wie meinen Sie das? Na klar! Warum nicht?«

»Auf Inis Meáin ist es nachts stockdunkel. Außer an den beiden Anlegestellen gibt es keine Straßenbeleuchtung. Man kann absolut nichts sehen.« Rory sagte das in einem freundlichen Tonfall. »War es nicht ein bisschen übermütig, etwas angeheitert da draußen herumzugeistern?« Molloy schwieg trotzig.

Rory bohrte weiter. »Haben Sie im Dunkeln jemanden gesehen? Konnten Sie überhaupt etwas sehen?«

Molloy überlegte wieder, stand dann auf und ging in den Korridor hinaus. Rory sah, wie er an einer der Jacken an der Garderobe herumfingerte und etwas herauszog. Lottie hatte den Kopf gehoben. Als Molloy wieder in die Küche kam, hielt er dem Kommissar ein kompaktes kleines Gerät hin.

Rory nahm es und drehte es in seinen Händen. »Was ist das?«

»Sehen Sie den Knopf da an der Seite? Den müssen Sie drücken.«

Rory folgte seiner Aufforderung. Sofort erstrahlte die Küche, die vorher in ein eher dämmriges Licht getaucht war, gleißend hell.

Rory fuhr zurück. »Oho! Das ist aber mal eine Taschenlampe, die ihren Namen verdient. So was haben wir noch nicht mal bei Gardai!«

Er knipste das blendende Licht schnell wieder aus und Marten Molloy lachte.

»Hab ich mir übers Internet aus dem Ausland schicken lassen. Die gibt's hier noch nicht, soweit ich weiß. Ich hatte sie auf Inis Meáin zufällig dabei.«

»Und wofür haben Sie sich so ein extrem effizientes Teil besorgt?« Rory war immer noch beeindruckt.

Molloy schien einen Moment lang unsicher zu werden, lächelte dann aber. »Na, wegen der Schafe! Wenn eins mal in der Nacht verschwunden ist und der Hund und ich im Dunkeln suchen müssen. Das trainiere ich mit meinen Hunden.«

Rory nickte verständnisvoll und überlegte kurz.

»Das war es im Moment. Ich vermute, Sie hören bald wieder von uns. Wir haben ja Ihre Karte mit der Handynummer.« Rory rollte seinen Zettel zusammen, stellte die Tasse auf einen kleinen Tisch, kraulte noch einmal Lottie, die ihm verliebte blinde Blicke zuwarf, und stand auf. Marten Molloy schien überrascht über das schnelle Ende des Verhörs.

»Sind Sie nun eigentlich mehr Farmer oder mehr Hundetrainer, Mr Molloy?«

»Beides, obwohl ich als Hundetrainer mittlerweile fast mehr verdiene. Und die Arbeit mit den Tieren macht mir viel Spaß.« Er lächelte.

»Sie haben anscheinend auch einen verdammt guten Ruf auf dem Gebiet.«

Molloy nahm Rorys Tasse und stellte sie neben die Spüle. Dann sah er zu Rory und hob kurz die Schultern.

»Ach, es gibt viele Trainer, die ihren Job ganz ordentlich machen. Hier im Westen haben die meisten Farmer Schafe. Da brauchen Sie einen gut trainierten Hund. Sonst können Sie es vergessen. Wenn die Tiere abhauen, finden Sie die in den Bergen sonst nie oder nur tot wieder.«

»Verstehe. Wie lange dauert es, bis ein Hund richtig fit ist?«

»Wenn Sie ordentlich mit ihm arbeiten und der Hund intelligent ist, dann etwa sechs bis acht Wochen.«

Lottie hatte sich nun am Herd zusammengerollt und man hörte in der Stille, die kurz eingetreten war, wie sie zufrieden seufzte. Rory stand auf, strich seine Hose glatt und wandte sich zum Gehen. Doch dann fiel ihm noch etwas ein.

»Kann man die Hunde auch zu etwas anderem abrichten als zum Schafehüten?«

Der Mann nickte. Es war eindeutig sein Metier, das merkte Rory an der enthusiastischen Art, wie er nun erzählte.

»Ja, im Prinzip hüten sie alles. Sogar Enten, Gänse und Hühner. Habe ich alles schon gesehen und auch trainiert.«

Molloys Begeisterung schien jetzt beinahe greifbar. »Und man kann sie sogar darauf trainieren, alle möglichen Sachen zu finden. Dafür haben Sie bei Garda doch auch Hunde?«

Rory überlegte. Ja, irgendjemand in der Zentrale hatte eine kleine Hundestaffel. Die kam jedoch nicht besonders häufig zum Einsatz.

»Können die auch Sachen finden, die unter der Erde sind?«, fragte der Kommissar.

Marten hielt inne und zog die Augenbrauen zusammen. »Was meinen Sie damit?«

Rory zögerte einen Moment. »Einen verborgenen Schatz zum Beispiel? Metall oder so was Ähnliches?«

Molloys Gesicht leuchtete wieder auf. »Vermutlich. Wenn sie darauf abgerichtet sind. Ich hab schon mal gehört, dass sie Dinge finden können, die jemand verloren hat. Border Collies können so einiges. Die sind immens intelligent.«

Lottie seufzte wieder im Schlaf.

»Wenn Sie lieber mit Hunden arbeiten und das auch mehr Geld einbringt, dann frage ich mich, warum Sie so hinter dem Land unten in Delphi her sind, das auch Lynch unbedingt haben wollte. Es soll rein landwirtschaftlich gesehen ziemlich wertlos sein.«

Molloy schnaubte zornig. »Wer hat Ihnen diesen Unsinn erzählt, Guard? Ich interessiere mich nicht für Land. Im Augenblick jedenfalls nicht.« Es sollte offenbar beiläufig klingen, was ihm jedoch nicht gelang.

Rory trat wieder einen Schritt zurück und ging auf den Hundetrainer zu. Er sah ihn freundlich an.

»Normalerweise erzähle ich nicht, woher ich meine Informationen habe, wie Sie sich sicher denken können. Aber in diesem Fall will ich mal eine Ausnahme machen: Ich weiß es von Oliver Fitzsimons, dem Notar aus Westport. Bei dem wollte Lynch am Tag nach Samhain einen Kaufvertrag unterschreiben.«

Molloys linkes Augenlid zuckte ein wenig. »Tja, das konnte er dann ja leider nicht mehr.«

»Und Sie freuen sich darüber?« Rory musterte sein Gegenüber aufmerksam.

»Das bilden Sie sich ein, Guard. Ich mochte Michael nicht, das weiß hier jeder. Und da war ich auch nicht der Einzige. Aber sein Tod lässt mich nicht frohlocken, weil ich jetzt an das Land kommen könnte, das ich angeblich unbedingt haben will.«

Rory lächelte. »Sehen Sie, Mr Molloy, das beruhigt mich. Trotzdem ist die Sache nicht ganz einfach. Fitzsimons hat uns nämlich nicht nur darüber informiert, dass Sie als unmittelbarer Nachrücker auf der Liste der Interessenten stehen, sondern auch darüber, dass der von Lynch unterzeichnete Vorvertrag seinem Erben eine Kaufoption für das Stück Land einräumt. Vorausgesetzt, der unverheiratete und alleinstehende Lynch hat überhaupt einen Erben.«

Marten Molloy strich sich die langen Haare aus der Stirn und hob bedauernd die Schultern.

Rory sah ihn lächelnd an. »Aber Sie wissen doch – Erben finden sich in unserem schönen Irland immer leichter, als man glaubt. Einen angenehmen Tag noch, Mr Molloy.«

14

»Am 30. März 1849 machten sich mehrere hundert ausgehungerte Menschen auf den Weg von Louisburgh nach Delphi Lodge, dem Jagdschloss des Marquis von Sligo, wo sie um etwas zu essen baten. Man wies sie jedoch ab und hunderte Frauen, Männer und Kinder kamen auf ihrem Rückweg entkräftet und resigniert am Doo Lough um.«

Rory Coyne stand vor dem grauen keltischen Kreuz, das als Mahnmal für diese Tragödie im Delphital oberhalb des Sees errichtet worden war, und las die Inschrift.

»Wie können Menschen sich wohlfühlen, wenn Mitmenschen zur selben Zeit erniedrigt werden? Mahatma Gandhi«, las er weiter. Rory musste schlucken. Jeder Ire kannte die Tragödie vom Doo Lough aus dem Geschichtsunterricht. Ein grausames Ereignis in einer Zeit der Missernten und verantwortungsloser britischer Landbesitzer, als die Hälfte der irischen Bevölkerung, fast zwei Millionen Menschen, den Hungertod erlitt oder auswandern musste.

Rory drehte sich um und ließ seinen Blick über das Delphital wandern, eine der spektakulärsten Landschaften der irischen Insel. Zum Atlantik hin schottete das Mweelrea-Massiv dieses seltsam betörende Tal ab, das durch die düstere Kombination aus hohen Bergen und zwei tiefen Seen beinahe verwunschen wirkte. Der obere der beiden Seen war der Doo Lough, was auf Irisch »dunkler See« bedeutet, der zweite hieß Fin Lough, der »helle See«.

Die Landstraße 335 schlängelte sich am Rand der beiden Seen entlang und verband den einzigen Fjord Irlands, den

Killary Harbour im Süden, mit dem Örtchen Louisburgh oben an der Clew Bay, die im Norden von Graces und Peters Heimat Achill Island bewacht wurde.

Vergeblich hatte Rory immer versucht sich vorzustellen, wie diese menschliche Katastrophe in dieser maßlos überwältigenden Natur ausgesehen haben mag. Wie die verzweifelten, ausgemergelten Menschen bei Nacht, Nebel und Regen vom Weg abgekommen waren, allmählich ihre Kräfte verloren hatten und am Ufer des Sees schlicht und einfach krepiert waren. Ein anderes Wort gibt es dafür nicht, dachte Rory.

So lange war das noch nicht her.

Rory suchte mit den Augen das Land weiter ab. Etwa einen halben Kilometer nordwestlich konnte er eins der Waldstücke ausmachen, wie das Landwirtschaftsamt von Mayo sie ihm beschrieben hatte, als er sich nach der Beschaffenheit des Landes erkundigt hatte, das Lynch erwerben wollte.

Haine aus Eichenwald, hatten sie ihm mitgeteilt, irische Eichen. Was denn sonst, hatte er gegrummelt, als er das las. Etwa französische?

Von diesen kleinen Wäldern gab es angeblich einige in dieser Gegend. Insgesamt war das Land tatsächlich karg und offenbar wenig ertragreich. Felsen dominierten den Landstrich, der bestenfalls von Schafzüchtern genutzt werden konnte, die ihre Herden in diese Berge schickten. Es waren spärlich bewachsene Berge, die jetzt im Herbst mit einem goldschimmernden Pelz von getrocknetem Heidekraut bedeckt waren.

Rory kratzte sich nachdenklich am Kopf. Warum waren sowohl Lynch als auch Marten Molloy so scharf auf dieses Land? Was gab es hier, was er nicht sehen konnte?

Regen hatte eingesetzt und Rory wollte zu seinem Auto zurück, das er unten an der Landstraße abgestellt hatte. Er sah einen Geländewagen langsam in seine Richtung zuckeln. Als er am Auto angekommen war und gerade die Fahrertür öffnen wollte, hatte ihn der Wagen erreicht und hielt neben ihm an.

»Suchen Sie jemanden, Guard?«, fragte ein Mann mit munterer Stimme. Er war um die sechzig und schien der Kleidung nach ein Farmer zu sein, auf dem Weg zu irgendeinem offiziellen Termin. Er trug eine abgewetzte Tweedjacke mit einem weißen Hemd darunter, das am Kragen offenstand. Die kurzen Haare waren graumeliert, was seine roten abstehenden Ohren noch betonte. Aus dem Inneren des Wagens schlug Rory ein Schwall kalten Rauchs entgegen.

»Hallo. Können Sie mir sagen, wo Michael Lynch gewohnt hat? Ich suche sein Haus.« Der Kommissar war sich nicht sicher, ob er sich täuschte oder ob tatsächlich ein zufriedenes Lächeln über das Gesicht des anderen gehuscht war.

»Ach, armer Teufel, den hat's auf den Arans erwischt, nicht wahr?«

Rory nickte.

Der Mann zeigte hinter sich in Richtung Louisburgh, wo er gerade herkam. »Fünf Meilen dort hinauf. Ist ein großes Gebäude auf der linken Seite, kurz vor der Abzweigung nach Killadoon. Es sieht aus wie 'ne Finca auf Sizilien. Können Sie bestimmt nicht verfehlen.«

Rory schmunzelte. »Lynch hatte eine Menge Land, habe ich gehört.«

Der Regen war nun stärker geworden, was aber keinen der beiden zu stören schien. Sie setzten ihre Plauderei fort, als würde sie in strahlendem Sonnenschein bei angenehmen zwanzig Grad geführt und nicht bei neun Grad im strömenden Regen. Der Farmer tippte sich als Zustimmung kurz mit den Fingern an den Schädel.

»Das kann man laut sagen, Guard. Ich bin mit ihm auf dieselbe Schule gegangen, er war nur zwei, drei Klassen unter mir. Hat ganz klein angefangen, aber dann zügig zugelegt. Fast jedes Jahr ein neues Stück Land.«

Er lachte fröhlich und blinzelte Rory an.

»Wofür hat er das ganze Land gebraucht? Er hatte doch keine Familie, oder?«

Der Farmer kratzte sich am Kopf. »Gute Frage, Guard. Nein, hatte er nicht. Nur mal ein Techtelmechtel mit 'nem jungen Ding vor einer ganzen Weile. Hat sie aber sitzen lassen, soweit ich weiß. Seine Eltern waren dagegen, weil sie eine von denen war … Sie wissen schon.«

Rory wusste es nicht. »Nein. Aber wie heißen Sie eigentlich?«

»Oh, Entschuldigung. Padraic Ryan. Die Kleine war eine Tinker. Ich weiß, dass man das nicht mehr sagen darf. Sie war wohl damals …« Er machte eine vielsagende Geste, die einen gewölbten Bauch darstellen sollte.

Rory hob die Augenbrauen.

»Aber das haben Sie nicht von mir, Guard. – Also, ich muss weiter. Schönen Tag noch!«

Er wollte das Fenster hochkurbeln, doch Rory hielt es freundlich, aber bestimmt mit der Hand fest. »Noch ganz kurz, Padraic. Sie sind doch sicher Farmer?«

Ryan nickte rasch.

»Lynch wollte diesen Teil da drüben kaufen. Aber was zum Teufel wollte er mit dem öden Landstrich anfangen? Das wäre doch rausgeschmissenes Geld gewesen! Oder sehe ich das falsch?«

Der Farmer schwieg einen Moment. In seinem Kopf arbeitete es, wie Rory unschwer erkennen konnte.

Schließlich holte er tief Luft. »Als Farmland ist es sicher nicht geeignet. Wenn man hier vernünftig Landwirtschaft betreiben könnte, hätte das längst irgendjemand getan.« Er zögerte noch einmal. »Aber wissen Sie, Lynch war nicht blöd. Er war immer auf seinen eigenen Vorteil aus und daher auch nicht der Beliebteste in dieser Gegend. Haben Sie mal von den Probebohrungen hier im Delphital gehört?«

Rory schüttelte den Kopf.

»Mitte der Achtziger gab es den Verdacht, dass es hier im Tal Goldadern geben soll. Kann man in den Zeitungen von damals nachlesen. Vor ungefähr dreißig Jahren war das. Doch zum Schluss wurde nichts gefunden, was sich lohnen würde.«

Rory schaute ihn gespannt an.

Padraic legte den ersten Gang ein und schmunzelte. »Aber die Technologie hat sich seitdem gewaltig verändert. Und Michael war bei so was immer auf dem neuesten Stand. Der hatte auch bei solchen Geschäften seine Finger dick mit drin. Also, schönen Tag noch, Guard!«

Er winkte dem Kommissar noch einmal kurz zu und zuckelte dann gemächlich die Straße entlang. Rory stand ziemlich durchnässt neben seinem Wagen und hatte bereits das Handy gezückt.

15

Kurz nachdem sie mit Rory gesprochen hatte, rief Grace umgehend den Notar in Westport an. Sie wollte so schnell wie möglich Einblick in Lynchs Testament nehmen.

Da klopfte es plötzlich und ihr Kollege Kevin Day stand in der Tür.

»Darf ich stören?«

»Komm rein und setz dich. Ich habe zwar gleich ein Gespräch«, Grace schaute kurz auf die Armbanduhr, »aber eigentlich kommst du gerade recht. Hast du Kapazitäten für uns frei?«

Kevin nahm ihr gegenüber auf dem bequemen Sessel Platz und schlug erwartungsvoll die Beine übereinander. Dann räusperte er sich.

»Das hab ich. Geht es um den Fall Lynch?«

Grace bat ihn, nach Inis Meáin zu fahren und dort die Angaben zu überprüfen, die Marten Molloy zum Bed & Breakfast bei Maria gemacht hatte. Vielleicht ließ sich auch feststellen, wer ihn sonst noch in der besagten Nacht gesehen hatte. Außerdem sollte Kevin versuchen, den Verbleib des fünften Kostüms zu klären und eine Frau namens Moira ausfindig zu machen, die anscheinend verschwunden war. Moira hatte Michael Lynch wohl noch kurz vor seinem Tod gesprochen.

Kevin konnte sein zufriedenes Lächeln kaum unterdrücken. Die Zusammenarbeit der beiden Kommissare war seit Graces Ankunft in Galway schwierig verlaufen. Auch jetzt war sich Grace nicht hundertprozentig sicher, ob sie ihrem Kollegen wirklich vertrauen konnte. Doch in diesem

Fall brauchte sie ihn dringend. Und Kevin schien sich aufrichtig darüber zu freuen.

»Das ist ja ein volles Tagesprogramm, Grace. Wie komme ich zu der Ehre?«

Sie schaute ihn entschlossen an und versuchte die Vorgesetzte herauszustreichen, die eine ausgeklügelte Strategie verfolgte. Dazu stand sie auf und trat einen Schritt auf ihn zu.

»Wir haben hier mehrere vielversprechende Ermittlungsstränge, die ich alle weiterverfolgen will. Rory ist hoch nach Delphi gefahren, wo Lynch gelebt hat und sich eifrig Feinde gemacht hat. Er hat gerade einen unserer Hauptverdächtigen verhört.«

»Oh, ihr habt schon einen Hauptverdächtigen?«

Grace nickte zögerlich. »Marten Molloy. Hundetrainer in den Sheefry Hills. Der war offenbar hinter einem Stück Land her, das Lynch sich eigentlich schon gesichert hatte. Und er war in der Mordnacht ebenfalls auf Inis Meáin. Er könnte der Green Man gewesen sein, der mit Pattie Burke gesprochen hat und nachweislich in der Nähe des Tatorts war.«

»Klingt nach einem guten Motiv, oder? Landbesitz ist bei uns doch immer ein heißes Eisen. Hat er ein Alibi?«

»Nichts von Substanz. Das herauszufinden ist dein Job, Kevin.« Sie trat einen Schritt zurück und fixierte ihn.

»Ich werde mein Bestes tun.«

»Und nimm dir Pattie Burke auch noch mal vor. Vielleicht fällt ihr zu ihrer Begegnung mit dem Green Man noch irgendein Detail ein.«

Kevin runzelte die Stirn. »Der Green Man? Der erste Naturschützer? Das Kostüm scheint ja zu dem Fall zu passen. War das etwa bewusst gewählt?«

Sie antwortete nicht.

Kevin räusperte sich. »Aber okay, ich mach mich mal auf

den Weg. Und was macht derweil die Chefin, wenn ich fragen darf?«

Grace trat ans Fenster. Es war kurz vor drei und draußen regnete es immer noch.

»Im Augenblick überprüfen wir schwerpunktmäßig alle Einzelheiten, die das Opfer betreffen, Michael Lynch. Sein Vermögen, sein Testament, seine geschäftlichen Beziehungen. Und seine Feinde. Ich warte tatsächlich gerade auf …« Sie hatte den Satz noch nicht beendet, als die Tür schwungvoll aufgerissen wurde und ein schwitzender Jim O'Malley mit hochrotem Kopf hereinpolterte.

Kevin Day drehte sich überrascht um. O'Malley nickte ihm kurz zu und wandte sich dann mit einem spitzbübischen Grinsen an seine Nichte.

»Was sagst du, Graínne? Auf die Sekunde pünktlich!«

Kevin stand auf und verließ ohne ein weiteres Wort das Büro der Kommissarin. Jim O'Malley sank ächzend auf den gerade frei gewordenen Sessel.

»So. Was kann ich für dich tun?« Er ließ seine Augen unruhig im Büro seiner Nichte umherwandern.

»Es geht um Michael Lynch, Onkel. Bitte, erzähl mir alles, was du über ihn weißt.«

»Ist das ein Verhör?« Er grinste leicht pikiert.

»Nein. Das ist eine eher unorthodoxe, aber durchaus landesübliche Nutzung familiärer Strukturen zur Erhellung krimineller Hintergründe zum Zwecke der effektiven Verbrechensbekämpfung.«

»Äh? Wie bitte?« Der Politiker wirkte tatsächlich einen Moment überfordert.

»Onkel! Was weißt du über seine Geschäfte?«

Und Onkel Jim ließ sich nicht noch einmal bitten. Als machtbewusster Lokalpolitiker hatte er einen guten Überblick über geschäftliche »Bewegungen«, wie er es gern ausdrückte, sowohl in seinem Regierungsbezirk Galway als auch im heimatlichen County Mayo. Er wusste, wie sich Lynch durch kluges Taktieren, wertvolle Verbindungen zum Bankensektor und visionäre Investitionen in die Bohrtechnologie ein gesundes finanzielles Polster geschaffen hatte – fast aus dem Nichts heraus, wie Jim nicht müde wurde herauszustellen, um sich nach und nach immer mehr Land in seiner Heimatregion unter den Nagel zu reißen.

»Welche Arten von Investitionen waren das denn?«

»Du meinst die Sache mit der Bohrtechnologie? Das hatte mit neuen Gruben zu tun, aber genau weiß ich es auch nicht.«

Grace runzelte die Stirn und tippte etwas in ihr Pad.

Jim hüstelte. »Muss so was Ähnliches gewesen sein wie im Augenblick in Monaghan. Dort werden seit einiger Zeit Probebohrungen vorgenommen. In der Nähe eines der großen Blanket-Bog-Moore. Lynch kannte die Firma, die da gerade bohrt. Das heißt, er hatte da wohl Geld drin stecken.«

Grace war wie elektrisiert. Hier könnte es eine neue Spur geben, die zumindest über Lynchs aktuelle Interessen Aufschluss gab. Sie lächelte ihren Onkel aufmunternd an.

»Wonach suchen die da? Gold oder etwa noch Kohle?«

Jim lachte laut und übertrieben, als wäre das ein Scherz gewesen.

»Nein, die Kohle-Zeiten sind vorbei. Ich glaube, die prüfen, ob es dort Vorkommen von Metallen der Seltenen Erden gibt. Damit macht man heutzutage …«

»… Handys, Computer, Solarzellen – ich weiß, ich weiß«, unterbrach ihn Grace. »Aber meinst du wirklich, dass in Monaghan Seltene Erden zu finden sind?« Sie wirkte äußerst skeptisch.

»Warum nicht?« Jim drehte sich abrupt in seinem Sessel, sodass er knarrte. »Bestimmte Sachen sind erst heute möglich, glaub mir.«

»Klar.« Graces Blick wanderte zur Decke. »Und wen hat sich Michael Lynch mit seinen Landdeals zum Feind gemacht? Kennst du da irgendwelche Leute?«

Jim lehnte sich einen Moment zurück und schloss kurz seine kleinen Augen. »Ach, weißt du, Grainne, da gab es wohl mehr als einen. Aber im Moment fällt mir niemand Konkretes ein. Vielleicht solltest du mal Finbar dazu befragen. Der weiß da sicher mehr. Er wohnt oben in Leenane, nicht weit von Delphi. Das ist ja viel näher dran.«

»Du meinst den Torfstecher?«

Jim O'Malley nickte heftig und rieb sich die Nase. »Ja, der hatte sogar selbst mal richtig Stress mit Michael. Ist zwei, drei Jahre her.«

Plötzlich versank der Politiker ins Grübeln. »Was war das noch gleich …? Ein ziemlich übles Ding …«

Grace schwieg, während ihr Onkel offenbar in den vielen kleinen Windungen seines Gehirns stöberte, um das, was er suchte, hervorzuholen.

»Ach, richtig!« Er hatte es erwischt. »Tut mir leid, Graínne, aber ich glaube, da hab ich was verwechselt. Das war nicht Lynch, sondern Marten Molloy. Finbar hatte damals Ärger mit Molloy.«

Jim O'Malley schaute kurz auf seine Uhr und seufzte. »Aber jetzt musst du mich bitte entschuldigen. Dara und seine Familie sind ja vor Kurzem ins Herrenhaus eingezogen. Ich will sie unbedingt besuchen.« Als sie nicht darauf reagierte, stand er umständlich auf. »Ich muss jetzt gehen.«

Grace ging um den Tisch herum und trat neben ihn. »Kein Problem, Onkel. Weißt du eigentlich, was es mit den Travellern bei Dara in der Gegend auf sich hat? Es hat nichts mit unserem Fall hier zu tun, aber ich war gerade dort, als ein Nachbar Dara um Hilfe bat. Mir gefällt das nicht, dass die Leute ihn, kaum dass er eingezogen ist, da mit reinziehen wollen.«

Jim verschränkte abwartend die Arme und seufzte schließlich. »Das ist doch nichts Neues. Da kommt ein Traveller-Clan, wie in diesem Fall die Keanes, die schon seit Generationen immer wieder mal auf Achill vorbeischauen. Man entschließt sich, etwas länger zu bleiben, und schon geht der Ärger los. Du kennst das ja. Manches, was man ihnen vorwirft, stimmt, anderes nicht. Misstrauen und Hetze auf beiden Seiten. Dara soll sich da raushalten.«

Grace nickte zustimmend. »Weißt du, ob die Fiedlerin Tessa Keane mit den Keanes auf Achill etwas zu tun hat? Sie scheint auch eine Travellerin zu sein und eine begnadete Musikerin.«

»Tessa Keane? Und ob! Das ist ihr Clan, aber sie hat seit der Geschichte damals angeblich nichts mehr mit ihnen zu tun.«

Grace nickte geduldig. »Welche Geschichte?« Sie klang ruhig und aufmerksam.

»Woher kennst du Tessa Keane?« Jim runzelte die Stirn.

Grace machte einen Schritt auf ihn zu. »Sie war in der Tatnacht auch auf der Insel unterwegs und scheint Michael Lynch gekannt zu haben.«

Jim starrte seine Nichte ungläubig an. »Sie war gleichzeitig mit Lynch auf Inis Meáin?«

Wieder nickte Grace. Mehr würde er von ihr nicht erfahren.

Jetzt grinste der Politiker hintergründig. »Ja, die Lady gehört auch zu dem Clan, der gerade auf Achill lagert. Na, und da haben wir doch ein exzellentes Motiv. Tessa und Michael waren früher mal ein Paar. Seinetwegen hat sie mit ihrem Clan gebrochen.«

Grace bat ihn um Einzelheiten und nahm gespannt wieder hinter ihrem Schreibtisch Platz. Sie zückte ihr Pad, um sich Notizen zu machen.

»Michael war damals Mitte zwanzig und Tessa ungefähr

sechzehn. Soll was Ernstes gewesen sein. Auf Achill sprachen alle darüber, ich kann mich noch gut erinnern. Aber Tessas Eltern waren stolze Traveller und wollten nicht, dass ihre Tochter einen heiratet, der nicht zu ihrer Gemeinschaft gehört. Tessa verließ den Clan und zog zu Lynch.«

Grace hielt den Atem an. »Und was passierte dann?«

»Es war eine echte Tragödie.« Jims kleine Augen funkelten vor lauter Eifer. »Tessa zog zu Lynchs Familie nach Delphi, aber es kam nie zu einer Hochzeit. Offenbar waren seine Eltern genauso wenig erfreut darüber, dass ihr einziger Sohn ein Traveller-Mädchen heiraten wollte. Am Ende stand Michael nicht zu seiner Liebe und schickte das Mädchen weg. Es ging das Gerücht, dass sie sogar schwanger gewesen sei.«

Jims Nasenflügel zitterten. Grace ging ein paar Schritte in ihrem Büro auf und ab. Nun gab es plötzlich neben Marten Molloy und der Konkurrenz um ein scheinbar wertloses Stück Land ein zweites Motiv für den Mord. Es könnte Tessas Rache gewesen sein.

Grace blieb stehen und drehte sich zu ihrem Onkel um. Sie musste dringend überprüfen, wie lange Tessa an Samhain mit ihrer Band gespielt und wann sie den Pub tatsächlich verlassen hatte. Ihr Gefühl bei Tessas Verhör hatte sie also nicht getäuscht. Die Musikerin hatte sie angelogen. Grace würde sie in Clifden besuchen.

16

Peter Burke hatte die kleine Brasserie an der Dominic Street für ihr Treffen vorgeschlagen. Er hatte sich schon in die Karte vertieft, als die Kommissarin das Restaurant betrat.

»Schon was Interessantes gefunden, Mr Burke?«

Er blickte auf und legte das handgeschriebene Papier sofort zur Seite. »Du siehst umwerfend aus!«

Grace hatte ein eng anliegendes schwarzes Strickkleid gewählt und trug einen wild gemusterten Schal um den Hals. Peter stand auf und umarmte sie.

»Leider geht es mir gar nicht umwerfend.« Sie zog den Stuhl heran und setzte sich ihm gegenüber.

»Wegen Michael Lynch?«

Sie beugte sich zu ihm. »Wir treten auf der Stelle. Obwohl wir jetzt sogar zwei Verdächtige mit möglichen Motiven haben. Einer davon hat nicht mal ein Alibi für den Tatzeitraum.« Sie seufzte. »Mehr darf ich im Moment nicht erzählen, das verstehst du sicher.«

Er nickte. »Aber du sagtest am Telefon, dass ich dir vielleicht helfen kann. Mach ich natürlich immer gern.«

Peter nahm jede Gelegenheit wahr, sich bei Grace beliebt zu machen. »Außerdem habe ich gerade wenig zu tun und giere danach, meinem Leben einen Sinn zu verleihen. Wie hört sich das an?«

Er grinste sie frech an.

In dem Moment trat der Kellner an den Tisch und servierte ihnen zwei Glas Champagner.

»Ich habe mir erlaubt, das schon mal für uns zu bestellen«, erklärte Peter und Grace lächelte.

»Wir haben leider noch keinen Blick in die Karte werfen können. Noch ein paar Minuten«, teilte er dem jungen Mann mit.

Das Lokal war klein, intim ausgeleuchtet und die wenigen Tische waren alle besetzt. Es ging locker und entspannt zu. Peter fühlte sich wohl.

»Nehmen Sie sich ruhig Zeit. Ich möchte Sie aber noch auf das hinweisen, was nicht auf der Karte steht, wir uns aber freuen, Ihnen heute Abend anbieten zu können.«

»Und das wäre?« Grace schaute fragend zu ihm hoch.

»Kartoffelbrei mit Spiegelei. Und Salat. Etwas ganz Schlichtes. Ein irischer Klassiker aus der Zeit unserer Großeltern. Vegetarisch. Nach Art des Hauses zubereitet.«

Peter und Grace wechselten amüsierte Blicke.

»Und was ist ›nach Art des Hauses‹?«, fragte Grace prompt.

Der Kellner wirkte spitzbübisch. »Wir haben uns erlaubt, eine generöse Portion Trüffel darüber zu hobeln, das passt hervorragend!«

»Oho!« Peter klang begeistert. »Weiße oder schwarze?«

»Für weiße ist es noch etwas zu früh, Sir. Es sind schwarze. Aber ich versichere Ihnen, sie sind von ausgesuchter Qualität und haben ein ganz wunderbares Aroma.«

»Und woher haben Sie sie eingeflogen?« Grace klang nicht kritisch, sondern wirklich neugierig.

Der Kellner schüttelte den Kopf und sein Gesichtsausdruck wurde noch ein Hauch spitzbübischer.

»Ma'am, wir brauchen sie nicht erst einzufliegen, die kommen von hier, direkt aus Mayo.«

»Aus Mayo?« Peter hatte die Frage so laut gestellt, dass die Gäste am Nebentisch neugierig zu ihnen herüberschauten.

»Es gibt nichts mehr, was es in Irland nicht gibt.«

»Also gut, Sie haben uns überzeugt.«

Sie prosteten sich zu und dann holte Grace ihre rote Tasche hervor und fing an, ein paar Seiten, die sie ausgedruckt hatte, vor ihm auf dem Tisch auszubreiten.

»Ich habe mal recherchiert, was Rory mir alles erzählt hat. Im Delphital gab es in den Achtzigern tatsächlich Probebohrungen nach Gold. 1985 war das. Schau mal.«

Sie schob ihm das Papier hin und er beugte sich darüber.

»Hm, ich glaube, ich kann mich an die Sache erinnern.«

Grace starrte ihn verblüfft an und prustete dann los.

»Peter, da waren wir noch nicht mal eingeschult. Daran kannst du dich doch im Leben nicht erinnern, du Angeber!«

Das Letzte hatte sie eher liebevoll hingeworfen. Er grinste sie an und seufzte.

»Nein, nicht als es passierte. Da war ich wirklich erst fünf. Aber ich hatte vor ein paar Jahren mal einen Klienten, einen Farmer von dort, der ein Stück Land in Delphi kaufen wollte. Es war ziemlich günstig, wenn ich mich recht entsinne. Das machte ihn misstrauisch. Er erzählte mir von den Probebohrungen damals und bat mich herauszufinden, was passieren würde, wenn man tatsächlich dort Gold finden würde. Er wollte wissen, wem das Gold dann gehört. Ob der Staat einen Anspruch darauf anmelden kann oder ob man es behalten darf. Da ich billiger bin als ein Anwalt, hat er mich für diesen Fall engagiert.«

»Ach, tatsächlich? Das ist ja interessant. Könntest du für mich bitte noch mal in diesen Akten blättern?«

Peter nickte und nahm einen Schluck Champagner.

Der Kellner trat an ihren Tisch und servierte kleine Brotpralinen und einen Tiegel salzige Butter.

Burke langte sofort zu und grinste. »Wir gehen mal davon aus, dass diese Leckereien auch alle aus Mayo stammen.«

Grace musste sich ein Stück Brot in den Mund stopfen,

um nicht laut loszukichern. Der Kellner nickte verunsichert und verließ rasch den Tisch.

»Du bist gemein«, flüsterte Grace und Peter zwinkerte ihr zu.

»War das alles, was ich für dich tun kann?«

Grace schüttelte den Kopf. »Schau doch bitte mal nach, ob du Hinweise auf Gold oder Seltene Erden findest. Und zwar in Monaghan, ganz aktuell.«

Er machte sich auf seinem Handy Notizen. »Klar, ich kümmere mich darum.«

»Und wenn du fündig wirst, würde es mich brennend interessieren, ob Lynch da finanziell irgendwie mit drinhing. Sag mal, findest du es nicht auch merkwürdig, dass er, obwohl er nicht verheiratet war und keine Nachkommen hatte, denen er etwas vererben konnte, fast zwanghaft ein Stück Land nach dem anderen kaufte? Einiges davon war offenbar auch noch ziemlich wertlos.«

Eine Frau mit spitzer Nase trat zu ihnen und servierte ihnen den Wein, den sie ausgewählt hatten. Als sie gegangen war, stießen sie an.

»Ist zwar nicht ganz logisch, aber auch nicht ganz abwegig«, stellte Peter schließlich fest.

Grace musterte ihn erstaunt.

»Nach Jahrhunderten der Fremdherrschaft definiert sich das irische Volk heute ganz stark über Landbesitz. Gerade hier im Westen bedeutet Land zu besitzen auch, eine greifbare und nachweisbare Identität zu haben.«

Grace stimmte ihm zu, als der Kartoffelbrei mit den schwarzen Trüffelspänen auch schon serviert wurde. Er duftete köstlich. Sie nahmen einen Löffel.

»Das ist ja unglaublich!« Peter winkte den Kellner heran, der in Reichweite geblieben war und fast schon gelauert hatte.

»Wo, bitte, findet man in Mayo solche Trüffeln?«

Der junge Mann grinste ein breites Lächeln. »Das kann ich Ihnen leider nicht verraten, Sir. Nicht dass ich es nicht wollte, aber das bleibt das Geheimnis unseres Chefkochs. Nur er weiß das.«

Er schenkte ihnen zum Trost nach.

»Das würde auch noch andere Merkwürdigkeiten erklären«, murmelte Grace, während sie einen weiteren Löffel davon nahm.

»Was meinst du damit?« Peter schob sich ebenfalls einen Klacks Kartoffelbrei in den Mund.

»Warum wir Iren, die so lange kein Land besitzen durften und diskriminiert wurden, diese Diskriminierung heute an andere Menschen weitergeben, die ohne Land sind.«

Peter runzelte die Stirn. »Sprichst du von den Travellern?«

Grace nickte. Sie erzählte ihm, was sie über die unglückliche Beziehung zwischen Tessa Keane und Michael Lynch in Erfahrung gebracht hatte. »Vielleicht hat Michael Lynch überreagiert. Irgendwie hat er wohl die Schuld und den Verrat an diesen Menschen überkompensiert, indem er ein Stück Land nach dem anderen erwarb.«

Peter strich sich über das Kinn und blickte skeptisch. »Damit lehnst du dich aber weit aus dem Fenster, meine Liebe. Diese Psycho-These halte ich für sehr gewagt. Ich glaube, ihr solltet euch eher fragen, was die beiden ehemaligen Lover, die vermutlich Hass und Enttäuschung füreinander hegten, gemeinsam auf dieser Insel zu suchen hatten – und dann wird auch noch einer von den beiden ermordet!«

Grace überlegte kurz. »Vom Green Man oder einer Mülltüte, wie es aussieht. Das darf man ja niemandem erzählen.« Sie seufzte. »Ich schaffe keinen Nachtisch mehr, Peter.«

»Ich schon.« Er nahm die kleine Dessertkarte und studierte sie aufmerksam. »Darf ich fragen, wer neben Tessa Keane euer zweiter Verdächtiger ist?«

»Marten Molloy. Tessa Keane hätte zwar ein Motiv für den Mord, aber im Moment ist es eher unwahrscheinlich, dass sie überhaupt die Möglichkeit hatte, Lynch umzubringen. Sie hat die ganze Zeit im Pub gespielt. Ich hoffe, dass O'Grady den Todeszeitpunkt noch genauer eingrenzen kann. Die Arme hat gerade ihre Mutter verloren und ist völlig durch den Wind.«

Peter horchte auf. »Wann soll der Mord denn ungefähr stattgefunden haben?«

»Zwischen ein und drei Uhr morgens.«

Peter ließ die hübsch bemalte Karte fallen und sah Grace überrascht an. »Dann solltet ihr die talentierte Dame unbedingt in den Kreis der Hauptverdächtigen mit aufnehmen. Kieran O'Dowd hat mich am Morgen nach Samhain zur Fähre mitgenommen und mir erzählt, dass Tessa kurz nach der Spanish Lady angeblich spurlos verschwunden ist. Das war etwa gegen zwölf. Danach hat sie bis zum Morgen niemand mehr gesehen. Als sie wieder auftauchte, wirkte sie völlig erschöpft und fertig. Sie ist uns auf dem Weg zur Fähre begegnet.«

17

Es war Sonntag, doch im Kommissariat herrschte zumindest in der Abteilung für Kapitalverbrechen hektischer Betrieb. Grace O'Malley telefonierte gerade mit Kevin Day und machte sich eifrig Notizen zu dem, was er im Zusammenhang mit ihrem Mordfall auf Inis Meáin herausbekommen hatte. Eigentlich hatte sie an diesem Morgen nach Clifden zu Tessa Keane fahren wollen, aber nun war sie entschlossen, heute selbst noch einmal auf die Insel zu fahren. Day hatte einige Ungereimtheiten ans Tageslicht befördert, denen sie unverzüglich nachgehen musste. Moira Farrell war wieder aufgetaucht, die im Grunde nicht wirklich verschwunden gewesen war, sondern nur ihrer alten Freundin Myrtle einen Besuch abgestattet hatte. Die lebte auf der gegenüberliegenden Seite des bewohnten Teils der Insel, und da es begonnen hatte, heftig zu regnen, hatte Myrtle ihrer Freundin ein Bett für die Nacht angeboten. Und Moira, die ihren Katzen genug zu essen hingestellt hatte, nahm dankbar an.

Plötzlich klopfte es an Graces Bürotür und ein Mann mit weißem Haar streckte den Kopf herein.

»Darf ich eintreten? Ich bin Oliver Fitzsimons, der Notar aus Westport.«

Grace hatte zwar aufgeschaut, ihn aber kaum gehört, so leise war seine Stimme. Sie winkte ihn herein und bot ihm einen Platz an. Sie konnte sich an ihn erinnern.

Fitzsimons war ein Gentleman der alten Schule, sein Auftreten und sein Äußeres wirkten makellos. Er trug einen marineblauen, gut geschnittenen Anzug mit Weste und hatte sich einen leichten Übergangsmantel über den Arm gelegt. In der anderen Hand trug er einen kunstvoll gefertigten großen Regenschirm, wie man sie in winzigen exklusiven Handwerksbetrieben herstellte und für Herren bereithielt – vor schätzungsweise fünfzig Jahren.

Der Notar setzte sich Grace gegenüber vor ihren Schreibtisch.

»Nett haben Sie es hier, Superintendent«, begann er die Unterredung höflich.

Grace nickte leicht und lächelte ihn an.

»Ich wollte es mir trotz der unbekömmlichen Wetterlage, unter der wir heute zu leiden haben, nicht nehmen lassen, bei Ihnen persönlich vorbeizuschauen.«

Er machte eine kurze Pause. Grace legte ihr Pad beiseite und verschränkte abwartend die Hände.

»Nicht weil ich den modernen Kommunikationsmitteln und ihren unbestreitbaren Möglichkeiten misstraue, nein, vielmehr weil ich der Meinung bin, dass Sie sich das Schriftstück auch im Original einmal ansehen sollten.«

Grace rutschte auf ihrem Stuhl ein wenig nach vorne. »Sie meinen Lynchs Testament?«

Fitzsimons nickte kaum merklich. »Man hätte diese Angelegenheit früher wohl als heikel bezeichnet, aber ich fürchte, dass dieses manchmal so treffende Wort inzwischen so gut wie ausgestorben ist. Heute scheint nichts mehr heikel zu sein.«

Um seine Lippen spielte nun ein ironisches Lächeln. Darüber hatte sie noch nie nachgedacht, doch sie verstand genau, was er meinte. Grace gefiel der Notar. Sie bat ihn fortzufahren und nun holte er aus einer braunen, leicht verwitterten Aktentasche, die Grace bisher nicht aufgefallen war, ein großes Kuvert heraus, das er behutsam vor sich auf den Tisch legte.

Da klopfte es wieder. Diesmal war es Rory, der freundlich grüßte, und als er sah, dass Grace Besuch hatte, wohl zu überlegen schien, ob er umdrehen und später noch einmal vorbeischauen sollte.

»Ich wollte nicht stören, Grace.«

Sie schüttelte den Kopf und bat ihn zu bleiben.

»Mein Kollege Coyne ist ebenfalls mit den Ermittlungen betraut«, erklärte sie, an Fitzsimons gewandt. »Ich glaube, Sie kennen sich bereits.«

Der Notar nickte und Rory blieb, abwartend an die Wand gelehnt, neben der Tür stehen.

Jetzt ergriff Fitzsimons wieder das Wort. »Nun gut. Die Details, was den Kauf des besagten Landstücks im oberen Delphital betrifft, hatte ich Ihrem Kollegen ja schon erläutert. Das Testament des Verstorbenen, der offenbar keine direkten Angehörigen hatte, ist allerdings etwas kurios, wenn ich es mal so ausdrücken darf.«

»Was daran ist kurios?« Rorys Frage kam wie aus der Pistole geschossen.

Statt einer Antwort begann der Notar, den Umschlag vorsichtig zu öffnen, und er zog ein Blatt Papier heraus.

In diesem Moment klopfte es schon wieder an der Tür. Grace seufzte.

Fitzsimons hielt inne und lächelte. »Sie scheinen ja ziemlich beliebt zu sein, Superintendent.«

Diesmal war es Aisling O'Grady. Sie hob überrascht die Augenbrauen, während sie das volle Büro ihrer Chefin betrat.

»Was ist denn hier los?« Die rotblonde Gerichtsmedizinerin, die etwas blass wirkte, legte eine durchsichtige Mappe neben das Testament auf Graces Schreibtisch.

»Das ist mein Abschlussbericht der Obduktion, Gráinne. Ich bin drüben, falls du noch Fragen dazu hast.«

»Wie geht es dir?«

Die junge Frau lächelte matt.

»Geht so. Ich lenke mich mit der Arbeit ab und das klappt ganz gut.« Sie hob kurz die Hand zum Gruß und verschwand wieder.

»Sie hat vor wenigen Tagen ganz plötzlich ihre Mutter verloren«, erklärte Rory.

»Oh, welch ein Verlust«, flüsterte der Notar.

Rory räusperte sich. »Also, kommen wir nun zum letzten Willen von Michael Lynch.«

Der ältere Herr lehnte sich in seinem Stuhl zurück und schloss die Augen. Er hatte helle, fast weiße Brauen und Wimpern, wie Grace jetzt erst auffiel. Sie und Rory tauschten einen kurzen Blick.

»Mr Lynch und ich waren seit über zwanzig Jahren miteinander bekannt. Der Kontakt entstand über einen Kollegen aus Louisburgh, der damals in den Ruhestand ging und Mr Lynch zuvor beraten und vertreten hatte. Da mein Klient über ein umfangreiches Vermögen verfügte, das er für den Kauf verschiedenster Grundstücke in Mayo verwendete und auch für diverse andere Investitionen einsetzte, benötigte er häufig meinen notariellen Beistand.«

»Waren seine Investitionen nur auf das County Mayo beschränkt?«, fragte Rory unvermittelt.

Etwas unwirsch öffnete Fitzsimons die Augen, die bis dahin geschlossen gewesen waren.

»Bitte, unterbrechen Sie mich nicht. Dazu werde ich mich gerne später noch äußern. Im Moment bin ich gerade dabei, mich zu sammeln, um für Garda so präzise wie möglich auszusagen.«

Rory schaute etwas schuldbewusst drein und Grace musste schmunzeln, während der Notar wieder die Augen schloss. Er sprach immer noch so leise, dass sie beide wirklich die Ohren spitzen mussten.

»Vor ziemlich genau einem Monat setzte ich im Auftrag von Michael Lynch ein neues Testament auf.«

Gern hätte Grace nach dem alten gefragt, das es ja gegeben haben musste, doch stellte sie nach Rorys Zurechtweisung ihre Frage zurück. Sie musste Fitzsimons auch dringend fragen, warum Lynch ihm den Auftrag überhaupt erteilt hatte.

»Michael Lynch bat mich, sein Kind als Alleinerben einzusetzen.«

Stille trat ein. Grace und Rory sahen sich verblüfft an, bevor der Notar seine Augen langsam wieder öffnete und um sich schaute, als wäre er aus einer Art Trance erwacht.

»Sein Kind?« Grace versuchte ihre Überraschung zu verbergen, doch es gelang ihr nicht besonders gut. »Lynch hatte unseres Wissens keine direkten Nachfahren. Es gab lediglich Gerüchte von einer Schwangerschaft in einer früheren Beziehung, die schon dreißig Jahre zurückliegt. Stammt das Kind etwa aus dieser Verbindung?«

Fitzsimons ordnete seine Papiere. »Vermutlich. Das Kind ist ein Mädchen, es wurde damals sofort zur Adoption freigegeben. Ich erhielt von meinem Klienten den Auftrag, nach diesem Kind suchen zu lassen. Und genau das habe ich auch getan.«

18

Der Helikopter, der für die Einsätze von Garda Galway bereitstand, war an diesem Tag leider schon unterwegs. Ein zweiter war bereits vor drei Monaten zur Reparatur an eine Firma in Donegal gegangen und bisher nicht zurückgekehrt. Deshalb musste Grace so schnell wie möglich zum Flugplatz in der Nähe von Rossaveel, um eins der kleinen Leichtflugzeuge zu nehmen, das für den Zehnminutenflug nach Inis Meáin für sie reserviert war. Rory würde sie dort hinbringen und dann weiter nach Clifden fahren, um Tessa Keane noch einmal zu vernehmen. Als Grace ihn damit beauftragt hatte, hatten seine Augen aufgeleuchtet, wie sie festzustellen meinte, da es in Clifden einen kleinen Laden gab, wo eine schmackhafte Krebspastete verkauft wurde, die ihr Kollege sehr schätzte. Grace war sich sicher, dass er den Ausflug nach Clifden damit abrunden würde.

Auf dem Rückweg würde er Grace wieder auflesen und sie könnten ihre Ermittlungsergebnisse austauschen.

»Das Kind wäre heute um die dreißig Jahre alt, oder?« Rory konzentrierte sich auf den dichten Verkehr, der an diesem Sonntagmorgen um elf Uhr auf der Spiddal Road entlang der Küste herrschte.

Grace nickte.

»Du denkst, was ich denke, nicht wahr?«, fuhr er fort, ohne die Augen von der Straße abzuwenden.

»Wenn Lynch wegen seines Vermögens oder wegen irgendeines Landdeals umgebracht wurde, dann wäre seine Erbin jetzt möglicherweise das nächste Opfer.«

Rory benetzte mit der Zunge seine trockene Unterlippe. »Das wäre die Molloy-Variante«, stellte er fest.

Grace schüttelte den Kopf. »Rory, Marten Molloy ist für uns zwar als Verdächtiger interessant, aber im Grunde wissen wir nichts über ihn oder seine möglichen Motive. Wir wissen nur, dass er mit beträchtlicher Energie hinter demselben Stück Land her war wie unser Opfer. Und das ist für sich genommen noch kein Verbrechen.« Sie hielt kurz inne und starrte aus dem Fenster. Es stürmte heftig und bei dem Gedanken an den kurzen Flug wurde ihr etwas mulmig. »Jetzt müssen wir dringend herausfinden, warum das so war. Und warum sich beide Kontrahenten in derselben Nacht an demselben, ziemlich abgelegenen Ort aufhielten, wo der eine von beiden schließlich ermordet wurde. Das könnte Zufall gewesen sein. Oder auch nicht.«

Grace schaute prüfend zu Rory hinüber. Er hörte ihr offenbar konzentriert zu, auch wenn er mit dem Verkehr und ihrem Zeitdruck zu kämpfen hatte. Sie mussten ja pünktlich am Flughafen sein.

Grace nahm ihren Gedanken wieder auf. »Aber es gibt ja noch die andere Variante, die durchaus plausibel wäre: Lynch wurde aus Rache ermordet. Aus einem Gefühl der Demütigung heraus, aus Hass und Enttäuschung.«

Rory zog die Nase hoch. »Das wäre die Tessa-Keane-Variante. Und die kommt mir irgendwie wahrscheinlicher vor.«

»Aber sie hat einen riesigen Haken.« Grace wiegte den Kopf hin und her.

»Ich höre?« Rory drehte nun doch sein Gesicht in ihre Richtung.

»Warum hat sie es jetzt erst getan? Wenn Tessa derart verletzt war, dass sie ihn umbringen wollte, dann hätte sie in den letzten dreißig Jahren sicher schon viel früher die Gelegenheit dazu gehabt. Schließlich wusste sie, wo Lynch lebte.«

Rory brummte etwas Unverständliches und stieg auf die Bremse. Inzwischen hatten sie Barna erreicht.

Grace schloss kurz die Augen. »Außerdem hätte sie das rein kräftemäßig gar nicht schaffen können. Lynch war ein großer und muskulöser Mann. Und sie ist klein und zierlich«, gab die Kommissarin zu bedenken. »Wie soll sie ihn, noch dazu im Dunkeln, erwürgt oder stranguliert haben?«

»Vielleicht hatte sie einen Helfer, Grace. Ohne Helfer geht es nicht. Sag ich doch.«

Rory legte den ersten Gang ein und fuhr ganz langsam weiter.

Dann gab er Gas.

»Du fährst zu schnell, Rory.«

»Hm. Wir sind doch Garda«, erwiderte er unbekümmert und beschleunigte weiter.

Die Bäume am Straßenrand trugen für Anfang November immer noch viele Blätter. Die Äste bogen sich an diesem Tag heftig im Wind, der immer stärker zu werden schien, und die Blätter wirbelten durch die Luft und landeten auf dcr Straßc.

»Ich glaube, ich muss auf Inis Meáin noch ein paar wichtige Sachen herausfinden – wo Tessa und die anderen Bandmitglieder untergebracht waren, wo das fünfte Müllkostüm abgeblieben ist, denn das hat Kevin nicht herausfinden können, und wer der Mann war, der sich kurzfristig bei Robert Gaynor eingemietet hat und dann nicht mehr gesehen wurde … Irgendwie lässt mich der Gedanke nicht los, dass es noch einen dritten Verdächtigen gibt …«

Sie hatten den winzigen Flughafen fast erreicht und bogen in die Straße ein, die zu dem gelb-grau gestreiften Container mit dem Terminal führte. Beim Aussteigen ergriff sie sofort der böige Wind, er bauschte Rorys Mantel auf, den er sich gerade überziehen wollte. Grace streifte sich eine

Mütze über das lange Haar. Gott sei Dank regnete es nicht in diesem Moment. Als Rory den Kampf mit dem Mantel gewonnen hatte, schaute er seine Vorgesetzte noch einmal fragend an.

»Du meinst also, dass außer Tessa und Molloy noch ein anderer im Spiel sein könnte? Vielleicht der fünfte lustige Müllbeutel? Oder der Green Man? Der Zweig mit den trockenen Blättern, den ich bei der Leiche gefunden habe, scheint ja tatsächlich von dem Kostüm zu stammen.«

Grace nickte nachdenklich.

Rory überlegte kurz. »Und dann gibt es ja auch noch die Erbin. Menschen, die ein großes Vermögen erben, könnten bei einem solchen Fall durchaus als Täter infrage kommen – oder habe ich das falsch in Erinnerung?« Rory warf Grace einen seiner treuherzigen Blicke zu, die sie immer zum Schmunzeln brachten.

Die Kommissarin nickte erneut und spähte in Richtung Flugfeld, ob sie die kleine Maschine entdecken konnte. »Ja, Rory, das stimmt natürlich. Aber wir können davon ausgehen, dass sie noch gar nicht weiß, wer ihr Vater war, geschweige denn, dass sie ihn beerben wird.«

Der Wind blies ihr um die Ohren und sie musste sich gegen den Sturm stemmen, während sie sich auf den Weg zum Terminal machte. Ob der kleine Flieger tatsächlich abheben würde bei diesem Wetter? Unbekömmliche Wetterlage, hatte es der feinsinnige Notar genannt. Grace fand die Wetterlage in der Tat unbekömmlich.

»Bist du dir da sicher?« Rory schrie es gegen den Sturm.

»Wie bitte?«, brüllte Grace zurück.

»Woher willst du wissen, dass sie ihren Vater nicht gekannt hat? Das wäre doch möglich!«

Grace zuckte mit den Schultern und drückte dann mit aller Kraft die Tür zum Terminal auf. Er hatte vollkommen recht.

19

Tessa Keane hatte Rory vorgeschlagen, sich in einem der gemütlichen Cafés am Marktplatz von Clifden zu treffen. Einen Moment lang hatte Rory gezögert, dann aber darauf bestanden, lieber bei ihr zu Hause vorbeizuschauen. Durch einen solchen Besuch verschaffte er sich gern einen Einblick in die »Metaebene« von verdächtigen Personen oder einfachen Zeugen, wie er es gern nannte. Die Art der Einrichtung und das gesamte Wohnambiente verschafften ihm zusätzliche Informationen zur Person, die er in seine Überlegungen mit einbezog.

Die Kleinstadt Clifden am westlichen Rand der Galway Bay war in den letzten Jahren Ziel vieler Besucher der irischen Westküste geworden und hatte sich den charmanten Beinamen »Hauptstadt Connemaras« selbst verliehen. Doch die hübsche Stadt mit den bunten Häusern und den zahlreichen Restaurants und Delikatessenläden an der u-förmigen Hauptstraße hatte dieses werbeträchtige Etikett auch tatsächlich verdient.

Tessa Keane lebte direkt im Zentrum, unweit der grauen St.-Joseph's-Kirche mit dem spitzen, weithin sichtbaren Turm, der als Wahrzeichen Clifdens galt.

Nachdem Rory geklingelt hatte, dauerte es nur wenige Sekunden, bis sie die Tür öffnete, als hätte sie schon im niedrigen Hausflur auf ihn gewartet. Sie bat den Kommissar herein und hielt fröstelnd ihre Arme vor der Brust verschränkt. Die Hände krallten sich an den Schultern fest. Ihre Haut besaß diese schimmernde Transparenz, die sich bei vielen Rothaarigen findet, und die zahlreichen Sommersprossen auf ihrer Nase und den Wangen wirkten wie nachträglich hingetupft.

»Hier entlang, bitte.« Tessa ging voraus und glitt weiter hinten im Haus durch eine Tür, die sich nur einen Spaltbreit öffnen ließ. Rory hatte da größere Schwierigkeiten, weil er umfangreicher war als die Musikerin und ein kleines Bäuchlein vor sich hertrug.

Als er erleichtert mitten im warmen Wohnzimmer stand, warf er sofort einen Blick hinter die Tür, um zu sehen, was sie blockiert hatte.

Dort stand ein altmodisches Harmonium, das offenbar nirgendwo anders mehr Platz gefunden hatte. Das ganze Zimmer war vollgestopft mit Möbeln, von denen einige sehr hübsch und fast antik aussahen, andere dagegen vom Sperrmüll hätten stammen können oder besser dorthin entsorgt werden sollten. Auch gab es eine umfangreiche Instrumentensammlung. In einem zierlichen Kamin mit gusseisernem Rahmen und Kacheln mit anmutigen Rosenmotiven glühte ein Torffeuer.

»Bitte, nehmen Sie Platz!«

Erstaunt schaute Rory sich um, konnte aber keinen freien Stuhl, Sessel oder anderen Sitzplatz entdecken. Tessas Aufforderung hatte jedoch in seinen Ohren keinesfalls spöttisch geklungen. Sie hatte es ernst gemeint.

Als sie sein Zögern bemerkte, nahm sie schwungvoll einen Stapel alter Zeitschriften vom Sessel am Feuer und schob ihn mit dem Fuß unter ein Regal.

»Ich bin etwas unordentlich.«

Rory ließ sich vorsichtig auf dem Sessel nieder, der, wie er bereits bemerkt hatte, wackelte. Der Kommissar hatte schon viele chaotische Wohnungen im Rahmen seiner Ermittlungen gesehen. Diese hier schien auf den ersten Blick zwar überfrachtet und vollgestopft zu sein, aber zumindest sauber.

Nun war er ein wenig gespannt, wo sie sich hinsetzen würde. Die Fiedlerin löste das Problem auf eine einfache und pragmatische Art. Da es nun wirklich keine weitere Sitzgelegenheit mehr gab, blieb die Musikerin abwartend neben Rory stehen. Der Guard seufzte leise und begann mit seinem Verhör.

»Es geht um den Mord an Michael Lynch, wie Sie sicher schon vermutet haben.«

Tessa schwieg.

»Wo haben Sie an Samhain auf Inis Meáin übernachtet?«

Sie hob kurz die Schultern. »Wir Frauen von der Band waren für zwei Nächte in einem Bed & Breakfast untergebracht. In der Nähe des alten Piers. Ich hab mir ein Zimmer mit Breda geteilt. Das ist unsere Flötistin.« Rory notierte es sich. »Haben Sie dort auch in der Nacht, in der Lynch ermordet wurde, geschlafen?«

Er erhielt keine Antwort und schaute schließlich von seinem Zettel auf.

Sie strich sich eine Strähne hinter die Ohren und schüttelte den Kopf.

»Sie werden es sowieso erfahren. Nein, in dieser Nacht war ich mit Michael Lynch verabredet und hab in seiner Unterkunft auf ihn gewartet.«

Rory musterte sie und lehnte sich dann zurück. Der Sessel knackte irgendwo, was ihn leicht alarmierte. Aber es geschah nichts.

»Erzählen Sie bitte, von Anfang an.«

Tessa Keane knabberte nervös an ihrem kleinen Finger, was Rory bei einer Geigerin ungewöhnlich fand. Er hatte immer gedacht, die Finger seien den Fiedlern heilig. Schließlich hockte sie sich vor Rory auf den Teppich.

»Michael und ich hatten seit einiger Zeit wieder Kontakt. Ich wollte das nicht, zuerst jedenfalls nicht. Aber überall, wo ich spielte, tauchte er auf und wollte mit mir reden.«

»Worüber?«, hakte Rory nach.

Sie warf ihm einen traurigen Blick zu. »Über unsere Zukunft.«

Der Kommissar hob fragend die Augenbrauen. »Über Ihre Zukunft? Ich hätte jetzt eher auf Ihre gemeinsame Vergangenheit getippt.«

»Da gab es nichts zu bereden. Es war, wie es war. Jeder von uns hat Fehler gemacht.«

Wieder herrschte ein paar Sekunden Stille.

»Michael wollte mich jetzt heiraten. Das war alles.«

Rory gelang es, seine Verblüffung zu verbergen, und er fuhr scheinbar ungerührt fort. »Und was hielten Sie von dieser Idee?«

Sie warf ihm einen abschätzenden Blick zu. »Was glauben Sie denn?«

Tessa Keane stand auf, griff in den Korb mit den Torfstücken und legte eins davon in den Kamin. Kleine Funken stoben auf.

Langsam drehte sie sich zu ihm um. »Ich hab mir Bedenkzeit von ihm erbeten. Und wir hatten verabredet, dass ich ihm nach unserem Auftritt an Samhain meine Entscheidung mitteilen würde. Aber dazu kam es dann ja nicht mehr.«

»Was hätten Sie ihm gesagt?« Rory sah ihr prüfend ins Gesicht.

»Ich wollte seinen Antrag annehmen.«

Das war die richtige Antwort, wenn sie sich selbst entlasten wollte. Aber war es auch die Wahrheit?

»Liebten Sie ihn denn immer noch, nach all dem, was er Ihnen damals angetan hatte?«

Wieder ging sie vor Rory in die Hocke und starrte dem Kommissar in die Augen. Ihr Blick hatte etwas Hypnotisches und war Rory unangenehm.

»Ich gehe auf die fünfzig zu, Inspector. Und ich lebe seit

Jahrzehnten von Auftritten in Pubs und auf kleinen Festivals. Davon wird man nicht reich und man kann auch nichts für später zurücklegen. Michael Lynch war sehr wohlhabend und er stand in meiner Schuld. Ich wäre sehr dumm gewesen, wenn ich sein Angebot abgelehnt hätte. Verstehen Sie das, Guard, auch wenn Sie ein Romantiker sind?«

Sie erhob sich wieder.

Rory verspürte mit einem Mal einen Funken Mitleid mit dieser Frau. Sie hatte so kurz vor einem sicheren, komfortablen Leben gestanden, ging es ihm durch den Kopf. Auch wenn sie keine Liebe mehr für Lynch empfand. Wenn das wirklich die Wahrheit war, dann wäre es in der Tat sehr dumm von ihr gewesen, Michael Lynch umzubringen.

»Was passierte weiter in dieser Nacht?«

Tessa versuchte in dem vollgestellten Raum hin und her zu laufen, was ihr jedoch nicht gelang. Sie blieb in der Mitte stehen und erzählte es ihm mit ruhiger Stimme. Nachdem sie den Pub bald nach Mitternacht verlassen hatte, war sie in das Haus gegangen, das Michael von Paul Walsh gemietet hatte, und hatte dort, wie verabredet, auf ihn gewartet. Aber er war nicht gekommen. Irgendwann hatte sie geglaubt, draußen Schritte zu hören, vielleicht waren es Vermummte gewesen, die um die Häuser zogen, sie konnte es Rory nicht sagen. Auch nicht, wann genau das gewesen war. Irgendwann war sie erschöpft im Sessel eingeschlafen. Als sie am Morgen aufgewacht war, war Lynch immer noch nicht da, was sie zu diesem Zeitpunkt beängstigend fand. Sie rannte im Regen zu ihrer Unterkunft, packte ihre Sachen und hastete zur Morgenfähre. Breda hatte freundlicherweise ihre Fiedel vom Pub mitgenommen.

»Mehr weiß ich nicht. Das habe ich ja auch schon bei Ihrer Kollegin zu Protokoll gegeben.« Mit einer müden Geste wischte sie sich über das Gesicht.

Rory hörte auf zu schreiben, rollte seinen Zettel zusammen und stand vorsichtig auf, sorgsam bedacht, dabei nichts umzustoßen.

»Tessa, wissen Sie, dass Michael Lynch vor Kurzem sein Testament geändert hatte?«

Sie schüttelte langsam den Kopf, als müsste sie noch einmal genau nachdenken.

»Nach der jetzt gültigen Fassung ist seine Tochter die Alleinerbin. Das heißt, das Kind, das Sie vor über dreißig Jahren zur Welt gebracht haben. Ihr gemeinsames Kind.«

Tessa Keane blinzelte und alle Farbe wich aus ihrem ohnehin blassen Gesicht.

»Das kann ich mir nicht vorstellen«, entgegnete sie. Ihr Atem ging stoßweise.

»Und warum nicht? Auch wenn das Mädchen damals zur Adoption freigegeben wurde, ist es doch nicht ungewöhnlich, dass der leibliche Vater das Kind später als seinen Erben einsetzt und es suchen lässt.«

Tessa Keane nickte zögernd. »Ja, sicher, das kann sein. Aber, Inspector, es gibt kein Kind.«

Rory riss die Augen auf. »Wie bitte? Sie waren damals gar nicht von Lynch schwanger?«

»Doch, das war ich. Und es war eine schwierige, sehr gefährliche Geburt. Das Kind hat sie nicht überlebt. Ich selbst wäre fast dabei gestorben.«

20

»Das war ein Gespenst!« Robert Gaynor lachte herzhaft.

Grace O'Malley war aus dem Schlafzimmer des Cottages getreten und schaute ihn belustigt an. »Auch wenn es in der Nacht von Samhain war, wo die Geister allen möglichen Schabernack treiben, kommen sie doch nicht einfach hier herein, um einen genau abgezählten Euro-Betrag in eine Ferienunterkunft zu legen.«

Gaynor schüttelte heftig den Kopf. »Da haben Sie natürlich recht, Superintendent. Trotzdem war dieser Gast wie ein Gespenst, das können Sie mir glauben.«

Grace musterte ihn eindringlich. »Aber gesehen haben Sie ihn doch, oder? Er war schließlich nicht durchsichtig.«

Robert Gaynor war Anfang vierzig und leitete auf der Insel die kleine Poststelle, die mit einer Bank und einem Tante-Emma-Laden kombiniert war. Er war wie viele Insulaner nicht sehr groß, mit einem leicht eckigen Körperbau. Jetzt schien er zu überlegen.

»Wenn Sie mich so fragen, Superintendent, eher nein.«

Graces Augenbrauen rutschten nach oben. »Was heißt bei Ihnen ›eher nein‹?«

Gaynor schwieg. Warum war es für Iren so schwer, klare Antworten zu geben?

»Eher nein heißt in diesem Fall nein. Also eher nein.«

Sie musste gelassen bleiben.

»Sie haben Ihren Gast nie gesehen?«

Gaynor zuckte mit den Schultern. »Ich habe nur mit ihm telefoniert und ihm gesagt, wo der Schlüssel aufbewahrt wird. Das Cottage war an Samhain sowieso nicht verschlossen, wie jedes Haus auf der Insel.«

»Ist seitdem hier geputzt worden?«

Gaynor kratzte sich ratlos am Kopf und schaute sich um. »Sieht ziemlich sauber aus, nicht wahr? Ich ruf mal Mary an, die macht hier Ordnung, wenn wir vermieten.« Er zog sein Handy aus der Hosentasche und wählte die Nummer.

Grace sah sich im Raum um. Er wirkte nicht besonders gemütlich. Früher hatten die Cottages an der Westküste den traditionellen Kamin, der meist von einer Wand bis zur anderen reichte und an dem man sich von drei Seiten um das Torffeuer kauern konnte. Das war der Ort, wo abends Geschichten erzählt, der Teekessel an einer Kette darüber aufgehängt und Kartoffeln oder Brotscheiben in der Glut geröstet wurden. Grace hatte das in ihrer Kindheit noch erlebt, wenn sie auf dem Land zu Besuch war.

Heute stand ein elektrisches Feuer an seiner Stelle, mit dünnen Glühstäben, die langsam verstaubten, weil man sie kaum benutzte. Das Mobiliar sah zwar praktisch und neu aus, wirkte aber wenig gemütlich oder originell.

Gaynor steckte das Handy weg.

»Nein, Mary ist wegen der ganzen Aufregung mit der Leiche noch nicht dazu gekommen.«

Grace war hocherfreut. »Gut, dann versiegele ich das ganze Haus und schicke unsere Spurensicherung vorbei. Keiner darf das Cottage betreten, auch Sie nicht, bis wir es wieder freigeben.«

Gaynor nickte überrascht. »War er der Mörder?«

Grace lächelte. »Das wissen wir nicht, Mr Gaynor. Aber die Umstände des Besuches Ihres letzten Gastes sind so rätselhaft, dass Garda der Sache nachgehen muss. Auch wenn sich am Ende herausstellen sollte, dass es für unseren Fall nicht von Bedeutung ist.«

»Verstehe.« Der Mann nahm alles im Raum nun genauer

in Augenschein, als hätte er ihn schon lange nicht mehr bewusst betrachtet.

»Wann und wie trat der Gast mit Ihnen in Kontakt?«

Gaynor ließ sich auf das karierte Schlafsofa fallen, das in der Ecke stand, und schlug seine kurzen Beine übereinander.

»Das muss am Tag vor Samhain gewesen sein …« Wieder wirkte er etwas ratlos.

Grace hatte nun ebenfalls Platz genommen und ihr Pad herausgeholt.

»Er sagte, er habe das Cottage im ›Warm and Welcome‹ gesehen.« Grace kannte dieses Internetportal.

»Und dann hat er sich bei mir gemeldet. Da steht ja eine Telefonnummer dabei.«

»Haben Sie seine Nummer gespeichert?«

»Wie?«

Gaynor wirkte unkonzentriert und fahrig. Grace wiederholte ihre Frage und bemühte sich, freundlich zu bleiben. Solche Zeugen verschwendeten oft ihre Zeit.

»Nein, er hat auf dem Festnetz angerufen. Da funktioniert so was bei uns nicht.«

»Würden Sie seine Stimme wiedererkennen? War es ein älterer oder ein junger Mann?«

Gaynor überlegte. »Ja, vermutlich würde ich seine Stimme wiedererkennen, sie schien mir mittelalt. Weder jung noch alt. Eher mittel.«

Grace atmete tief durch. »Konkreter können Sie da wohl nicht werden?« Sie erwartete sich nichts mehr von diesem Zeugen.

»Das ist schwer einzuschätzen. Ich kann es Ihnen leider nicht sagen.«

»Welchen Namen nannte er?«

Hier zögerte Robert Gaynor einen Moment. »McCabe. Ja, Trevor McCabe.«

»Ihr Freund Henry Casey sagte aus, dass er aus dem Norden stammte. Wie kam er darauf? War damit Nordirland gemeint?«

»Also, ich glaube, er meinte eher nördlich von hier. County Sligo oder vielleicht auch Monaghan.« Gaynor wirkte fast ein wenig erleichtert.

»Was genau hat er gesagt?«

»Mögen Sie einen Tee? Ich könnte uns einen machen.« Schon rappelte er sich auf, um zum Herd zu gehen.

Grace hielt ihn freundlich zurück. »Vielen Dank, aber bitte rühren Sie im Moment hier nichts an.«

»Ach, das hatte ich schon ganz vergessen.« Gaynor rutschte wieder zurück. »Er sagte, er wolle kurzfristig nach Inis Meáin, wegen der Samhain-Feier. Er habe ja schon so viel davon gehört.«

»Fanden Sie das nicht merkwürdig? Dass er sich das nicht viel früher überlegt hatte?«

Gaynor warf ihr einen überraschten Blick zu. »Nein. Das machen viele ganz spontan. Das fand ich nicht merkwürdig. Aber was schon ein bisschen komisch war – er ist dann gar nicht rausgegangen, um sich das Ganze anzusehen … Wird vielleicht seine Gründe gehabt haben.«

Grace runzelte die Stirn. »Und woher wissen Sie das? Wenn Sie ihn gar nicht gesehen haben? Dann wussten Sie ja nicht, wie er aussah, und konnten ihn im Pub und auf der Straße auch nicht wiedererkennen.«

Einen Moment lang starrte er sie an. Dann fand er seine Stimme wieder.

»Ich sowieso nicht, Guard! Ich habe den ganzen Abend im Kostüm gesteckt und bin mit den anderen um die Häuser gezogen.«

Grace wusste im Moment nicht weiter. »Wer dann?«

»Moira. Von gegenüber.«

Das musste die ältere Dame mit den Katzen sein. »Die

vermietet laut Casey wohl das Feriencottage neben Ihrem und …«

»Ja, in dem haben wir uns diesmal umgezogen. Aber ihr Wohnhaus liegt genau gegenüber und sie hatte die ganze Zeit mein Cottage im Blick.«

»Im Dunkeln? Wie soll das denn gehen? Im Moment geht gegen fünf die Sonne unter.« Grace sah ihn fragend an.

Er räkelte sich auf dem Sofa und gähnte. »Da müssen Sie mit Moira selber reden, Superintendent. Sie hat mir erzählt, dass mein Gast die ganze Zeit im Haus war. Und wenn Moira das behauptet, dann ist es auch so, glauben Sie mir.«

»Nur noch eine letzte Frage, Mr Gaynor. Wissen Sie, wann und wie ihr geheimnisvoller Gast auf Inis Meáin kam und wie er von hier wieder spurlos verschwinden konnte?«

Grace ging davon aus, dass sich das schnell klären ließ. Es gab nicht viele Möglichkeiten, auf die Insel zu gelangen. Nur mit der regulären Fähre oder mit dem Flugzeug. Außerdem konnte man private Helikopter mieten oder Jachten, die ausschließlich an den beiden Piers anlegen durften. Grace überlegte, ob es irgendwo eventuell noch ein Schlupfloch gab.

Gaynor schüttelte wieder den Kopf. Obwohl es im Cottage kühl war, schien er leicht ins Schwitzen geraten zu sein. »Vermutlich kam er mit dem regulären Nachmittagsboot. Da waren viele Besucher drauf und er ist mit Sicherheit nicht groß aufgefallen. So hätte ich es gemacht.«

»Was gemacht?«

»Mich auf unsere Insel geschlichen.«

In seinem Blick lag ein kleiner Triumph. Grace hatte keine Ahnung, warum. Ein merkwürdiger Mensch. Sie packte ihr Pad ein und bedankte sich bei Gaynor. Er bemühte sich, auf die Beine zu kommen, und streckte ihr die Hand hin.

»Jetzt haben wir gar nicht über die Müllbeutelkostüme gesprochen, Ms O'Malley.«

Grace lächelte. »Stimmt. Aber ich war vorhin schon bei Mary Walsh, die sie angefertigt hat, und die bestätigte mir, dass es ursprünglich fünf waren. Sie haben vier davon benutzt und das fünfte war für Kieran und ist später irgendwie aus Moiras Cottage verschwunden.«

Gaynor strahlte. »Ja, aber Mary wusste sicher noch nicht, dass man das fünfte Kostüm inzwischen gefunden hat.«

Grace war fast bei der Tür und hatte das Siegel zur Sicherung des Hauses schon aus ihrer Tasche geholt. Überrascht drehte sie sich noch einmal zu ihm um.

»Und wo wurde es gefunden?«

»In einem Mülleimer. Ist doch witzig, nicht? Das Müllkostüm im Mülleimer.« Robert Gaynor prustete laut heraus, als hätte er gerade einen richtig guten Witz gehört.

Grace ignorierte sein Gelächter. »Das brauchen wir dringend für unsere Ermittlung. In welchem Mülleimer? Wissen Sie das auch?«

Gaynor nickte heftig. »Das wollte ich Ihnen ja die ganze Zeit schon erzählen, Superintendent. Aber Sie haben sich ja mehr für meinen geheimnisvollen Gast interessiert.«

»Also, Mr Gaynor. In welchem Mülleimer?«

»In dem von den Walshs.«

Grace stutzte. »Mr Gaynor, mir scheint, die halbe Insel heißt Walsh.«

»Ja, aber nur ein Walsh hatte sein Cottage an die Leiche vermietet. Es lag im Mülleimer neben der Tür des Opfers.«

21

Der Besuch bei Moira mit den Katzen war nicht wie ein normales Verhör verlaufen. Als Grace wieder im Flugzeug saß, versuchte sie den Verlauf ihres Gespräches zu rekapitulieren und ihre Schlüsse daraus zu ziehen. Doch als sie sich leicht wackelnd der schmalen Startbahn näherten und eine Viertelstunde später landeten, war sie in ihren Überlegungen kaum weitergekommen. Sie griff sich ihre rote Tasche und den Asservaten-Beutel, in dem das fünfte Kostüm steckte, winkte dem Piloten und entdeckte schon von Weitem, dass Rory direkt am Ausgang geparkt hatte und sie erwartete. Grace hoffte, dass sie im Gespräch mit dem Kollegen auf dem Rückweg nach Galway weiterkommen würde, als wenn sie allein darüber nachgrübelte. Rory hatte oft originelle Ideen, auf die sie selbst nicht gekommen wäre. Und auch das Gespräch von eben könnte man durchaus als originell bezeichnen.

Als sie nebeneinander im Wagen saßen, erfuhr Grace zunächst, dass Rory bei Tessa Keane einiges herausbekommen hatte, was ihr Bild neu oder zumindest anders aussehen ließ.

»Das Kind hat nicht überlebt?«

Rory nickte. Er fuhr mit Schwung vom Parkplatz herunter und bog auf die 355 ein.

»Warum hat Lynch dann vor wenigen Wochen sein Testament geändert und den Notar beauftragt, nach dem Kind zu fahnden? Nach einem toten Kind?« Grace runzelte die Stirn. »Rory, das passt nicht zusammen. Es muss etwas geben, was Lynch wusste und Tessa nicht – falls sie uns überhaupt die Wahrheit sagt.«

Rory bog in die Hauptstraße ab und schaltete den Scheibenwischer ein. Wieder hatte Nieselregen eingesetzt. »Ich hatte nicht den Eindruck, dass sie gelogen hat. Man behauptet doch nicht mal so locker, dass sein eigenes Kind tot ist, wenn das gar nicht stimmt, oder? Ich glaube, ich mache für morgen noch mal einen Termin mit der juristischen Flüstertüte, okay?«

Grace musste schmunzeln.

»Und was hast du auf Inis Meáin herausbekommen?«

Sie erzählte ihm von dem fünften Müllbeutelkostüm, das ausgerechnet im Mülleimer des Opfers aufgetaucht war, und von Robert Gaynors fast unsichtbarem Gast.

»Wieso fast? Konnte man ihn nun sehen oder nicht?«

»Moira Farrell von gegenüber hat beobachtet, dass sich jemand im Cottage aufhielt und es wohl erst gegen Mitternacht verlassen hat. Da hatte sie gerade Besuch von der Müllbeuteltruppe. Und etwas später erschien dann auch noch Lynch.«

»Lynch war bei ihr?«

»Auf der Suche nach den lustigen Müllbeuteln. Zumindest hat er sie nach ihnen gefragt.«

»Was hat sie dir sonst noch erzählt?« Rory sah sie fragend von der Seite an.

»Merkwürdige Dinge, manches war ziemlich unzusammenhängend und verworren. Hör's dir mal an. Ich habe es aufgenommen.« Grace hatte ihr Smartphone herausgezogen und suchte die Aufnahme mit der Wiedergabefunktion.

»Er ist, kurz nachdem die Abendfähre angelegt hatte, angekommen und ins Haus gegangen.«

»Konnten Sie ihn erkennen?«

»Wen erkennt man schon, Guard?«

»Haben Sie sein Gesicht gesehen, meine ich? Würden Sie ihn wiedererkennen?«

»Das werden wir sehen.«

»Was genau meinen Sie damit, Mrs Farrell?«

»Paddys Kumpel Gerry ist da dran. Dann werden wir sehen. Mehr kann ich Ihnen im Moment nicht sagen.«

»Halt mal an, bitte.«

Grace drückte auf Stopp.

»Was meinte Sie mit ›Paddys Kumpel ist schon dran‹? Welcher Paddy, welcher Kumpel und an was ist er dran? Das ist doch höchst merkwürdig. Sag ich doch.« Rory fuhr etwas langsamer. Er schien angestrengt nachzudenken.

»Sie hat es nicht weiter erklärt. Erst als ich sie weiter gedrängt habe, kam das hier.« Sie wischte und drückte wieder.

»Er trug einen Rucksack, als er ankam.«

»War der groß, war der umfangreich?«

»O ja, sehr groß. Und er schien schwer zu sein.«

»Was glauben Sie, war da drin?«

»Vielleicht Torf?« Nun hörte man lautes Kichern.

»Die nimmt dich auf den Arm, oder?«

»Hm.« Grace schaute nach rechts aus dem Fenster, wo das Meer lag.

»Vielleicht. Obwohl …« Sie brach ab und überlegte. »Aber sie ist noch richtig klar im Kopf, glaub mir.«

»Na, klar hört sich das für mich aber nicht an«, entgegnete ihr Kollege.

Grace seufzte und steckte das Handy wieder in ihre obere Anoraktasche. »Ansonsten hat sie bestätigt, dass sie keine Vorhänge hat und deshalb immer einen guten Blick auf das Cottage gegenüber werfen konnte. Der Gast dort hatte seine Vorhänge allerdings zugezogen. Aber sie konnte trotzdem sehen, wie er sich den ganzen Abend im Haus bewegt hat. Daraus schloss sie, dass er bis Mitternacht das Haus nicht verließ, was sie auch Gaynor erzählt hat.«

Beide schwiegen nun und Rory schien sich auf den dichten Verkehr auf der Uferstraße zu konzentrieren. Offenbar wusste auch Graces geschätzter Kollege nicht mehr weiter, denn sonst hätte er munter eine Theorie nach der anderen ausgespuckt. Rory hatte immer sehr viele Theorien parat, plausible wie abenteuerliche. Grace mochte sie alle. Denn selbst wilde Spekulationen konnten einen manchmal auch zum Ziel führen.

Bald erreichten sie die Außenbezirke von Galway. Ihr Schweigen war ungebrochen. Grace überlegte immer noch, wie sich die einzelnen Teile ihrer Recherchen zusammenfügen ließen. Als sie am D'Arcy Roundabout in die Upper Salthill Road einbogen, kam ihr plötzlich ein neuer Gedanke. Ihr Gesicht hellte sich auf.

»Im Rucksack muss das Kostüm gewesen sein«, entfuhr es ihr.

Rory drehte sich überrascht zu ihr um. »Welches Kostüm, Grace? Das fünfte Müllbeutelkostüm?«

»Quatsch, Rory. Das Green-Man-Kostüm. Das Kostüm des Mörders.«

22

Es war kurz nach zehn Uhr abends, als Graces Handy trommelte. Anrufe um diese Zeit bedeuteten meist nichts Gutes, wusste sie. Doch als sie die Nummer auf dem Display erkannte, entspannte sie sich. Es war Peter Burke. Grace nahm den Anruf entgegen.

Peter war gerade von seinem Trip nach Monaghan zurückgekehrt, zwar etwas müde, aber durchaus noch wach genug, um ihr interessante Einzelheiten zu erzählen. Möglicherweise interessant, wie er betonte. Grace lud ihn noch auf einen Drink zu sich ein.

Sie selbst hatte den ganzen Abend damit verbracht, immer wieder ihre Aufzeichnungen und die Aufnahmen von Inis Meáin durchzugehen, und war dabei keinen großen Schritt weitergekommen. Denn dass das Green-Man-Kostüm im Rucksack von Robert Gaynors mysteriösem Gast reine Spekulation blieb, war ihr bewusst. Vielleicht konnten die Ergebnisse von Peters Recherche den Ermittlungen eine neue Richtung geben.

Als sie ihm eine Viertelstunde später das Bier reichte, das er sich gewünscht hatte, fühlte sie sich nicht mehr ganz so verzweifelt wie noch eine Stunde zuvor. Peter strömte Zuversicht aus. Sie schenkte sich selbst einen Weißwein ein.

»Oh, eine neue Sofaecke!« Tatsächlich hatte sie vor ein paar Wochen endlich ein schönes und gemütliches Sofa gefunden, das vor ein paar Tagen geliefert worden war. Bewundernd strich Peter über den weichen seegrünen Tweedstoff mit zarten grauen Streifen, bevor er sich setzte und einen Schluck aus der Flasche trank.

»Du hast also etwas über Lynch herausgefunden, zumindest scheinst du optimistisch zu sein.« Sie war an der Tür zur Küche stehen geblieben und schaute ihn mit dem Weinglas in der Hand erwartungsvoll an.

Peter sah sie belustigt an. »Indium. Ich habe Indium gefunden, nicht direkt, aber um ein paar Ecken.«

Grace runzelte die Stirn und lehnte sich abwartend an den Türrahmen. »Indium? Hört sich an wie ein chemisches Element«, bemerkte sie interessiert. »Neuere Entdeckungen in diesem Bereich werden doch häufig nach Personennamen oder Orten benannt, die dann eine lateinische Endung bekommen.«

»Zehn Punkte, setzen. In diesem Fall hat es allerdings mit seiner indigoblauen Farbe im Spektrum zu tun.« Peter schmunzelte. »Die deutschen Wissenschaftler, die es im neunzehnten Jahrhundert entdeckten, fanden das wohl so hübsch, dass sie das neue Schwermetall danach benannten. Bis zu unserer Jahrtausendwende war Indium völlig uninteressant und billig zu haben. Wenn man überhaupt danach buddelte.«

Grace nahm einen Schluck Wein. Er tat ihr gut, merkte sie. Der Wein, und auch Peter.

»Aber jetzt ist es richtig wertvoll geworden. Man benötigt Indium in der Halbleitertechnik, für Flachbildschirme und in der Photovoltaik«, fuhr Peter fort. »Es kommt unter anderem in China und an anderen exotischen Plätzen der Welt vor – wie zum Beispiel in Monaghan.«

»In Monaghan?« Grace musste laut lachen. »Trüffel in Mayo und Indium in Monaghan. Das Leben ist voller Überraschungen.« Sie nippte am Wein, ihre Stimmung hatte sich inzwischen beträchtlich aufgehellt.

Peter fuhr lächelnd fort: »Da gibt es eine kleine, sehr rührige Firma namens Hibernian Earth, die wohl nach erfolgreichen Probebohrungen nun den ersten Abbau vorbereitet. Das Ganze soll in den kommenden Monaten stattfinden, da die Wintermonate bei uns ja meist relativ trocken sind. Das ist offenbar wichtig, weil sie im Moor graben. Übrigens – wie fast immer bei solchen Projekten – gegen den Willen einiger Farmer.«

Peter nahm einen Schluck und schloss kurz die Augen. Er wirkte erschöpft. Grace durchquerte den Raum und setzte sich neben ihn. Sofort öffnete er die Augen wieder und lächelte sie an.

»Schicker Name, Hibernian Earth. Und da hatte Lynch seine Finger mit drin?«

Peter schüttelte den Kopf. »Leider nein. Er war als Teilhaber bei einer anderen Firma involviert, die auch da oben, aber mehr in Richtung Sligo nach Gold schürft. Die heißen Excav 91.«

»Und was hat das mit dem Indium zu tun?« Sie hatte sich ein Stück weiter zu ihm gebeugt und suchte in seinen dunklen Augen.

Peter grinste, als hätte er noch ein besonders leckeres Häppchen zurückgehalten, das er nun hervorzaubern würde.

»Das Interessante ist, dass diese Firma, an der Lynch beteiligt war, vor ein paar Jahren genau an der gleichen Stelle im Moor in Monaghan bohren wollte. Aber dazu kam es nie.«

Grace nahm einen weiteren Schluck, um ihre Enttäuschung zu verbergen. »Was hat sie davon abgehalten?«

Peter warf ihr einen flüchtigen Blick zu. Hatte er sie etwa dabei ertappt, dass sie das Interesse verloren hatte?

»Nun, das ist der einzige zusammenhängende Blanket Bog, den sie da oben haben. Hier bei uns haben wir so viel davon, dass wir noch jahrhundertelang Torf abbauen können, aber im Norden scheint es knapper zu sein. Das wollten sie wohl schützen.«

»Lynch und seine Company durften also nicht und die Hibernian Earth darf. Korrekt?«

Peter lehnte sich zurück und nickte.

Grace dachte nach. »Merkwürdig, aber vielleicht haben die ja eine umweltfreundlichere Abbautechnologie oder was weiß ich. Trotzdem krieg ich den Bogen von Lynch zum Indium in Monaghan einfach nicht hin. Du, Peter?«

Der Privatdetektiv schüttelte genervt den Kopf.

»Vielleicht sollten wir uns das Stück Land, das er sich gerade gekrallt hatte, noch mal genauer ansehen und uns nicht auf die offizielle Auskunft der Landwirtschaftsbehörde verlassen. Wer weiß, womöglich führt uns das auf eine richtige Fährte.«

Peter trank den Rest des Biers hastig aus. Grace merkte ihm an, dass er sich nun offenbar über sich selbst ärgerte.

Er stand auf. »Ich bleib dran, Grace, versprochen. Du hörst von mir. Ich fahre morgen raus nach Delphi und werde auf dem Weg einen Bekannten aus meiner Studienzeit in Leenane aufsuchen. Wenn einer sich mit Erde auskennt, dann Finbar.«

Grace erhob sich ebenfalls und begleitete ihn zur Haustür.

»Ich danke dir auf jeden Fall für deine Hilfe heute«, sagte sie. »Auch wenn wir nicht direkt weitergekommen sind. Wir telefonieren, ja?«

Dann hielt sie kurz inne und fragte nach: »Meinst du Finbar Ward, den Politiker?«

Peter nickte. »Du kennst ihn?«

»Das wäre zu viel gesagt. Mein Onkel hat ihn mir vor ein paar Tagen vorgestellt. Ganz sympathischer Typ.«

Peter trat etwas näher und runzelte die Brauen. »So? Findest du?«

Grace lächelte. Peter schien tatsächlich leicht eifersüchtig zu sein, oder bildete sie sich das nur ein?

»Ich habe ihn ewig nicht gesehen.«

»Hat er auch Wirtschaft studiert wie du?«

Peter nickte, zog seinen dicken Parka an und riss nervös am Reißverschluss. »Aber er hat sich schon immer in der Politik rumgetrieben. Weiß der Teufel, wie viele Initiativen er gegründet hat. Ich glaube, er hatte selbst schon nicht mehr den Überblick.« Plötzlich hielt er inne. »Puh, jetzt muss ich aber dringend gehen. Monaghan ist ja nicht um die Ecke … Ich merke allmählich die Meilen.« Er schien zu zögern.

Dann trat er einen Schritt auf Grace zu, hauchte ihr einen Kuss auf die Wange und strich ihr über das Haar. Überrascht sah sie ihn an, wich aber nicht zurück.

Doch Peter hatte sich schon umgedreht und ging langsam die Treppe hinunter. Man konnte das Knarzen der Holzstufen deutlich hören.

»Peter! Warte!«, rief Grace ihm noch hinterher. Mit raschen Schritten eilte sie die Treppe hinunter und rannte auf ihn zu. »Peter! Weißt du, was ich glaube?«

Er schaute sie abwartend an.

»Ich glaube, der Grund, warum wir auf der Stelle treten, ist, weil wir bisher das entscheidende Tatmotiv noch nicht gefunden haben.«

Er schloss eine Sekunde lang die Augen. Als er sie wieder öffnete, war sein Blick kühl. »So? Haben wir nicht? Was könnte es denn sein, Euer Gnaden?«

Einen Moment lang war sie irritiert. Dann schluckte sie und heftete ihren Blick auf die alten Fliesen im Hausflur, statt ihn anzusehen.

»Gier, Macht, Eifersucht, Rache oder Vertuschung. Alle Verbrechen lassen sich letztendlich auf eines dieser Motive oder eine Kombination davon zurückführen. Jeder Polizist weiß das.«

Peters Augen verengten sich. »Und in diesem Fall geht es um Gier, oder vielleicht auch um Macht und Rache. Oder?«

Grace sah ihn eindringlich an. »Das haben wir bisher angenommen. Aber vielleicht war genau das falsch. Vielleicht müssen wir nach einem anderen Motiv suchen, um weiterzukommen.«

Einen Moment lang reagierte Peter nicht auf das, was sie gesagt hatte. Schließlich atmete er tief ein.

»Dann mal viel Glück, Graínne!«

Wütend ließ er die Tür ins Schloss fallen, dass es hallte.

23

Es war kurz nach sechs Uhr morgens, als Marten Molloy sich den Rucksack über die Daunenjacke streifte, in die Gummistiefel schlüpfte und schließlich seine Taschenlampe überprüfte. Sie funktionierte ausgezeichnet. Er überlegte, ob er seine dicken Arbeitshandschuhe mitnehmen sollte, und wollte sie schon aus der Schublade in der Kommode ziehen. Da fiel ihm ein, dass er im Rucksack noch ein zweites Paar hatte. Noch war es dunkel draußen, erst in einer halben Stunde würde die Dämmerung einsetzen, er musste es genau abpassen.

Als er aus dem Haus trat, schlug ihm feuchtkalte Luft entgegen, sodass er auf der Stelle husten musste. Mit derart starkem Nebel hatte er nicht gerechnet. Sollte er die Aktion abbrechen? Er wusste, dass das nicht ging. Er musste heute hinaus, sonst würde es ein Problem geben. Leise fluchte er zwischen den Zähnen, schaute sich um und pfiff diesen ganz besonderen Ton, der blitzschnell von hoch nach tief und wieder zurück wechselte. Ein paar Sekunden später spürte er ein Stück rauer Haut an seiner rechten Hand, und etwas schnupperte. Dann eine Zunge. Er streckte seine Hand aus und kraulte dichtes gekräuseltes Fell, das sich flauschig anfühlte.

»Guter Junge.«

Der Hund drängte sich in der Dunkelheit näher an ihn heran.

»Komm!«

Beide kletterten in den Geländewagen und Marten Molloy fuhr los. Langsam krochen sie den Schotterweg entlang, niemand kam ihnen entgegen. Das war gut. Denn wie hätte er erklären können, warum er um diese Zeit hier unterwegs war? Doch dann fiel ihm ein sehr guter Grund ein, den jeder schlucken würde. Er könnte mit dem Hund ja auf Jagd sein. Wer würde da misstrauisch werden?

Er lachte und tastete in der Dunkelheit wieder nach dem warmen Fell des Hundes auf dem Beifahrersitz. Sah der wie ein Jagdhund aus? Molloy gab ihm einen freundschaftlichen Klaps auf den Rücken und steuerte konzentriert den Hügel hinab.

Nach ungefähr einer halben Stunde hielt er an und stieg aus. Er hatte den Wagen hinter eine der Steinmauern gefahren, sodass man ihn von der Straße aus nicht sehen konnte. Denn auch wenn Michael Lynch ihm nicht mehr in die Quere kommen konnte, hieß es wachsam sein. Hier unten im Delphital gab es keine Nebelschwaden und die Sicht war wesentlich klarer. Der Hund an seiner Seite wedelte aufgeregt mit dem Schwanz. Molloy fischte die Handschuhe aus dem Rucksack und streifte sie über.

Dann liefen sie los in Richtung der gegenüberliegenden Seite des Doo Lough.

Sie waren etwa fünf Minuten auf dem schmalen Kieselstreifen des Uferwegs gegangen, als er das Geräusch eines Motors vernahm.

»Verdammt!« Wer konnte denn so früh in dieser abgelegenen Gegend unterwegs sein? Da sah er den Wagen auch schon oben, dreihundert Meter höher, über die Kuppe des nächsten Hügels kriechen. Ein uralter PKW – hoffentlich gab sein röchelnder Motor nicht genau vor ihm seinen Geist auf. Molloy musste sich ins hohe Schilf werfen, um nicht entdeckt zu werden, und riss den Hund mit.

Wenig später keuchte das altersschwache Auto langsam vorbei und sein einsames Rücklicht verschwand um die nächste Ecke. Der Hund neben Molloy auf dem Boden hechelte. Molloy stand auf, klopfte sich Erde und Gras von den Hosenbeinen, blickte nach allen Seiten und ging dann weiter auf den kleinen Wald zu.

Niemand durfte davon erfahren. Absolut niemand. Dafür würde er sorgen. Als er das Unterholz erreicht hatte, fiel ihm das Messer ein, und er überprüfte, ob er es nicht bei dem abrupten Sprung in das Uferschilf verloren hatte. Das hätte er sofort machen müssen, nicht erst jetzt. Sobald er den Griff ertastet hatte, ließ seine Anspannung etwas nach. Da der Blätterwald sie ab jetzt vor neugierigen Blicken schützte, ließ er den Hund von der Leine. Sofort sprang er los und Molloy kämpfte sich durch das dichte Gestrüpp hinter ihm her. Bald hatte er Mühe, ihn im Blick zu behalten. Der Hundetrainer blieb kurz stehen, schöpfte Atem und pfiff kurz. Zweimal hoch, dreimal tief. Er konnte hören, wie der Hund irgendwo vor ihm mitten in der Bewegung innehielt. Es knisterte und knackte, als er sich durch das Unterholz kämpfte. Endlich sah er den Hund. Er schien ungeduldig, wartete aber auf seinen Herrn. Kaum war er nur noch fünf Meter von ihm entfernt, da setzte sich das Tier wieder in Bewegung. Doch das war ganz in seinem Sinn, denn es bedeutete, dass es etwas zu wittern schien.

Trotz der Novemberkälte rann ihm der Schweiß über das Gesicht. Ein, zwei Mal hatte er Astwerk zur Seite schaffen müssen, was ihn einige körperliche Anstrengung kostete. Aber es war ihm egal. Er war sich sicher, dass hier etwas war. Etwas, was er Lynch nicht gegönnt hätte. Gut, dass es ihm Lynch nie mehr streitig machen würde.

Er drückte mit aller Kraft die dichten Zweige eines Gebüschs zur Seite und sah plötzlich seinen Hund wieder. Er stand an einer Stelle in einer kleinen Lichtung und scharrte aufgeregt im Boden.

»Gut gemacht, Luca«, flüsterte Molloy und trat zu ihm. Dann zog er das Messer aus der Tasche. Er ließ sich auf die

Knie nieder und wühlte in seinem Rucksack. Es war nun fast taghell und er konnte den Boden, auf dem er kniete, gut erkennen. Er zog einen kleinen Klappspaten heraus, der speziell für solche Zwecke angefertigt wurde und den er letztes Jahr in Frankreich gekauft hatte. Er steckte ihn zusammen und begann zu graben.

24

Eigentlich hatte Peter Burke nach dem gestrigen Abend keine Lust mehr gehabt, Grace im Mordfall Michael Lynch weiter zu unterstützen. Sie hatte ihn verletzt. Ob bewusst, indem sie ihn zurückwies, ob aus Unsicherheit oder schierer Besessenheit mit dem Fall, er wusste es nicht zu sagen und im Moment war es ihm auch ziemlich egal.

Dass er jetzt trotzdem durch das Maamturk Valley kurz vor Leenane fuhr, hing nur mit seiner Neugier zusammen. Er hatte am Tag zuvor bereits auf dem Rückweg von Monaghan seinen ehemaligen Kommilitonen Finbar Ward kontaktiert und angefragt, ob er Zeit für ihn habe. Ward war zwar sehr beschäftigt, wollte sich für ihn jedoch gern ein paar Minuten freischaufeln. Die beiden hatten sich für halb zwölf verabredet.

An der Universität in Galway hatte Peter Finbar Ward immer ein wenig beneidet. Ward war einige Jahre älter als er und hatte ein paar Eigenschaften, die Peter, der aus dem ländlichen Achill Island stammte, damals liebend gern besessen hätte: diese Selbstsicherheit und Autorität, die Ward ganz selbstverständlich ausstrahlte, und die Fähigkeit, auf Menschen zuzugehen und sie so anzusprechen, dass sie sich ernst genommen fühlten. Er vermittelte Seriosität und wirkte gleichzeitig locker und natürlich. Eine Verbindung, die für Menschen, die in der Öffentlichkeit standen, von großem Vorteil war. Egal, wofür sich Ward damals engagierte, es gelang ihm stets mit Leichtigkeit, Gleichgesinnte zusammenzuführen und um sich zu scharen.

Finbar Ward trat überzeugend auf, hatte keine Allüren

und würzte, was er sagte, häufig mit einer Prise Witz und Selbstironie, was vor allem bei den Mädchen gut ankam. Das war ein Punkt, um den Peter ihn besonders beneidet hatte. Finbar Ward sah zwar nur durchschnittlich aus, doch die Studentinnen fanden ihn offenbar attraktiv. Was diesen Charme genau ausmachte, hätte er damals nicht beschreiben können. Doch entsann er sich, dass alle an der Uni Galway damals äußerst überrascht waren, als Finbar kurz nach seinem Abschluss schon geheiratet hatte. Peter konnte sich allerdings nicht mehr daran erinnern, wer die Auserwählte gewesen war. Vage hatte er das Bild einer temperamentvollen Frau im Kopf, ähnlich wie die Gerichtsmedizinerin O'Grady mit ihrem rotblonden Schopf und der sportlichen Figur.

Peter fuhr um eine der letzten Kurven vor Leenane. Das halb verfallene Cottage der alten Bina stand auf der linken Seite kurz vor dem Ortseingang, rechts konnte man hinter der Kuppe den mächtigen Fjord Killary Harbour erahnen.

Der Killary, in den der lachsreiche Erriff River mündete und der fünfzehn Kilometer später in den Atlantik strömte, hatte immer schon eine prächtige Kulisse für Filmproduktionen abgegeben, und obwohl Peter seit seiner Kindheit das Dorf Leenane häufig besucht hatte, war es für ihn jedes Mal ein Genuss, hier anzuhalten. Malerisch lag der Ort an der Krümmung zum Meer hin auf der Galway-Seite. Drüben, auf der Nordseite des Fjords, begann das County Mayo mit dem Delphital. Die Ashleigh Falls, ein durch einen Hollywood-Film berühmt gewordener Wasserfall, in dem ein brutaler Mord passierte, begrenzten den Fjord am Fuße der Sheefry Peaks und der Devil's Mother.

Peter steuerte auf einen der beiden Pubs im Dorfzentrum zu, um nach Finbars Haus zu fragen. Zwei alte Männer in Gummistiefeln und mit der unvermeidlichen Schirmkappe auf dem Kopf hielten vor dem Eingang einträchtig Wacht. Der eine hielt einen Humpen Tee in der Hand, während der andere mit einem Strohhalm in einer Cola herumstocherte.

Peter stieg aus und trat zu ihnen.

»Wunderbares Wetter heute!«, begrüßte ihn der mit der Cola. Es war trüb und verhangen, regnete aber nicht. Peter stimmte daher zu.

»Wird sich aber bald ändern.« Das war der gewesen, der den Tee festhielt und gerade mit der Tasse in Richtung Himmel wies.

Peter legte den Kopf in den Nacken und starrte in die Wolken. Ein paar Sekunden verstrichen. Das war das Intro gewesen.

»Könnt ihr mir verraten, wo Finbar wohnt?«

»Finbar-ich-mache-mir-die-Hände-nicht-dreckig-auch-wenn-ich-Torf-steche? Meinst du den?« Der alte Mann kicherte.

Peter nickte.

»Hinter Glen das letzte Haus vor der Church of Ireland. Hat zwei Stockwerke. Muss noch ein Brite gebaut haben.«

»Das erste Haus in Mayo«, ergänzte der andere.

»Danke, Jungs!« Peter wollte zum Auto zurück.

»Bist lange nicht hier gewesen.«

Peter hielt mitten auf dem kurzen Weg zu seinem Wagen inne und drehte sich verblüfft um.

»Da habt ihr recht.« Er strich sich über die stoppelige Wange.

»Damals hat Bina noch gelebt. Da bin ich mir sicher.« Wie um seine Aussage zu unterstreichen, nahm der Alte einen Schluck Tee.

Bina McLoughlin, die sich gern als die letzte Schäferin Connachts bezeichnet hatte, war eines der letzten Originale der Gegend und weit über Leenane hinaus berühmt gewesen. Ihr Tod lag fast fünf Jahre zurück. Peter konnte es nicht fassen. Woher konnten die beiden das nur wissen? Er war tatsächlich seit mehr als fünf Jahren nicht hier gewesen. Drei- oder viermal durchgefahren auf dem Weg nach Westport, aber nicht ausgestiegen.

»Ihr seid unschlagbar.« Peter grinste. »Ihr wärt richtig gute Privatdetektive.«

Die beiden hoben stumm die Hand zum Gruß und drehten sich dann weg.

Der Westen Irlands war immer noch voll von ihnen, dachte Peter, während er sich auf den Weg zu Finbar machte. Die hatte gottlob auch der keltische Tiger nicht auffressen können. In den kleinen Dorfgemeinschaften gab es Menschen, denen so gut wie nichts entging. Keine Ahnung, wie sie das machten. Peter nahm sich vor, Grace unbedingt darauf aufmerksam zu machen. Es musste doch auch auf Inis Meáin jemanden geben, dem in der Nacht von Samhain irgendetwas aufgefallen war. Vielleicht Moira Farrell? Das Dorf dort hatte ungefähr genauso viele Einwohner wie Leenane.

Während er noch darüber nachdachte, bog er in die schmale Einfahrt eines Hauses ein, das exakt der Beschreibung der beiden Männer entsprach.

25

Dummerweise ging niemand ans Telefon. Als die Mailbox ansprang, legte sie einfach auf. Sie konnte damit nicht umgehen und wollte ihre Nachricht keiner Maschine anvertrauen.

Zwei ihrer Katzen waren gerade durch die Klappe an der Tür hereingehuscht und rieben sich an Moiras Beinen.

»Ihr seid zu früh! Es gibt noch nichts!« Lachend trat sie an die Spüle und begann das Geschirr vom Frühstück abzuwaschen. Sie musste sich alles noch einmal durch den Kopf gehen lassen. Sollte sie es irgendwo aufschreiben? Nur damit sie nichts vergaß? Bis sie die komische Dame von Gardai endlich erreichen konnte. Die hatte ihr kein Wort geglaubt, da war sie sich sicher. Die hielt sie für verrückt, wie man so viele Alte für verrückt hielt. Aber das war Moira nicht. Sie dachte ein wenig anders als die Jungen, die sowieso nur noch auf ihre Wischbrettchen schielten, um zu sehen, ob sich da etwas eingestellt hatte, was sie unter Umständen noch nicht wussten.

Moira trocknete sich die Hände ab und öffnete die Schublade ihres Küchentischs. Dort bewahrte sie ganz hinten ihr Haushaltsbuch auf. Ein altmodisches Ringbuch mit Kästchen, in die sie penibel ihre Ausgaben eintrug. Sie befeuchtete den Finger und blätterte die Seiten durch. Es war fast voll, bemerkte sie. Da musste sie bald im Dorfladen bei ihrem Neffen neue Kästchenblätter kaufen. Robert hatte genau die richtigen für sie vorrätig, denn er kannte ihr Haushaltsbuch und zog sie manchmal damit auf, weil sie alles, wirklich alles darin auflistete. Aber Moira ließ sich nicht beirren. Es waren noch zwei Seiten frei, die würden ausreichen. Bevor sie sich hinsetzte, schenkte sie sich den letzten Tee vom Morgen ein.

Die Kanne stand seitlich auf dem Herd, den sie wie viele hier auf der Insel mit Torf befeuerte. Sein würziger Duft erfüllte das Cottage. Doch der Tee war nur noch lauwarm und sie verzog das Gesicht. Moira setzte sich und begann, mit einem kurzen Bleistift das niederzuschreiben, was sie selbst in der Nacht von Samhain beobachtet hatte. Und auch, was sie nach dem plötzlichen Verschwinden des Gastes gefunden hatte, als sie Mimi draußen suchte, ihre dritte Katze, die so gern herumstreunte und dabei ungewöhnlichen Unterschlupf wählte. Das hatte sie vergessen, der Garda-Dame gegenüber zu erwähnen.

Dann fiel ihr Paddys Kumpel Gerry ein. Der besaß auch so ein neumodisches Wischding zum Telefonieren und konnte tatsächlich auch Fotos damit machen. Gestern hatte er sogar ein Foto von einer der Touristinnen auf dem Gerät geschickt bekommen, das sie am Nachmittag nach Samhain von sich und Paddy auf der Fähre gemacht hatte. Er sollte es Paddy zeigen, hatte Gerry gesagt und gelacht. Aber wenn er Paddy alle Fotos zeigen würde, die die Touristen von dem Bilderbuch-Iren über die Jahre gemacht hatten, dann würde Paddy nicht mehr die Fähre steuern, sondern zum Film gehen wollen. Und dann wäre die Sache mit der Fähre gegessen, hatte Gerry gemeint. Aber Moira hatte er das Foto gezeigt, während sie in Roberts Laden warteten, bis sie dran waren. Hinter Paddy, der seinen Arm um die Touristin gelegt hatte, war jemand zu sehen, den Moira erkannte, auch wenn er etwas unscharf war. Robert hatte ganz komisch geguckt, als Gerry ihr das Bild gezeigt hatte. Ihr Neffe war seit einiger Zeit etwas komisch, fand Moira. Ob er wieder Ärger mit seiner Schwester hatte, die in Boston lebte? Sie hatte Alice noch nie leiden können.

Moira hielt inne. Sollte sie das etwa auch aufschreiben? War das wirklich wichtig? Vielleicht hatte das eine überhaupt nichts mit dem anderen zu tun. Und sie würde sich lächerlich machen. Dazu hätte sie vorhin gern die Dame von Garda gesprochen, die kannte sich aus, aber sie war ja nicht zu erreichen. Vielleicht sollte sie sich lieber vorher die Telefonnummer raussuchen, die musste sie noch irgendwo haben. Dann könnte sie ihn fragen, ob er irgendwas vermisste. Ja, das war eine gute Idee.

Die Katzen miauten.

»Geduld, ihr Maunzer! Es gibt gleich was.« Sie klappte ihr Haushaltsbuch zu und verstaute es wieder in der Schublade. Dann stand sie auf, kippte den kalten Rest ihres Tees in die Spüle und öffnete die erste Dose Katzenfutter.

26

»Schön, Sie zu sehen …« Hier zögerte Finbar eine Sekunde lang, weil ihm Peters Name nicht einzufallen schien. Peter ließ ihn hängen.

»Ich kann mich an Ihr Gesicht noch sehr gut erinnern, aber der Name, es tut mir leid. Ich weiß, Sie müssen ihn mir gestern am Telefon genannt haben. Helfen Sie mir.«

Peter streckte seine Hand aus, die Finbar dankbar ergriff.

»Peter Burke, aus Achill.«

Wie fast jeder Ire nannte er den Ort seiner Herkunft beim ersten Kennenlernen, es war wie eine Art Gütesiegel.

»Sie waren aber nicht in meinem Jahrgang, oder?«

Finbar wies auf einen Tisch, der einladend mit buntem Teegeschirr, einem Strauß getrocknetem Heidekraut und einer Platte mit Keksen gedeckt war. Peter nahm Platz und schüttelte den Kopf.

»Nein, ich glaube, ich war zwei, drei Jahre unter Ihnen, aber wir haben das Gleiche studiert.«

Ward warf einen kurzen Blick auf die Armbanduhr. »Kommen wir gleich zur Sache, ich muss heute noch nach Westport. Wie kann ich Ihnen weiterhelfen?«

»Ich arbeite als Privatdetektiv für Wirtschaftsangelegenheiten in Galway.«

»Und?«

Peter hatte lange überlegt, welche Strategie er anwenden sollte, um möglichst viele Informationen zu bekommen. Eine Option war, von Anfang an mit offenen Karten zu spielen. Doch ein Bauchgefühl riet ihm nun davon ab.

»Mona kommt gleich mit dem Tee.«

Peter vermutete, dass Mona Finbars Frau war. Er trug einen Ehering. Vielleicht konnte er sich dann an sie erinnern, falls sie auch in Galway studiert hatte.

»Mein Klient wüsste gerne, ob das Land, das Michael Lynch im Delphital erwerben wollte … ob bekannt ist …« Peter stockte. Er merkte, dass er nicht gut vorbereitet war.

»Sie meinen, ob bekannt ist, dass es sich nicht um wertloses Land handelt, das für einen Farmer ungeeignet ist, sondern vielleicht einen Wert besitzt, den man auf den ersten Blick nicht erkennen kann. Wollten Sie mich das fragen?«

Peter nickte erleichtert.

In diesem Moment wurde die Tür geöffnet und eine gut gelaunte Dame um die fünfzig mit einem Tablett in den Händen betrat das Zimmer. Mona hätte jedes Casting für resolute Wirtinnen für sich entschieden, dachte Peter, der insgeheim grinsen musste. Aber war sie wirklich Finbars Ehefrau? Sie ähnelte nicht dem unscharfen Bild in seiner Erinnerung.

»Das ist Mona. Sie kümmert sich um mich.«

Peter begrüßte sie mit einem freundlichen Nicken. »Ihre Frau?«

Mona lachte laut und ungeniert, während sie Tee einschenkte.

»Nein, die gibt es leider nicht mehr.«

»Oh, das tut mir leid.«

Peter war überrascht, dass Ward bereits Witwer war.

Der Politiker machte eine ungeduldige Handbewegung, um nun endlich fortzufahren.

»Sie haben sicher von den Bohrungen nach Gold in den Achtzigerjahren gehört?«, hob Finbar an. Peter nickte bestätigend. »Nun, die Technologie hat sich seitdem rasch entwickelt, und es wird vermutet, dass sich hier in Delphi tatsächlich größere Mengen an Gold befinden, die den Aufwand lohnen würden.«

»Wie in Monaghan?«

Einen Moment lang schaute Finbar Ward ihn irritiert an, dann fuhr er fort. »Genaues weiß man zwar nicht, aber es wird einiges gemunkelt.«

Peter war überrascht, wie schnell er mit dieser Information herausgerückt war. »Woher wissen Sie das?«

Finbar nahm einen Keks mit Schokoladenfüllung und biss hinein.

»Als Politiker mit langjähriger Erfahrung im Bereich der Landwirtschaft wäre es bemerkenswert, wenn ich nicht darüber unterrichtet wäre.«

Peter beugte sich interessiert auf seinem Stuhl nach vorne. »Genau das ist der Grund, weshalb ich zu Ihnen komme. Wer könnte noch davon gewusst haben?«

Der Politiker überlegte einen Augenblick lang. Er schien einiges abzuwägen.

Schließlich antwortete er: »Das war kein Geheimnis. Ich vermute, dass fast alle Farmer in unserer Gegend Bescheid wussten. Sie kennen doch den Westen. Hier weiß jeder über jedes noch so kleine Stückchen Land Bescheid und wer wonach die Hand ausstreckt.« Ward lächelte süffisant.

»Auch Marten Molloy?« Sobald Peter die Frage gestellt hatte, war er sich nicht mehr sicher, ob das eine gute Idee gewesen war. Aber Finbar schien sich nicht darüber zu wundern.

»Marten? Klar, er wusste es genau wie die anderen.«

Es klopfte und Mona steckte den Kopf durch die Tür.

»Deine Tante, Finbar.«

»Welche Tante?«

»Deine Extante ist am Telefon.«

Er legte die Stirn in Falten und blickte einen Moment perplex drein. »Was will die denn? Die habe ich doch schon seit Jahren … Sag ihr, ich rufe nachher zurück. Und notiere bitte ihre Nummer.«

Mona zog den Kopf durch die Tür und schloss sie leise.

»Entschuldigung, Peter. Wo waren wir?«

»Marten Molloy.« Peter rutschte unruhig auf seinem Stuhl hin und her.

»Ist das Ihr Klient? Jetzt, wo Michael bedauerlicherweise verstorben ist, ist er wohl am Zug, oder? Er war sehr aufgebracht, als Lynch ihm in die Quere kam.«

Peter kommentierte es nicht. »Wo könnte ich Ihrer Meinung nach mehr über das Gold im Delphital erfahren?«, fragte er.

Finbars skeptischer Blick streifte ihn. Der Politiker zuckte mit den Schultern und schaute dann wieder auf seine Armbanduhr. »Da kann ich Ihnen leider nicht weiterhelfen. Sie müssen mich entschuldigen. Ich muss mich jetzt auf meinen Termin in Westport vorbereiten.«

Finbar beugte sich zu seinem Aktenkoffer hinunter und suchte etwas darin. Peter stand unschlüssig auf. Er ärgerte sich, dass er hier nicht weiterkam. Aber da sich dieser Mann ja, wie alle Welt behauptete, mit Erde und Erden auskannte, würde er möglicherweise wissen, ob es beim Abbau von Gold und Indium einen Unterschied gab – was die ungleiche Konzessionserteilung erklären würde. Irgendwie merkte Peter, dass er trotz Graces Skepsis an dieser Frage hing.

»Kennen Sie die Hibernian Earth? Die Indium in Monaghan fördert?«

Er hatte den Satz noch nicht beendet, da schoss der Politiker auch schon in die Höhe. Als er sich zu ihm umdrehte, erschrak Peter, so sehr hatte sich sein Gesicht verändert. Seine Augen blitzten und ein Ausdruck tauchte darin auf, in dem Peter Angst zu erkennen glaubte. Gleichzeitig versuchte Finbar jedoch unbeteiligt zu wirken, was ihm nur unzureichend gelang. Ob die Indium-Bohrungen da oben etwa doch mit Lynchs Landkauf in Delphi in Zusammenhang standen? Wards Reaktion kam Peter eindeutig merkwürdig vor.

Er entschied, kein weiteres Wort darüber zu verlieren, und wartete einfach ab, was jetzt kommen würde. Aber es kam nichts.

»Hibernian Earth. Monaghan. Sagt Ihnen das etwas?«, wiederholte er dann.

»Nein, tut mir leid, Peter.« Ward hatte sich wieder gefangen. Was immer ihn eben überrascht oder erschüttert haben mochte, er hatte sich wieder unter Kontrolle.

»Komisch. Ich dachte, das Gelände, auf dem die jetzt graben, sei Ihr altes Terrain. War das nicht das Moor, wo Sie damals Ihre Bürgerinitiative gegründet haben?«

»Das verwechseln Sie. Das war hier unten in Galway gewesen. Aber dort oben haben wir später auch eine Kampagne durchgeführt, die ziemlich erfolgreich war.« Finbar ließ die Schlösser an seinem Aktenkoffer zuschnappen und hob ihn auf den Tisch.

»Es hat mich gefreut, Peter.« Er reichte ihm die Hand und lächelte. Peter verabschiedete sich. Er hatte die Türklinke schon in der Hand, als Finbar noch schnell hinzufügte: »Und falls Sie noch mal etwas von mir wissen wollen, jederzeit, Peter – jederzeit!«

Im Hausflur zog der Privatdetektiv seinen Anorak über. Da fiel sein Blick auf den Notizblock neben der Garderobe. Jemand hatte mit einem Kugelschreiber hastig eine Nummer darauf geschrieben. Er zögerte einen Moment, holte dann sein Handy heraus und fotografierte sie.

27

Notar Fitzsimons war trotz seiner leisen Stimme erstaunlich gut am Telefon zu verstehen, fand Rory. Er hatte ihn in seinem Büro auf seine Freisprechanlage geschaltet, weil er hoffte, ihn so besser hören zu können.

»Tessa Keane hat ausgesagt, dass das Kind, das sie von Michael Lynch erwartete, bei der Geburt gestorben ist«, teilte Rory ihm nüchtern mit.

Es entstand eine kleine Pause am Telefon.

»Inspector, ich muss Sie nicht extra darauf hinweisen, dass es vor gut dreißig Jahren im ländlichen Irland nicht immer mit rechten Dingen zuging. Besonders, was die katholische Kirche betraf. Und mit der haben wir es hier zu tun.«

Diese Aussage, die fast als radikal einzustufen war, hätte Rory von dem älteren Gentleman nie erwartet.

»Das ist richtig, Mr Fitzsimons. Aber Tatsachen bleiben Tatsachen.«

Der Notar räusperte sich gut hörbar. »Es gab keine Sterbeurkunde. Eine Geburtsurkunde schon, aber keine Sterbeurkunde. Das hatte ich herausbekommen und meinem Klienten mitgeteilt.«

Rory überlegte, was er darauf entgegnen sollte. Schließlich nahm ihm Fitzsimons diese Entscheidung ab.

»Die Mutter, die damals sechzehnjährige Tessa, war selbst noch fast ein Kind und lag tagelang auf der Intensivstation. Sie war nicht in der Lage, irgendwelche Nachforschungen über den Tod des Babys anzustellen. Und sie war allein, vergessen Sie das nicht. Selbst wenn das Kind überlebt hätte –

es gab niemanden, der sich um sie oder ihr Baby hätte kümmern können. Die perfekte Ausgangssituation.«

Einen Moment lang war Rory echt verblüfft. Er ertastete die kleine, kahle Stelle auf seinem Kopf und kratzte sich.

»Wofür?«

Wieder entstand eine Pause. Diesmal dauerte sie etwas länger.

»Wofür, Mr Fitzsimons? Für illegalen Babytransfer?«

»Wenn Sie so wollen, Herr Kommissar.«

»Aber das ergibt doch keinen Sinn. Tessa hatte bereits in die Adoption eingewilligt.«

Nun hustete der Notar. »Tessa Keane konnte darüber selbst noch gar nicht bestimmen, wie Sie eigentlich wissen müssten. Sie war damals fünf Jahre von der Volljährigkeit entfernt und St. Mary's wollte offenbar nicht darauf warten, dass sich ihre Familie, die ja einen Traveller-Hintergrund besitzt, ebenfalls für eine Adoption entscheidet. Traveller-Clans halten sich bis heute an einen sehr strengen ethischen Kodex, der besagt, dass das uneheliche Kind einer Fahrenden auf jeden Fall zum Clan gehört und weder in ein Waisenhaus noch in eine fremde Familie kommen darf. Also hat St. Mary's, wie es damals ja häufig passierte, die Adoptionsvermittlung in Eigenregie durchgeführt.«

Rory schluckte. »Und Tessa weiß bis heute nichts darüber?«

»Davon können wir ausgehen. Ich habe meinem Klienten davon abgeraten, sie in die Ergebnisse unserer Nachforschungen einzuweihen, solange wir keine hundertprozentige Sicherheit haben.«

»Und haben Sie die inzwischen?«

»Das entzieht sich meiner Kenntnis, Inspector. Michael Lynch hat vor ungefähr vier Wochen sein Testament zugunsten des Kindes geändert. Auf meine Nachfrage hin, ob er es denn gefunden habe, hat er ausweichend geantwortet.«

»Wer war denn bis vor vier Wochen noch als Erbe seines Vermögens vorgesehen?«

»Das darf ich Ihnen am Telefon nicht mitteilen. Ich werde Garda jedoch heute noch eine Mitteilung darüber schicken.«

Rory seufzte leise. Diese Reaktion war typisch für jemanden, der Westen mit Taschenuhr trug, fand er.

»Sie sagten, dass Sie das Mädchen suchen lassen wollen. Wie weit sind Sie denn damit schon gekommen? Wir müssen sie nämlich ebenfalls finden, und zwar so rasch wie möglich.«

»Gehen Sie davon aus, dass sie als Erbin eines beträchtlichen Vermögens möglicherweise in Gefahr schwebt, Inspector?«

Rory überlegte, wie viel er preisgeben sollte. Schließlich entschloss er sich, mit offenen Karten zu spielen. Er hatte keine Veranlassung, dem Notar zu misstrauen.

»Ja, das könnte sein.«

Die Stimme des Notars wurde noch eine Nuance leiser. »Dieser Meinung möchte ich mich anschließen.«

Rory war über so viel Gefühlsäußerung fast gerührt. »Also?«

Diesmal kam ein Seufzer aus der anderen Richtung und Fitzsimons schien sich einen Ruck zu geben. »Ich erwähnte es ja bereits. Es existiert keine Sterbeurkunde für dieses Kind. Und St. Mary's lässt uns ohne richterlichen Beschluss nicht an die Unterlagen. Meinen Sie, dass Gardai hier etwas unternehmen kann?«

Rory stand auf und ging unruhig ein paar Schritte hin und her. »Es gibt seit einigen Jahren in Irland dieses neue Gesetz, das adoptierten Kindern das Recht gibt, herauszufinden, wer ihre leiblichen Eltern sind.« Er hatte da einmal etwas gelesen.

»Ja, aber das würde bedeuten, dass Tessas Tochter die

Nachforschungen in die Wege leitet, und nicht andersherum.«

»Ich werde mich um die Sache kümmern. Vielen Dank, Mr Fitzsimons.« Rory hatte es nun doch eilig. Der Notar schien ihm keine weiteren Erkenntnisse liefern zu können.

»Dieses Gespräch hat uns sehr geholfen. Eine Frage noch. Was passiert denn jetzt eigentlich mit dem Stück Land in Delphi? Sie wissen schon.«

»Gut, dass Sie mich darauf ansprechen. Man hat mir ein überaus großzügiges Angebot gemacht, die Option auf das Land aus der Erbmasse herauszunehmen und das Ganze nun separat zu veräußern. Das steht selbstverständlich nicht in meinem eigenen Ermessen. Aber der jetzige Besitzer unterstützt das. Er hat wohl ebenfalls ein Angebot erhalten, was die Sachlage noch erschwert. Der Eigentümer hat sich eine einwöchige Bedenkzeit erbeten.«

»Sie dürfen mir auch durch das Telefon verraten, wer dieses Angebot gemacht hat. Und wem das Land im Moment noch gehört. Ich bin sicher, das ist rechtlich vertretbar.«

Die Pause dauerte keine halbe Sekunde.

»Das war Mr Molloy, Inspector, Marten Molloy.«

Und er nannte Rory auch den Namen des derzeitigen Besitzers. Es war ein Frank MacMurray, der in Westport lebte.

28

Die alte Mrs Keane schien wenig erbaut vom Besuch der »Frau von Gardai«, wie sie Grace nannte. Und kurz nachdem die Kommissarin den geräumigen Caravan betreten hatte, steckte noch ein junger Mann den Kopf durch die Tür, um sich zu erkundigen, ob Mrs Keane irgendwas bräuchte, er würde nach Newport fahren, um einzukaufen.

»Nein danke, Nathan, ich habe alles. Aber es ist nett von dir, an mich zu denken.«

Er warf der »Frau von Gardai« einen skeptischen Blick zu und verschwand.

Grace hatte sich in der Zwischenzeit umgeschaut. In dem Wagen war alles penibel aufgeräumt. Vor Jahren hatte ihr mal eine Traveller-Familie aus Dún Laoghaire erklärt, dass es für die Fahrenden noch wichtiger sei, absolut ordentlich zu sein, als für eine normale Familie, die ihr Haus nicht wie eine Schnecke mit sich nehme. Sie müssten immer genau wissen, wo auf dem engem Raum alles aufbewahrt sei. Mary Keanes Wohnwagen entsprach genau diesem Prinzip.

Grace ließ ihren Blick schweifen. Auf einer Kommode standen die in Irland üblichen gerahmten Fotos diverser Familienmitglieder und von ein paar Pferden. Tessa konnte sie nicht darauf entdecken, es sei denn, sie war eins der Kinder auf den leicht unscharfen Schwarz-Weiß-Fotografien. An der Wand darüber hing ein gerahmter Zeitungsartikel mit einem Foto darin.

»Sie leben hier allein, Mrs Keane?«

Sie mochte um die siebzig sein. Ihr immer noch dickes

rostrotes Haar, das mit silbernen Fäden durchzogen war, hatte sie zu einem Zopf geflochten, der ihr auf dem Rücken lag. Sie war untersetzt, aber nicht dick. In ihrer Jugend musste sie eine hübsche Frau gewesen sein.

»Mein Mann ist vor zwei Jahren verstorben. Gott gebe seiner Seele Frieden.« Sie bekreuzigte sich.

»Und haben Sie Kinder?« Grace versuchte in dem weichen Sessel aufrecht zu sitzen.

Die Kommissarin hatte sich entschlossen, den Weg nach Achill auf sich zu nehmen, um bei Tessa Keanes nächsten Verwandten vorbeizuschauen. Die Musikerin war für sie im Moment die Hauptverdächtige im Mordfall Lynch. Vielleicht würde sie bei der Gelegenheit auch noch einmal ihren Bruder Dara besuchen. Da sie keine Handynummer des Clans herausfinden konnte, war sie ohne Vorankündigung bei den Travellern aufgetaucht. Die Freude über den Besuch von Gardai hielt sich in Grenzen, auch wenn man sie nicht feindselig empfing.

»Meine beiden Söhne haben ihre eigenen Familien. Sie sind im Moment in der Nähe von Clones. In den Schulferien kommen mich ihre Kleinen ab und zu besuchen. Egal, wo wir dann gerade sind. Dann ist hier richtig Leben in der Bude!« Ein wehmütiges Lächeln huschte über ihr Gesicht.

Blitzschnell rechnete Grace im Kopf nach. »Ihre Enkel?«, fragte sie schließlich vorsichtig.

Mrs Keane runzelte die Stirn. »Enkel? Wofür halten Sie uns? Meine Urenkel natürlich. Möchten Sie einen Tee, Guard?«

Grace nickte. »Danke, gern. Und Ihre Tochter?«

Sie erhielt keine Antwort. Stattdessen erhob sich die ältere Frau und ging zum Herd. Sie nahm den Kessel und füllte ihn mit Wasser aus dem rechten Teil einer Doppelspüle. Alles Wasser, das zum Verzehr oder zum Säubern von Nahrungsmitteln verwendet wurde, durfte nur aus einem Hahn kommen und in eine Spüle gehen. Das Wasser, das zur Körperpflege oder zum Reinigen von Kleidern gedacht war, musste in einem anderen Becken aufbewahrt werden. So waren die strengen Regeln, die das Leben der Traveller seit Jahrhunderten bestimmten. Grace beobachtete sie fasziniert. Sie wiederholte ihre Frage. Mary Keane hatte den Kessel auf den Herd gestellt und das Gas entzündet. Sie brauchte einen Moment, um sich umzudrehen.

»Ich habe keine Tochter, Guard.«

Grace schaute sie prüfend an, erwiderte aber nichts. Sie war in der Zwischenzeit neugierig an den gerahmten Zeitungsartikel herangetreten. Das Foto darin zeigte den spektakulären Papst-Besuch von Johannes Paul II im Jahre 1979 und seine Messe an der heiligen Quelle der Maria in Knock, nicht weit von hier, zu der fast eine halbe Million Menschen, viele davon von der Westküste, gepilgert waren. Im Vordergrund war der Papst zu sehen, der eine Gruppe irischer Jugendlicher begrüßte, die Instrumente in den Händen hielten. Er wandte sich gerade einem Mädchen zu, das eine Fiedel im Arm hielt. Es war die junge Tessa. Grace erkannte sie sofort.

»Und wem legt der Papst hier väterlich seine Hand auf die Schulter? Das ist doch Tessa Keane.« Grace hatte sich zu Mary Keane umgedreht und wartete auf eine Reaktion.

Mary wischte sich mit der Hand über das Gesicht. »Sie kennen sie?«

Mühsam schlurfte sie durch den kleinen Raum und ließ sich aufs Sofa sinken. Ihr Blick war dabei fest auf den Teppich gerichtet.

»Ja. Ich habe sie kürzlich vernommen, im Zusammenhang mit dem Mord an Michael Lynch.«

»Ich weiß, man soll nicht schlecht von den Toten reden, aber er war ein habgieriger Teufel, der Tessas Leben zerstört hat.«

»War es nicht Ihre Familie, die sich gegen die Verbindung ausgesprochen hatte? Er wollte sie heiraten.«

Mitten auf Mary Keanes Stirn zeigte sich eine zornige Falte. »So? Wollte er das? Sie dürfen nicht alles glauben, was man Ihnen erzählt, Superintendent.«

Grace war an der Wand mit dem Bild stehen geblieben, ging nun aber langsam auf die Travellerin zu. Kurz vor ihr blieb sie stehen und sah zu ihr hinunter.

»Sie haben Ihre Tochter damals verstoßen, weil ihr Geliebter kein Traveller war. Tessa wollte ihn heiraten.«

Nun schaute Mary Keane Grace herausfordernd an. »Glauben Sie das wirklich? Uns Travellern sagt man doch ein feines Näschen für das hier nach …« Sie rieb mit dem Daumen über ihren Zeige- und Mittelfinger. »Wir wären ganz schön dumm gewesen, wenn wir unserer Tochter diese glänzende Partie ausgeredet hätten, oder?«

Der Kessel flötete und sie erhob sich keuchend. Erst löffelte sie großzügig Tee in die Kanne, dann goss sie Milch hinein und füllte sie mit dem kochenden Wasser auf.

»Haben Sie ihn mal kennengelernt, Mrs Keane?«

»Lynch? Nein. Mein verstorbener Mann hat ihn damals auf seiner Farm besucht und kam mit schlechten Nachrichten zurück.«

»Welche schlechten Nachrichten?« Einen Moment lang schien es Grace, als wäre die alte Frau ganz in Gedanken versunken und versuchte sich wieder ins Gedächtnis zu rufen, was damals vorgefallen war. Nach ein paar Sekunden war sie wieder im Hier und Jetzt.

»Genau weiß ich das nicht mehr, Sie müssen entschuldigen. Es ist über dreißig Jahre her. Er hatte den Eindruck, dass Lynch nicht mit offenen Karten spielte. Dass er Tessa nur ausnutzen wollte. Und genau das ist dann ja auch passiert, oder?«

Sie reichte Grace den Tee, den sie in eine zierliche Tasse

mit Goldrand gegossen hatte, und kehrte zum Sofa zurück, auf dem sie sich niederließ. Sie hatte sich ein Kissen in den Rücken geschoben. Grace nahm einen Schluck. Er war stark und aromatisch. Auch wenn sie die Art und Weise, wie die Traveller ihren Tee aufbrühten, immer noch gewöhnungsbedürftig fand – die Milch zuerst in die Kanne –, war das Ergebnis überzeugend.

»Warum haben Sie Ihrer Tochter keine Hilfe angeboten, als Lynch sie im Stich gelassen hatte – egal, was passiert war?«

Mary Keane starrte sie verständnislos an. »Aber das haben wir doch getan. Unser Ältester, der auch Michael heißt, ist zur Farm gefahren und wollte Tessa einpacken und nach Hause bringen. Doch sie hat sich geweigert.«

»Mit sechzehn? Das glaube ich Ihnen nicht.«

»Fragen Sie sie doch selbst.« Mary Keane wirkte nun verärgert und nahm wie zur Beruhigung einen großen Schluck Tee.

»Bei Ihnen gilt, was das Familienoberhaupt beschließt, und nicht, was sich eine Sechzehnjährige in den Kopf gesetzt hat. Von einem minderjährigen Mädchen wird erwartet, dass es sich fügt.«

Mary schaute sie halb amüsiert, halb skeptisch an. »Haben Sie Kinder?« Grace nickte verhalten.

»Wie alt?«

»Fünfzehn. Ein Mädchen.«

Mary nahm ihre Tasse und trank wieder. »Und die macht wohl alles, was Sie ihr sagen.«

Roisin hatte im Mai alle Pläne der Familie durchkreuzt und sich am Ende entschlossen, zu ihrer Großmutter nach Dänemark zu ziehen. Nicht gegen den Willen der Familie, aber es war ihre eigene Entscheidung gewesen, die alle akzeptieren mussten.

»Wann erfuhren Sie von Tessas Schwangerschaft?«

Das war nicht als Ablenkungsmanöver gedacht. Doch die Frau fuhr so heftig und abrupt zusammen, dass ihr die Tasse aus der Hand fiel und auf dem Boden in zahllose Scherben zerbrach.

»Was sagen Sie da?«

Statt auf das zerbrochene Geschirr richtete Mary Keane ihre gesamte Aufmerksamkeit auf die Polizeikommissarin.

»Überhaupt nicht! Davon wussten wir nichts!« Sie klang empört, aufgebracht, erschreckt und wütend. War Mary Keane genau wie ihre Tochter eine begnadete Lügnerin?, fuhr es Grace durch den Kopf.

Dann fügte Mary etwas leiser hinzu: »Ich zumindest wusste nichts davon.«

»Und Ihr Mann und Ihre Söhne?«

Hilflos zuckte die Frau mit den Schultern.

»Hat Tessa denn auch später nie etwas davon erwähnt?«

Mary schüttelte den Kopf. Dann fischte sie hinter dem Kissen, das sie sich als Rückenstütze drapiert hatte, ein Taschentuch hervor und schnäuzte sich.

»Wann sollte sie es denn erwähnt haben? Wir haben uns nicht mehr gesprochen, seit sie uns verlassen hat.«

»Seit dreißig Jahren nicht mehr?«

Grace klang ungläubig, doch so ungewöhnlich war ein solches Verhalten nicht. Es war unter Verwandten verbreiteter, als man annehmen würde. Sturheit und Verstocktheit waren kein Privileg irischer Traveller. Oft änderte nicht einmal das Totenbett etwas daran.

»Was ist aus dem Kind geworden?« Die vorher schroffe Frau klang plötzlich um einiges weicher und zugänglicher. Sie knetete pausenlos ihre Finger im Schoß.

»Das wissen wir nicht. Noch nicht, Mrs Keane«, erwiderte Grace. »Tessa hat damals eine schwere Geburt durchgemacht, bei der sie selbst fast ums Leben gekommen wäre. Man hat ihr gesagt, das Kind sei gestorben. Wir haben jedoch Grund zu der Annahme, dass das Mädchen überlebt hat und bei einer Adoptionsfamilie aufgewachsen ist. Der verstorbene Vater, Michael Lynch, war seit Kurzem offenbar auch dieser Meinung und hat diesbezüglich Nachforschungen angestellt. Und dann wurde er ermordet.« Grace stand auf und hob die Scherben der Tasse auf. Vorsichtig legte sie den Haufen auf den Tisch.

»Danke. Haben Sie den Mörder gefasst?«

Grace verneinte. »Wir stecken noch mitten in den Ermittlungen. Ich hatte gehofft, dass Sie vielleicht irgendetwas wissen, was für uns nützlich sein könnte, Mrs Keane.«

»Und was sollte das sein?«

Die alte Frau schaute sich um, als suchte sie etwas. Grace blieb unschlüssig stehen. Mehr würde sie von Tessas Mutter nicht erfahren, das wusste sie. Dennoch hatte sich der Weg hierher mehr als gelohnt, hatte er ihr doch einiges über die familiären Strukturen der Keanes verraten.

Grace schaute kurz auf ihre Uhr. Dann griff sie in ihre Tasche und zog eine Visitenkarte heraus.

»Hier ist meine Nummer. Rufen Sie mich an, wenn Ihnen noch etwas einfällt.«

Mary Keane ergriff die Karte und steckte sie in die leicht ausgebeulte Brusttasche ihrer geblümten Bluse. Sie schaute Grace an, als wollte sie doch noch etwas loswerden. Seit der Erwähnung des Kindes wirkte sie zu Graces Verblüffung weit weniger abweisend.

»Mein Sohn Michael hat Lynch vor ein paar Wochen zufällig getroffen. Er ist ihm wohl bei irgendeiner interessanten Gelegenheit über den Weg gelaufen, hat er mir erzählt. Ich krieg's im Moment nicht mehr zusammen, was es war. Aber ich werde ihn fragen.«

Grace lächelte. »Danke, Mrs Keane.« Sie merkte, dass die Frau schon wieder in Gedanken versunken war.

»Wo, sagten Sie, lebt Ihr Sohn im Moment?«

»Beide Söhne leben dort, Donal auch. Das Camp ist in der Nähe von Clones. Im County Monaghan.«

29

Kurz darauf stand Grace im verwilderten Vorgarten des alten Herrenhauses der O'Malleys. Die Bezeichnung Vorgarten war jedoch reichlich untertrieben. Er wirkte fast wie ein Park, der allerdings lange sich selbst überlassen worden war. Das Gras war kniehoch. Alte Bäume streckten ihre unbeschnittenen Äste in alle Richtungen aus. Laubhaufen verströmten einen erdigen Geruch, der durch die feuchten Büsche drang. Die Zufahrt zum Haupteingang war ungefähr dreihundert Meter lang und führte in gerader Linie vom schmiedeeisernen Tor an der Straße bis zu dem grauen Herrenhaus. Grace hatte den Wagen absichtlich unten an der Straße stehen lassen, die zum alten Geisterdorf und dem Friedhof führte. Sie wollte den Weg, wie sie es als Kind oft getan hatte, bis zum Haus hinaufschlendern. Er kam ihr damals unbegreiflich lang vor und war heute sicher auf ein normales Maß geschrumpft. Würde es einmal eine Zeit für sie geben, in der der Weg sich wieder ausdehnen würde? Ihre Großmutter kam ihr in den Sinn. Sie hatte in den letzten Monaten vor ihrem Tod immer wieder darüber geklagt, wie weit der Weg zum Tor für sie sei. Zeit und Distanz waren merkwürdige Phänomene. Sie waren dehnbar, je nachdem, wer mit ihnen umzugehen hatte. Man sagte besonders den Menschen der irischen Westküste nach, dass sie ein unorthodoxes Verhältnis dazu besäßen, ein keltisches, das vom Kreis und nicht von der Linie geprägt sei. Das ließ vieles im Ungenauen.

An den kleinen Laubwald zur Bergseite hin konnte Grace sich überhaupt nicht mehr erinnern. Aber vielleicht hatte es den in ihrer Kindheit auch gar nicht gegeben oder er war über das Buschstadium damals noch nicht hinausgekommen.

Grace sog tief die reine, salzige Luft ein, die vom Atlantik gespeist war, der keinen Kilometer von hier hinter dem nächsten Bergzug krachend an die Felsen schlug. Sie versuchte, sich noch einmal auf den Fall zu konzentrieren, bevor sie ihrem Bruder gegenübertrat. Sie musste systematisch vorgehen und mit der Vergangenheit beginnen:

Vor über dreißig Jahren verliebten sich der Farmer Michael Lynch, der damals Mitte bis Ende zwanzig war, und das sechzehnjährige Traveller-Mädchen Tessa Keane. Ihre Eltern waren gegen diese Beziehung. Tessa verließ ihre Familie, zog zu ihrem Geliebten und wurde schwanger. Nun waren auch Michaels Eltern gegen die Verbindung. Unter diesem Druck ließ Lynch Tessa im Stich. Sie weigerte sich, zu den Eltern zurückzukehren, und bekam ihr Kind, ohne dass ihre Familie davon wusste, in St. Mary's in Castlebar. Es war ein Mädchen. Tessa sagte man, das Kind sei tot. In Wirklichkeit wurde es adoptiert. Und die Großmutter hatte keine Ahnung von diesem Kind.

Unter Graces Füßen knirschte der Kies, der früher vom Pächter ihres Großvaters jedes Frühjahr gesäubert und neu aufgeschüttet worden war. Jetzt war er schmutzig, mit großen nackten Flecken, die den rauen Boden durchschimmern ließen.

Grace konzentrierte sich jetzt auf die jüngsten Ereignisse, die zum Mord führten. Was bedeutet das alles für die Gegenwart? Und für die Nacht von Samhain? Michael Lynch mietet sich ein Haus von Walsh. Und ausgerechnet Molloy steigt im B&B von Maria ab. Kurzfristig vermietet Robert Gaynor sein Cottage an einen Unbekannten, den niemand zu Gesicht bekommt. Möglicherweise hat Moira, die gegenüber wohnt, etwas gesehen. Bei ihr würde Grace auf jeden Fall noch einmal nachhaken. Niemand sieht Molloy im Pub. Dafür wird das fünfte Kostüm geklaut, während die Müllbeuteltruppe nur zu viert unterwegs ist. Tessa spricht kurz vor Mitternacht im Pub mit Lynch. Kurz darauf verschwindet sie bis zum nächsten Morgen. Sie will im Haus von Walsh auf Lynch warten. Die vermummten Müllbeutel besuchen Patties Haus gegenüber. Dort sind sie allerdings zu fünft. War Molloy vielleicht der fünfte Mann? Im Garten streitet sich dann ein Müllbeutel mit Lynch – oder war es der Green Man gewesen? Pattie spricht mit dem Green Man, der sich nach Lynch erkundigt. Lynch ist kurz darauf bei Moira und sucht den Rest der Müllbeuteltruppe. Grace hält kurz inne. Wenn er sich gerade mit einem von ihnen gestritten hat, kommt ihr das unsinnig vor.

Dann kehrt Lynch wieder um und wird auf dem Weg nach Hause erdrosselt. Beim Fundort der Leiche liegt ein Stück des Green-Man-Kostüms. Das fünfte Kostüm der Müllbeuteltruppe landet bei Walsh.

Molloy schläft in der Nacht im Bett des B&B. Tessa wartet auf Lynchs Rückkehr und hört draußen Schritte. Sie schläft im Sessel ein. Aber kein Zeuge kann diese Aussagen wirklich bestätigen. Tessa und Molloy behaupten das nur. Ob die beiden sich wohl kennen? Das muss Grace herausfinden. Vielleicht gibt es zwischen der Musikerin und dem Hundetrainer eine Verbindung, die ihr bisher entgangen ist?

»Tante Grace!«

Declan stand auf der obersten Stufe vor dem Haupteingang, strahlte und winkte ihr zu. Grace blieb vor der breiten Treppe stehen, die zu dem Herrenhaus hinaufführte. Sie winkte zurück.

»Bleibst du diesmal länger?«, rief ihr der Neffe entgegen. Sie lächelte und schüttelte bedauernd den Kopf. »Dad ist nicht da, nur Mum!«

Das ist gar nicht so schlecht, fand Grace.

»Kann ich dir etwas zeigen, Tante Grace?« Er sprang die paar Stufen herunter und umarmte sie. Für einen irischen Jungen zeigte er erstaunlich wenig Schüchternheit, was ihr gefiel.

»Klar, Declan.«

Er schaute sie verschmitzt und voller Vorfreude an. »Bleib hier, ich bin gleich wieder da!«

»Soll ich die Augen zumachen?«

Er zögerte einen Moment. »Nee.« Dann rannte er hinter das Haus.

Wenig später tauchte Declan wieder auf, er verbarg etwas in den Händen. Grace blinzelte und versuchte vergeblich zu erkennen, was es war.

Schließlich stand er, vor Aufregung leicht zitternd, neben ihr und streckte ihr etwas entgegen. Er ließ es vorsichtig in ihre Finger gleiten.

»Huch! Was ist das denn?« Es war warm und weich, bewegte sich und zitterte.

»Ein Hamster! Tante Grace! Super, was?«

»Gehört der dir?«

Declan sah traurig aus. »Leider nicht. Ich pass für Adam auf ihn auf. Er meint, wir müssen den Hamster eine Zeitlang aus dem Verkehr ziehen. Bis sich die Situation etwas beruhigt hat. So was kennt ihr sicher bei Garda.«

Grace nickte zustimmend und streichelte das verschreckte Tier in ihrer Hand sanft mit dem Zeigefinger. »Und warum muss sich die Situation beruhigen?«

Declan grinste breit. »Also, das ist eigentlich ganz einfach: Mein Freund Fergus hatte den Hamster und Jack wollte auch unbedingt einen haben. Es gab aber nur einen in Westport im Laden. Verstehst du?«

Grace nickte und versuchte dem sandfarbenen Tier in die Knopfaugen zu schauen.

»Als Fergus den Hamster gekauft hat, war Jack voll wütend und wollte das Tier entführen. Dann brach sich Fergus aber den Fuß, und als rauskam, dass Jack da wohl nachgeholfen hatte, hat er ziemlich Ärger bekommen. Ist ja wohl klar.«

Grace machte ein nachdenkliches Gesicht. »Okay, verstehe. Und wieso hat Adam jetzt den Hamster?«

Declan machte ein entrüstetes Gesicht. »Du sagst es aber niemandem weiter, versprochen, Tante Grace?«

»Versprochen.« Sie hob ihre Hand.

»Eigentlich steckt nämlich Adam hinter allem. Der hatte noch 'ne alte Rechnung mit Jack offen und hat so getrickst, dass alle Welt jetzt glaubt, Fergus ist an allem schuld. Gut, nicht?«

Grace schwieg abwartend. Dann räusperte sie sich. »Alles aus Rache?« Declan spitzte seine Lippen. »Nee. Nicht nur. Fergus hat rausgekriegt, dass Adam bei Tommys in Keel regelmäßig Limo mitgehen lässt, wenn er dort beim Auffüllen hilft. Und er hat gedroht, Adam bei Tommy zu verpfeifen.«

Graces Augen weiteten sich. Ihr Neffe hatte sich in der kurzen Zeit auf Achill erstaunlich schnell eingelebt, wenn er schon in solche Machenschaften verwickelt war.

»Da hat Adam einfach zwei Fliegen mit einer Klappe geschlagen.«

Grace nickte, es war einleuchtend.

»Er hat Fergus mit seiner Erpressung ausgeschaltet und sich gleichzeitig endlich an Jack gerächt. Nicht schlecht, was?«

Grace musste schmunzeln und gab ihm den Hamster zurück.

Declan betrachtete den Nager zärtlich. »Und dann hat er auch noch den Hamster abgeschleppt. Wahnsinn.«

30

Am Nachmittag saß Grace im Spaniard's Head, um mit Rory ihre To-do-Liste durchzugehen, die sie auf der Rückfahrt von Achill aufgestellt hatte. Das Gespräch mit Oonagh hatte nicht viel gebracht. Grace hatte ihr nur geraten, Dara davon abzuhalten, sich in den Streit zwischen den Dorfbewohnern und den Travellern einspannen zu lassen. Oonagh hatte ihr beigepflichtet. Sie hatte immens erschöpft gewirkt, doch auf Graces Nachfrage, ob das allein dem Umzug zuzuschreiben sei, war die Schwägerin ausgewichen. Offenbar gab es noch etwas, was Oonagh bedrückte und von dem Grace nichts wusste, da war sie sich sicher. Sie hatte ihrer Schwägerin daraufhin versprochen, am folgenden Wochenende wieder zu Besuch zu kommen, falls die laufenden Ermittlungen es zuließen.

Bob, der junge Mann hinter der Bar, der Fitz seit vergangenem Sommer behilflich war, hatte ihnen gerade ihre zwei Sandwiches hingestellt. Rory griff sofort nach seinem Durrus-mit-rotem-Zwiebelchutney-Brot und biss hungrig hinein.

»Oh, dieser Durrus hat den perfekten Reifegrad und das Chutney, Grace – ein Traum!« Er leckte sich die Lippen.

Die Kommissarin lachte und nahm nun ebenfalls einen Bissen von ihrem Körnerbrot mit hauchdünn geschnittenem Connemara-Lammbraten und einer Mayo-Minz-Mostarda.

»Fitz bewegt sich mit seinen Butterbroten wirklich langsam in die Top-Sandwich-Liga von Galway«, bemerkte Rory augenzwinkernd, ehe er ein weiteres Mal hineinbiss.

Dann berichtete Grace ihm von ihrem Besuch bei Mary

Keane am Vormittag. Dass sie ihre Tochter damals angeblich nach Hause holen und nichts von ihrer Schwangerschaft gewusst haben wollte.

»Ihre Söhne leben in einem Camp in der Nähe von Clones in Monaghan. Klingelt da was bei dir? Am besten, du fährst da mal hin. Telefonisch würde das sicher wenig bringen. Aber ich muss wissen, was ihr Sohn Michael, der ältere der beiden, von Michael Lynch hielt, dem er dort wohl erst kürzlich begegnet ist. Vielleicht hat er ihm ja etwas gesagt, das uns weiterhilft.«

Rory nickte bedächtig. »Wenn er wirklich mit Michael Keane geredet hat. Aber gut, ich fahre selbstverständlich hin. Was hast du vor?«

»Ich muss noch mal rüber nach Inis Meáin«, sagte Grace. »Moira Farrell hat zwei Mal versucht bei mir anzurufen, ohne eine Nachricht zu hinterlassen. Die weiß mit Sicherheit mehr, als sie zugibt. Vielleicht auch mehr, als ihr selbst bewusst ist. Ich könnte mich ärgern, dass ich da nicht gründlich genug nachgehakt habe.«

»Wann willst du hin?« Er schleckte seinen Zeigefinger ab, auf den Chutney getropft war, und schaute sie dann aufmerksam an.

»Gleich morgen früh. Ich habe schon den ersten Flieger gebucht«, erwiderte Grace. »Außerdem muss ich die Aufenthaltsangaben von Marten Molloy noch mal genau überprüfen. Er ist der Einzige mit einem einigermaßen plausiblen Tatmotiv, der vor Ort war. Und er hat auch kein wasserdichtes Alibi für die Tatzeit.«

»Ein Motiv, das aber wirklich auf wackligen Beinen steht, Grace. Wir müssen unbedingt bald Klarheit über den echten Wert des Grundstücks bekommen. Sag ich doch.- Aber warte mal, ich habe da auch was.«

Die Kommissarin lächelte und nahm einen Schluck Kaffee. »Und was ist es, Rory?«

»Einen Anruf von Peter.«

»Oh.« Mehr bekam sie nicht heraus, während sie plötzlich interessiert ihr Pad fixierte.

Rory schien ihr anzumerken, dass sie diese Nachricht irritiert hatte. Normalerweise rief Peter Grace an und nicht Rory.

»Er hat dem Politiker Finbar Ward in Leenane einen Besuch abgestattet und der hat ihm wohl gesteckt, dass in dem Stück Land, um das es hier geht, irgendwas unter der Erde liegt. Was wohl jeder wusste. Und dass sich Lynch und Molloy deshalb darum gestritten haben.«

»Was auch jeder wusste. Was sollte denn daran neu sein?« Graces Stimme klang ungehalten.

Rory wischte sich die Finger mit der kleinen Papierserviette ab, die unter dem Brot auf dem Teller gelegen hatte. Dann konnte er nicht mehr an sich halten. »Warum hat er eigentlich nicht gleich dich angerufen?«

Grace antwortete ausweichend. »Wahrscheinlich war meine Mailbox voll. Ich war ja auf Achill.«

Das war keine Antwort auf seine Frage, doch sie hoffte, dass er nicht weiter bohren würde, und sprach ein anderes Thema an.

»Ist die Nachricht von unserem Notar inzwischen eingetroffen, wer der ursprüngliche Erbe von Lynch war?«

Rory schüttelte den Kopf. »Lass mal deine To-do-Liste sehen, bitte.«

Sie schob ihm das Pad hin und er beugte sich darüber.

»Soll ich deswegen noch mal nach Clifden zu Tessa Keane fahren?« Er hob seinen Kopf und tippte auf eine Notiz.

»Hi! Ihr seid hier! Darf ich mich zu euch setzen?« Eine helle Stimme schallte durch den niedrigen Schankraum des Spaniard's Head, der um diese Uhrzeit fast leer war.

Rory und Grace schauten in die Richtung, aus der das

eben gekommen war. Aisling O'Grady, die Gerichtsmedizinerin, stand in der Verbindungstür zur Bar und hielt ein Glas Wasser und eine Packung Nüsse in der Hand.

Sie winkten sie zu sich.

»Wir sind nicht mehr lange da, Aisling. Verspätete Mittagspause.« Grace lächelte sie an.

Die Medizinerin ließ sich auf den Polsterstuhl neben Rory fallen und stellte ihren mageren Proviant auf den Tisch.

»Schön, dich zu sehen. Wie geht es dir?«

Aisling zog umständlich ihre Daunenjacke aus und hängte sie über den Stuhl. »Danke. Geht so.«

»Und deinem Vater?« Rory wusste, was in ihrem Fall angemessen war.

Einen Moment lang schaute sie fast versonnen vor sich hin. In ihrem sommersprossigen Gesicht, das fein geschnitten war, spiegelte sich eine Spur Ratlosigkeit.

»Ich glaube, es geht ihm ähnlich wie mir. Wir vermissen sie furchtbar. Es geschah alles so plötzlich, Rory.«

Nun merkte Grace, dass die junge Ärztin mit den Tränen kämpfte. Sie riss schnell die Tüte mit den Nüssen auf und kippte sie sich in den offenen Mund. Dann verschluckte sie sich. Sie spülte mit dem Mineralwasser nach, sodass der Husten allmählich verebbte. Alle schwiegen. Grace tippte etwas in ihr Pad.

Aisling warf einen kurzen Blick auf Graces Pad, das immer noch schräg vor Rory lag.

»Oh«, entfuhr es ihr und dann beugte sie sich näher heran, um besser lesen zu können, was Grace notiert hatte. »Ich will ja nicht neugierig sein, aber da steht ›St. Mary's in Castlebar‹. Das ist ja komisch.«

Plötzlich ertönte eine vertraute Stimme. »Wie schön, euch zu sehen!«

Fitz war hinter ihnen aufgetaucht.

Grace war hocherfreut, ihn zu sehen. Trotzdem wollte

sie unbedingt noch ungestört ein Wort mit Aisling wechseln.

»Geh du schon mal vor, Rory«, sagte sie und warf ihm einen flehenden Blick zu.

Rory schnappte sich Fitz und verwickelte ihn in ein Gespräch über die irische Käseproduktion, besonders die Highlights, die aus West Cork stammten, wie der eben genossene Durrus, und so fand sich Grace eine Minute später mit der Nüsse kauenden Gerichtsmedizinerin allein am Tisch.

Die Kommissarin atmete tief ein. Aisling warf ihr einen Blick zu, der ihre Unsicherheit verriet.

»Weshalb interessierst du dich für St. Mary's?«, fragte Grace.

»Tue ich nicht.« Die junge Frau knüllte den leeren Beutel zusammen und verstaute ihn in ihrer Hosentasche.

»Aisling.« Grace beugte sich zu ihr hinüber und legte ihr eine Hand auf die Schulter.

Die andere vermied es, sie anzusehen. Grace musterte sie aufmerksam und registrierte die Tränen, die sich in den großen Augen ihrer Kollegin sammelten. Schließlich drehte sie sich zu Grace und schluckte.

»Das ist die Adoptionsstelle der katholischen Kirche für die Provinz Connacht gewesen.« Aislings Stimme klang heiser.

»Da gehört auch ein Krankenhaus dazu.«

Aisling nickte. »Ich weiß. Ich bin dort geboren.«

»Du bist adoptiert worden?«

Nach langen Sekunden blickte die Medizinerin zu Boden.

»Das ist nichts, wofür man sich zu schämen braucht, Aisling, ich ...« Grace brach ab, da sie merkte, dass die andere ihr gar nicht zuzuhören schien.

Dann setzte die Kommissarin neu an. »Seit wann weißt du es?«

»Seit drei, vier Tagen oder so. Ich erfuhr es an dem Tag, als meine Mutter starb. Ich suchte ihre medizinischen Unterlagen und fand St. Mary's.«

»Willst du jetzt nach deinen biologischen Eltern suchen?«

Die Medizinerin schaute sie abwartend an und schwieg.

»Als adoptiertes Kind hat man in Irland das Recht zu erfahren, wer die leiblichen Eltern sind, zumindest, wer die Mutter ist.«

Aisling stand auf und packte ihren bunten Rucksack, der Grace immer an einen Kinderrucksack erinnerte. Dann hielt sie inne und schaute die Kommissarin an, die ebenfalls aufgestanden war. Sie standen sich nun nah gegenüber.

»Das läuft alles schon.«

Grace blickte sie fragend an.

Aisling lachte zum ersten Mal an diesem Nachmittag. »Na, der Antrag. Mein Antrag als adoptiertes Kind. Ich habe sofort alle Formulare runtergeladen und ausgefüllt. Mein Vater unterstützt mich voll und ganz. Er versucht jetzt, sein ewiges Schweigen wettzumachen, und hat mir alle notwendigen Unterlagen zur Verfügung gestellt. Ich habe ihn natürlich immer noch lieb, so wie meine Mutter, die gestorben ist. Und Dad liebt mich auch.«

Kaum hatte sie das ausgesprochen, klammerte sie sich an Grace, legte ihren Kopf auf die Schulter der etwas Größeren und schluchzte los. Grace hielt sie fest.

31

»Sind Sie die Polizistin vom Morddezernat, die neulich mit Moira gesprochen hat?«

Grace wollte gerade nach Hause gehen, als der Anruf sie erreichte. Eine weibliche Stimme schrie ins Telefon. Grace bejahte und warf einen genervten Blick auf die Uhr. Es war kurz nach acht Uhr abends, stockdunkel und es regnete in Strömen.

»Mit wem spreche ich, bitte?«

»Mit Myrtle.« Obwohl Myrtle kein häufiger Name in Irland war, gab es sicher zahlreiche Myrtles auf der Grünen Insel oder gar in Connacht.

»Und wie kann ich Ihnen helfen, Myrtle?«

Grace unterdrückte ein Gähnen und beschloss, sich erst einmal nicht für Myrtles Nachnamen zu interessieren. Sie sehnte sich nach einem heißen Bad und einem gemütlichen Bett. Morgen musste sie ganz früh raus und es würde sicher wieder ein anstrengender Tag werden.

»Ich bin die Freundin von Moira Farrell, mit der Sie gesprochen haben«, sagte sie und fügte dann nach einer kleinen Pause hinzu: »Die Katzen haben Hunger.«

Grace machte die Augen zu und hielt sie einen Moment lang geschlossen. Sie atmete tief durch. In Kopenhagen, wo sie die letzten Jahre gearbeitet hatte, würde keiner der Kollegen ihr so etwas glauben. Dort gab es auch unglaubliche Dinge, aber Wikinger-Wahnsinn war eine andere Sache. Das hier klang entschieden nach keltischem Wahnsinn.

»Und können Sie die Katzen nicht füttern, Myrtle?«

Einen Moment lang herrschte Stille in der Leitung, in

der es nur ab und zu knackte. Dann ertönte wieder die laute Stimme

»Aber genau deshalb rufe ich Sie ja an. Das macht Moira sonst immer. Seit sechzig Jahren macht sie das und sie ist da sehr verlässlich. Nie muss eine ihrer vielen Katzen hungrig auf die Pirsch gehen oder in der Nachbarschaft betteln. Als Moira vor achteinhalb Jahren für eine Woche nach Galway ins Hospital musste, hatte sie alles wunderbar organisiert, damit die Katzen gut versorgt waren und …«

In diesem Moment kapierte Grace, worum es ging. »Myrtle – ist Moira etwa verschwunden?«

»Das hat aber gedauert, Guard.«

Eine knappe Stunde später hoben Grace und ihre junge Kollegin Sergeant Sheridan mit dem Einsatzhelikopter in Richtung Inis Meáin ab. Sheridan war als Einzige noch in der Zentrale greifbar gewesen und hatte sich sehr gefreut, dass Grace sie so unplanmäßig zur Ermittlung mitnahm. Ob die alte Dame tatsächlich verschwunden war, wusste Myrtle dann doch nicht mit Sicherheit zu sagen. Fest stand, dass sie lange niemand gesehen hatte. Alle drei Katzen hatten sich am Abend vor der Haustür versammelt und irgendwann angefangen kläglich zu miauen. Das hatte schließlich Robert Gaynor auf den Plan gebracht, der die Gewohnheiten seiner Tante kannte und sich genau wie die Katzen wunderte. Moira hatte die Tür abgesperrt, was sie sonst nie tat. Auch die Hintertür, die man nur vom Garten aus erreichen konnte. Robert war verunsichert, denn auf der Insel schloss niemand tagsüber ab, es sei denn, man wollte Inis Meaín für mehr als ein paar Tage verlassen.

Für Notfälle hatte Moira vor einem halben Jahrhundert einen Ersatzschlüssel unter einem Zinneimer neben dem Schuppen deponiert.

Diesen Platz hatte Robert schon als Kind gekannt. Er fand den Eimer immer noch an der gleichen Stelle wie damals. Doch ein Schlüssel war nicht darunter. Das war der Zeitpunkt, als sie, mittlerweile zu sechst, anfingen an Fenster und Türen zu klopfen und laut nach Moira zu rufen. Die Katzen hüllten sich ob des menschlich verursachten Lärms in aufmerksames Schweigen. Die Vorhänge zur Straße hin waren zugezogen, was sie ebenfalls alle stutzig machte. Moira zog ihre Vorhänge normalerweise nicht zu. Sie hätten sogar geschworen, dass Moira gar keine besaß.

Robert Gaynor beschloss, Moiras beste Freundin Myrtle zu befragen. Er rief sie an, doch sie wusste nichts über Moiras Verbleib. Sie war sofort sehr aufgeregt und bestand darauf, umgehend vorbeizukommen, um sich an der Suche zu beteiligen.

Als Kieran O'Dowd vorschlug, die Tür einzutreten, da Moira ja etwas zugestoßen sein könnte und sie vielleicht hilflos im Haus lag, zog Robert die Visitenkarte der Dame von Garda Galway hervor, und Myrtle übernahm, ohne zu zögern, den Anruf.

Glücklicherweise waren Grace und ihre junge Kollegin aus dem Morddezernat bereits auf dem Weg hierher. Als sie vor Moiras Haustür eintrafen, standen Robert und Myrtle dort im Dunkeln Wache, die anderen hatten sich unschlüssig auf der Straße vor dem Haus versammelt. Die Kommissarin hatte zusätzlich zwei Sanitäter informiert, falls der alten Dame im Haus etwas zugestoßen war. Die beiden selbst ernannten Wächter berichteten ihnen, was vorgefallen war, und warteten gespannt auf die nächsten Schritte der Polizeibeamten. Doch Grace schickte sie nur umgehend nach Hause, woraufhin sie alle sechs in Roberts Haus schräg gegenüber pilgerten, um von dort aus alles Weitere im Auge zu behalten.

Sie waren noch nicht ganz durch Roberts Haustür verschwunden, als Sheridan bereits Moiras Tür mit einem Dietrich geöffnet hatte.

»Sie sind aber flott, Sergeant!«, rief Grace, die mit ihrer Taschenlampe kurz in den Schuppen nebenan geleuchtet hatte und gerade um die Ecke bog. »Wie heißen Sie eigentlich mit Vornamen?«

Die junge Frau aus Roscommon, die im Sommer ihre erste Stelle als Sergeant in Galway angetreten hatte, lächelte stolz. »Kinderspiel. Und ich heiße Siobhan, Ma'am.«

»Gut, ich bin Grace. Das Ma'am lassen wir mal.« Vorsichtig schob Grace sich an der Kollegin vorbei und suchte den Lichtschalter im Hausflur. Sie knipste ihn an, aber nichts geschah. Grace richtete den Strahl ihrer Lampe nach oben und bemerkte, dass keine Glühbirne in der Fassung steckte.

»Hm, das könnte Zufall sein. Moira machte mir nicht unbedingt den Eindruck, als ob sie gleich ihren Neffen rufen würde, wenn eine Birne kaputt wäre. Ich halte sie eher für eine Dame, die den Zustand eines defekten Teils eine Zeitlang reifen lässt, bevor sie Maßnahmen ergreift. Kommen Sie mit, Siobhan.«

Vorsichtig bewegten sich die beiden Frauen durch den schmalen Korridor auf den hinteren Teil des Hauses zu, der in solchen Häusern immer die Küche beherbergte. Grace drückte die Klinke herunter und schob mit dem Fuß die Tür auf. Gleichzeitig zogen beide Guards ihre Waffen. Siobhan Sheridan fingerte mit der linken Hand an der Wand herum, um den Lichtschalter zu finden. In diesem Augenblick strich ihr etwas um die Beine. Sie schrie auf und sprang ein Stück nach hinten.

»Was war das?«

Grace überlegte kurz. »Wahrscheinlich die Katzen. Sie müssen hinter uns ins Haus geschlüpft sein, als wir die Tür geöffnet haben.«

»Ach so.«

Kurz darauf hörte Grace, wie die junge Kollegin aufgeregt nach Atem schnappte.

»Hier stimmt etwas nicht, Superintendent. Dieser Geruch.«

Den hatte auch Grace sofort wahrgenommen. Es war der metallische Geruch von Blut. Der Strahl ihrer Taschenlampe streifte den großen Küchentisch und die Stühle, die darum gruppiert waren. Gespenstisch blieb der fahle helle Streifen an einem dunklen Haufen hängen, der auf dem Boden lag. Alle drei Katzen waren bereits dort angekommen und rieben sich an dem undefinierbaren Bündel. Dabei stießen sie laute Klagelaute aus, sodass Grace das Blut in den Adern gefror.

»Verdammt, wo ist das Licht?«, fluchte die Kommissarin und fuhr hektisch mit dem Taschenlampenstrahl die Wand entlang, bis sie den altmodischen Knopf mit der schwarzen Bakelitumrandung erspähte.

Als eine Sekunde später die Küche hell erstrahlte, sah Grace, wie Sergeant Sheridan auf allen vieren auf den Haufen am Boden zurobbte.

»Was machen Sie da? Hören Sie auf, die Spuren zu verwischen!«

Die junge Kollegin hielt inne und zeigte entsetzt mit der ausgestreckten Hand auf das Bündel vor ihr.

»Blut«, flüsterte sie. »Sehen Sie, da ist überall Blut. Die Leiche schwimmt im Blut. Und keine der Katzen rührt es an. Ist das nicht sonderbar? Man würde doch meinen, dass sie zumindest daran schnüffeln, oder? Stattdessen schreien sie, weil sie fassungslos sind.«

32

Ganz Inis Meáin stand unter Schock. Wenig später erschienen Rory, die Gerichtsmedizinerin und drei Kollegen der Spurensicherung, die mit einem weiteren Einsatzhubschrauber auf die Insel gelangt waren. Robert Gaynor schluchzte unkontrolliert und wischte sich mit einem feuchten Taschentuch sein Gesicht ab. Moira sei für ihn wie eine Mutter gewesen, seit er seine eigene früh verloren habe, erklärte er dem Team von Gardai immer wieder.

Myrtle war kreideweiß und sagte überhaupt nichts. Grace wollte sie als Erstes verhören. Beste Freundinnen standen als nützliche Zeugen bei der Kommissarin ganz weit oben auf der Liste. Ihnen vertraute man in Irland meist mehr als dem eigenen Ehemann an. Moira hatte zwar keinen mehr, aber mit Myrtle hatte sie in den letzten siebzig Jahren offenbar mehr Zeit verbracht als mit irgendeinem anderen Menschen.

Grace bat sie, sich zu setzen. Pattie Burke hatte ihr für die Vernehmung wieder ihr gemütliches Wohnzimmer zur Verfügung gestellt und sie mit Tee sowie selbst gebackenen Ingwerkeksen versorgt. Im Kamin loderte ein Torffeuer, das anheimelnd knackste.

Die ersten Nachforschungen hatten ergeben, dass Moira das letzte Mal um zwölf Uhr mittags im Laden mit der kleinen Poststelle gesehen worden war, als sie einen Brief mit Überporto aufgegeben hatte und ein großes Paket Trockenfutter für ihre Katzen kaufte.

»Wann haben Sie sie zuletzt gesprochen, Myrtle? War das danach gewesen?«

Energisch schüttelte Myrtle den Kopf. »Ich wollte gegen halb zwei mit ihr sprechen. Da hab ich zum ersten Mal versucht sie anzurufen.« Sie hob ihren Blick und starrte ins Leere. »Aber niemand nahm ab.«

»War das ungewöhnlich?«

»Ja.«

Stille trat ein und Grace wartete. Wie sie vermutet hatte, nahm Myrtle den Faden selbst wieder auf.

»Ich kannte Moiras Gepflogenheiten haargenau und hätte nicht versucht, sie telefonisch zu erreichen, wenn klar gewesen wäre, dass sie nicht abnehmen würde. Das wäre doch vergeudete Mühe gewesen. Oder, Superintendent?«

Grace seufzte zustimmend.

»Um die Zeit hätte sie normalerweise ihr kleines Lunch gegessen, die Zeitung gelesen und dann zusammengelegt. Zu dieser Jahreszeit hätte sie wahrscheinlich schon den Kamin entzündet und es sich am Tisch mit ihren Zeitschriften und einer Tasse Tee gemütlich gemacht.«

Grace war beeindruckt. Moiras Tagesablauf schien immer gleich oder ähnlich abgelaufen zu sein. Für polizeiliche Ermittlungen ein Riesenvorteil, weil jede noch so geringfügige Abweichung etwas bedeuten konnte.

»Um halb zwei hätte sie also zu Hause sein müssen?«

Myrtle nickte und hielt sich dabei krampfhaft an der Stuhllehne fest, als ginge es ihr nicht gut. Grace machte sich Notizen.

»Hat sie in der letzten Zeit irgendetwas erwähnt, was Ihnen wichtig erscheint, besonders natürlich vor dem Hintergrund des Verbrechens?« Sie korrigierte sich. »Der beiden Verbrechen.«

Myrtle dachte nach. Schließlich, nach einer schier endlosen Pause, antwortete sie.

»Sie hat vor Kurzem bei mir übernachtet, weil es so stark

geregnet hat. Das war nach dem Mord an dem Farmer während Samhain.«

Grace schaute sie erwartungsvoll an.

»Da erwähnte sie, dass Mimi im Cottage ihres Neffen etwas gefunden habe.«

»Mimi?«

Myrtle warf ihr einen Blick zu, der leise Verachtung verriet.

»Eine von Moiras Katzen. Die kommt viel herum. Sie wissen schon.«

Grace wusste nicht, erwiderte aber vorsichtshalber nichts.

»Die hatte wohl etwas aufgestöbert.«

»Und was war das?«

Bedauernd hob die alte Dame beide Hände vor die Brust.

»Tut mir leid, Superintendent, das weiß ich nicht. Aber Moira war sich sicher, dass sie weiß, wem es gehört. Nur ergab das für sie keinen Sinn, sagte sie noch.«

Wieder breitete sich Stille aus.

»Sonst noch etwas?« Grace hatte den Eindruck, dass Moiras Freundin irgendetwas zurückhielt.

Myrtle schaute auf den Tisch und verneinte. Die Kommissarin sah auf ihre Uhr und stand schließlich auf. Vielleicht täuschte sie sich ja auch.

»Ich danke Ihnen.« Sie gab ihr ihre Visitenkarte.

»Wenn Ihnen noch etwas einfällt, rufen Sie mich auf jeden Fall an. Und wie lautet Ihr Nachname, Myrtle? Das müsste ich noch wissen, für das Protokoll.«

Die alte Dame stand plötzlich stramm wie ein Zinnsoldat, als sie antwortete: »Ich heiße Myrtle O'Malley.«

»Oh«, entfuhr es Grace unwillkürlich. Dann lächelte sie ein warmes Lächeln.

»Weder verwandt noch verschwägert«, setzte die alte Dame hinzu. »Oder es liegt sehr lange zurück.«

Myrtle stand noch einen Moment unschlüssig im Zimmer, als sie erneut zu sprechen begann.

»Da war noch etwas, worauf ich mir keinen Reim machen konnte, Guard.« Ihre Stimme klang zögerlich.

Grace war schon dabei, ihre Unterlagen einzupacken, und hielt inne. Also doch.

»Ja?«

»Es geht um Paddy von der Fähre. Moira sagte, sie müsse noch mit ihm reden, vielleicht würde das dann alles erklären.«

Überrascht hob Grace die Augenbrauen.

Myrtle nickte hastig. »Sehen Sie, genau das war auch meine Reaktion darauf. Aber Sie kannten Moira nicht genug.«

Grace erinnerte sich lebhaft an das merkwürdige Verhör mit der alten Dame, die ihr absolut klar und präzise in ihren Aussagen und gleichzeitig komplett verschroben vorgekommen war.

»Sie haben recht, ich habe leider nur einmal mit ihr gesprochen.«

Myrtle bückte sich, um ihre bequemen weiten Hosenbeine mit jeweils einer Wäscheklammer zu justieren. Vermutlich in Vorbereitung für ihren Heimweg mit dem Fahrrad. Als sie sich wieder aufrichtete, war ihr Gesicht leicht gerötet.

»Moira wusste immer genau, wovon sie sprach, und nichts, Guard, absolut nichts, was sie jemals gesagt hat, war zufällig dahingeplappert. Bei meiner Freundin ergab immer alles einen Sinn, auch wenn er nicht sofort zu erkennen war. Und nun …« Hier brach ihre Stimme abrupt und Tränen liefen ihr über das Gesicht. »Und nun hat jemand sie brutal ermordet.«

33

»The Witch's Hand« stand über dem Eingang des Pubs am kleinen Marktplatz von Clones. Rory schmunzelte, während er darauf zusteuerte. Hexen tauchten in Irland eher selten auf. In einem Land, das bis heute von mehr oder weniger aktiven keltischen Göttern bevölkert und behütet wurde, hatten Hexen immer einen schweren Stand gehabt. Hexenprozesse hatte es daher auch so gut wie keine auf der Grünen Insel gegeben. Nicht dass er das bedauerlich fand. Lediglich Youghall an der irischen Südküste konnte einen vorweisen, das wusste Rory aus dem Geschichtsunterricht. Hier oben in Monaghan, nur einen Steinwurf von der Grenze zum protestantischen Norden entfernt, lagen die Dinge offenbar anders. Rory schaute sich neugierig um, als er den Pub betrat.

Sofort drehten sich alle, die an der Theke standen, zu ihm um und taxierten ihn schweigsam und abwartend.

Er hatte seine Uniform heute bewusst nicht angezogen. Obwohl sich seit dem Friedensvertrag von 1998 das Verhältnis zwischen der Republik Irland und dem Teil des Vereinigten Königreiches, das Nordirland genannt wurde, einigermaßen entspannt und inzwischen fast normalisiert hatte, konnten Jahrzehnte gegenseitigen Misstrauens nicht einfach unter den Tisch gekehrt werden. Fremden stand man hier zwar durchaus freundlich gegenüber, aber die überschäumende irische Fröhlichkeit fiel in dieser Gegend manchmal etwas reservierter aus.

Rory bestellte sich, um nicht aufzufallen, ein schwarzes Stout und schaute auf die Uhr. Er war vor einer Viertelstunde im Traveller-Camp westlich von Clones aufgetaucht und hatte sich dort nach Michael Keane erkundigt. Nach anfänglichem Misstrauen, das jedem Vertreter von Garda entgegengebracht wurde, hatte man ihm versprochen, Michael, der im Augenblick unterwegs sei, in den Pub zu schicken. Und zwar so schnell wie möglich. Da das eine sehr vage Zeitangabe war, stellte er sich auf einen längeren Aufenthalt in diesem Pub ein.

Rory verzog sich in eine Ecke der Gaststätte, die um die Mittagsstunde kaum besetzt war, und beschloss, die Zeit zu nutzen, indem er seine noch leeren Zettelchen mit eng beschriebenen frischen Notizen versah.

Grace hatte ihm an diesem Morgen per Telefon von ihrem Verhör mit Myrtle berichtet.

Rory nahm einen guten Zug aus dem Glas und wischte sich mit dem Handrücken den Schaum vom Mund.

Was hatte Grace gesagt, wobei Lynch seine Finger im Spiel hatte? Rory kratzte sich hinter dem linken Ohr. Er hatte Anteile an einer Firma, die sich auf die Gewinnung von Metallen spezialisiert hatte. Excav 91, genau. Rorys kleine Schrift füllte im Nu den Zettel, den er vor sich auf den Tisch gelegt hatte.

Außerdem hatte Grace ihm erzählt, dass Pattie Burke völlig überrascht darüber gewesen sei, dass Lynch Tessa angeblich heiraten wollte. Der Farmer habe das ihr gegenüber mit keinem Wort erwähnt, obwohl sie sich in seiner Zeit auf Inis Meáin mehrfach alleine unterhalten hätten. Dabei sei sie von einem gewissen Vertrauensverhältnis ausgegangen, das sich über die Jahre zwischen ihnen entwickelt habe.

Rory kritzelte eifrig auf sein Notizzettelchen.

»Sind Sie Guard Coyne?«

Der Kommissar hob den Kopf und sah zu einem freundlich lächelnden, rothaarigen Mann auf, der sich zu ihm beugte. Er trug einen tadellos sitzenden Anzug unter einer dicken grünen Daunenjacke und seine blauen Augen strahlten. Rory lächelte zurück und nickte.

»Dann sind Sie wohl schon Michael Keane?«

Der Mann, der etwa in Rorys Alter sein musste, lachte. »Wieso schon?«

Rory machte eine wegwerfende Handbewegung. »Sie dürfen mich nicht wörtlich nehmen. Ich hatte nur nicht damit gerechnet, dass Sie so schnell hier sein würden. Bitte, setzen Sie sich.«

Keane wollte sich nur rasch an der Bar etwas zu trinken besorgen und verschwand in Richtung Tresen.

»So, jetzt stehe ich ganz zu Ihrer Verfügung.« Keane setzte sich mit einer Tasse Kaffee Rory gegenüber an den Tisch. Einige an der Bar hatten sich ungeniert zu ihnen umgedreht, als erwarteten sie eine Sondervorstellung. Rory ignorierte sie und Michael Keane ebenfalls. Er wirkte nicht nur sympathisch, sondern auch äußerst entspannt und zufrieden. Rory nahm noch einen Schluck von seinem Bier.

»Wir ermitteln im Mordfall Michael Lynch, von dem Sie sicher gehört haben.« Keane nickte. »Ihre Mutter sagte aus, dass Sie vor nicht allzu langer Zeit mit Lynch hier in Monaghan gesprochen haben. Ist das korrekt?«

»Das stimmt. Es war bei einer Anhörung wegen der Aktivitäten im Bogland zehn Kilometer von hier.«

»Wann genau war das?«

Keane überlegte. Er trank einen Schluck Kaffee, nachdem er sich zwei Päckchen Zucker hineingerührt hatte.

»Das muss etwas über vier Wochen her sein. Aber Sie können es ja nachprüfen. Es war eine öffentliche Veranstaltung.«

»Um welche Aktivitäten handelte es sich dabei?«

Keane hob flüchtig die hellen Augenbrauen. »Um Bodenarbeiten. Abräumung. Eine Firma …«

»Die Hibernian Earth?«, unterbrach Rory ihn.

Der andere nickte bedächtig.

»Entschuldigen Sie, fahren Sie bitte fort.«

»Gut, die Hibernian Earth hat die Genehmigung bekommen, hier im Moor nach Seltenen Erden zu graben, beziehungsweise abzuräumen. Dabei ist das hier wertvolles Blanket Bog, das heißt uraltes zusammenhängendes Moor, das eigentlich geschützt ist. Die Probebohrungen sind bereits abgeschlossen. Es geht jetzt um die eigentliche Erschließung. Aber das kann man überall nachlesen, Herr Kommissar. Es gibt bestimmt ein Protokoll darüber.«

Rory notierte es sich. »Und was hatte Lynch dort zu suchen?«

Michael Keane lächelte, aber diesmal trug dieses Lächeln, wie Rory sofort registrierte, einen Hauch von Ironie, vielleicht sogar Bosheit.

»Bei dieser Gelegenheit war er doch tatsächlich mal zu kurz gekommen.«

Rory musste grinsen. »Das verstehe ich nicht ganz.«

»Nun, Michael Lynch besaß umfangreiche Anteile an einer Firma, die vor genau fünf Jahren im selben Gebiet ebenfalls abräumen wollte, die aber damals keine Genehmigung vom Rat des County bekam.«

Das war genau, was Peter herausbekommen hatte. Doch Grace hatte dem bisher offenbar keine große Bedeutung beigemessen. Rory wollte mehr erfahren.

»Damals ging es, soweit ich weiß, um Goldvorkommen. Vielleicht sind das ja andere Methoden, als Seltene Erden abzubauen?«

Keane schaute ihn mit seinen offenen, klaren Augen an und schüttelte dann amüsiert den Kopf. »Nein, die Unterschiede fallen kaum ins Gewicht. Darüber gibt es ausführliche Untersuchungen.«

»Woher wissen Sie das?«

Es entstand eine Pause. Schließlich antwortete Michael Keane.

»Weil ich die Farmer, die gegen diesen Abbau von Seltenen Erden sind, vertreten habe. Und das sind bei diesem Projekt der Hibernian Earth nicht sehr viele.«

»Was heißt, Sie haben sie vertreten?« Rory war verwirrt.

Wieder schaute Keane amüsiert. »Ich bin ihr Anwalt.«

»Sie sind Anwalt?« Rory versuchte, nicht überrascht zu klingen, was ihm, wie er selbst bemerkte, nicht gelang. Er schämte sich für seine Begriffsstutzigkeit, die allein auf Vorurteilen basierte.

Keane beugte sich vor und sah Rory genau an. Er wirkte nach wie vor freundlich. »Es gibt durchaus Traveller, die Anwälte, Ärzte oder Architekten sind, weil sie keine Lust darauf haben, beruflich auf Pferde oder Musikinstrumente zu setzen. Meine Mutter und mein Bruder ziehen es vor, in Wohnwagen und im Camp zu leben, aber meine Familie und ich wohnen in einem festen Haus hier in der Nähe, wo auch meine Kanzlei untergebracht ist. Ich vertrete Traveller, aber auch normale Menschen, wenn Sie so wollen. Wie zum Beispiel die Farmer, die sich gegen die Hibernian Earth gewandt und leider verloren haben. Aber nicht durch meine Schuld. Wir hatten starke Gegner, die mit harten Bandagen kämpften. Und darüber habe ich mit Michael Lynch gesprochen, als wir uns vor ein paar Wochen zufällig über den Weg liefen. Das war doch Ihre Frage, nicht wahr?«

Rory nickte dankbar.

»Und falls es Sie auch interessiert – wir haben damals meine Schwester mit keinem Wort erwähnt. Tessa hätte das nicht gewollt.«

Das Publikum an der Bar hatte sich schon lange wieder in Richtung Theke orientiert. Und Rory wunderte sich, warum der Anwalt es für nötig hielt, das mit Tessa extra herauszustreichen.

»Wieso sind Sie sich da so sicher? Sie haben Ihre Schwester doch lange nicht mehr gesehen.«

Keane lächelte wieder. »Tessa und ich stehen seit dem Zerwürfnis damals in regelmäßigem Kontakt, auch wenn unsere Mutter das nicht zu wissen braucht. Es würde sie nur belasten. Kann ich Ihnen sonst noch irgendwie weiterhelfen?«

Rory überlegte, war jedoch unschlüssig. Die Hibernian Earth und deren Pläne schienen ihm im Moment doch interessanter zu sein.

»Haben Sie Lynchs Mörder schon gefasst?«, fragte Keane, während er aufstand und nach seiner Daunenjacke griff.

Rory verneinte. »Aber wir sind nahe dran.«

»Er war überall ziemlich unbeliebt.« Keane zog den Reißverschluss hoch.

Rory erhob sich nun ebenfalls. »Vielen Dank, Mr Keane, und falls ich noch Fragen habe …«

Keane nickte. »Sicher, hier ist meine Nummer.«

Er griff in seine Innentasche und zog eine Visitenkarte heraus, die er Rory reichte. Da fiel ihm noch etwas ein.

»Ich hatte immer das Gefühl, dass Lynch schlecht verlieren konnte. Die Sache mit der Hibernian Earth hat ihn schwer beschäftigt. Ich konnte ihm nicht viel dazu sagen, nur Vermutungen, nichts Konkretes. Aber wer weiß, was er daraus gemacht hat …«

Rory stutzte. »Was meinen Sie damit?«

Keane lächelte wieder liebenswürdig, während er Rory die Hand reichte.

»Hören Sie mal, ich werde diese Aufgabe doch nicht für Gardai übernehmen, Herr Kommissar. Das müssen Sie schon selbst herausfinden. Und da sprechen ausnahmsweise einmal beide Seelen in meiner Brust: die des Anwalts und die des Pavee. Schönen Tag noch!«

34

Die Lippen der Frau mit dem sorgfältig gewellten Haarschopf kräuselten sich leicht, als sie sich über den Aktenordner beugte, den sie vor sich auf den Tisch gelegt hatte.

Aisling O'Grady war nicht aufgefordert worden, Platz zu nehmen, schaute sich aber in dem trostlosen düsteren Büroraum nach einem Stuhl um. Sie entdeckte einen in der Ecke und zog ihn zu sich heran.

Die Frau blickte kurz und offenbar missbilligend auf, sagte jedoch kein Wort. Mit einem perlmuttrosa lackierten Fingernagel strich sie an einer langen handgeschriebenen Liste mit Namen und Daten entlang.

Aisling versuchte, ihre Aufregung zu verbergen, und tat so, als wäre die kahle, grau gestrichene Wand gegenüber wesentlich interessanter als das, was die unfreundliche Frau von St. Mary's für sie herausfinden sollte.

Nur auf den Druck ihres Vaters hin war man überhaupt bereit gewesen, sie persönlich hier zu empfangen, statt wie bei anderen Anfragen auf den langwierigen Schriftweg zurückzugreifen.

Die Frau zog den Pass, den Aisling ihr vorlegen musste, näher zu sich heran, klappte ihn auf und verglich das Geburtsdatum mit den Einträgen auf ihrer Liste.

»5. April 1984«, sagte Aisling mit verhaltener Stimme.

»Ich kann lesen, Miss O'Grady.«

Aisling musste sich zusammennehmen, um nicht laut aufzuschluchzen. Diese unerträgliche Mischung aus Trauer um ihre Mutter, der Unsicherheit darüber, wer ihre leiblichen Eltern waren, und der herablassenden Art, mit der man ihr hier begegnete, war mehr, als sie verkraften konnte. Dabei konnte sie eigentlich viel verkraften.

Ihr einziger Trost waren die Gespräche mit ihrem Vater gewesen. Gespräche, die es vorher nie gegeben hatte. Er hatte ihr ausführlich erzählt, wie sehr sie sich ein Kind gewünscht und warum sie dann entschieden hatten, sich um eine Adoption zu bemühen. Dots Herz war nie gut gewesen und die Ärzte hatten ihr von einer Schwangerschaft dringend abgeraten. Wie aufgeregt sie gewesen waren in den Wochen, bevor Aisling zu ihnen kam. Und wie groß die Liebe war, die sie beide sofort für das kleine rothaarige Mädchen empfanden, das ihnen wenige Tage alt in den Arm gelegt wurde. Er sprach von den unzähligen glücklichen Stunden mit ihr, von der Sorge, wenn sie mal krank war, und der Hoffnung, dass sie schnell wieder genesen möge.

»Mr O'Grady hat Ihre Geburtsurkunde geschickt.«

Aisling bemerkte, dass sie die Bezeichnung »Vater« vermied.

Schließlich klappte die Frau den dicken Aktenordner zu und ließ ihren Blick auf der jungen Ärztin ruhen. Über der Tür hing neben dem Kreuz eine runde Wanduhr, die aufdringlich laut tickte.

»Etwas anderes als das, was in Ihrer Geburtsurkunde steht, können wir Ihnen auch nicht sagen. In unseren Unterlagen kann ich jedenfalls nichts finden.«

»Aber …« Aislings sonst so klare, helle Stimme verebbte und sie verstummte schließlich.

»Dort steht ›Mutter unbekannt‹. Und dann wird es auch so sein, Miss O'Grady. Es tut mir sehr leid, aber wir können nur Auskünfte geben, wenn wir auf Informationen zurückgreifen können. In Ihrem Fall stehen uns leider keine zur Verfügung. Das bedauern wir zutiefst.«

Aisling glaubte ihr kein Wort. »Wie kann es sein, dass Ihnen meine Mutter nicht bekannt ist, Ms Keegan?«

»Mrs Keegan«, korrigierte die Frau sie sofort.

Die Angestellte starrte eingehend auf ihre Fingerspitzen, wie um die Perfektion ihres Nagellacks zu überprüfen. Dann faltete sie die Hände auf dem Schreibtisch und beugte sich leicht vor.

»Da gäbe es mehrere Möglichkeiten. Zum einen könnte man Sie anonym abgegeben oder irgendwo gefunden haben.«

Aislings große Augen weiteten sich noch mehr.

»So was kann durchaus vorkommen. Zum anderen – und das halte ich hier für die wahrscheinlichere Variante – konnten ledige Mütter damals unter bestimmten Umständen den Wunsch äußern, dass sie nicht genannt würden, wenn das Kind bereits zur Adoption freigegeben war.«

Sie zögerte einen Moment, dann fügte sie noch hinzu: »Ärzte waren damals häufig bereit, das zu unterstützen, denn die betroffenen Frauen wurden sonst häufig gesellschaftlich geächtet.«

Aisling holte tief Luft. »Und das hat die Kirche gefördert?«

Es entstand eine Pause. Die Frau räusperte sich.

»Ich denke nicht. Von kirchlicher Seite wollte man wohl immer einen Namen haben, denn die Frau sollte zu ihrem Fehlverhalten stehen.«

»Fehlverhalten?«

»Aber es gab auch Ausnahmefälle, wo schnell gehandelt werden musste.« Mrs Keegan musterte sie genau. »Sie sind doch selbst Ärztin, oder?«

Aisling nickte heftig.

Nun öffnete die Frau eine Schublade und zog einen Zettel hervor. Dann holte sie ihr Handy aus der Tasche und schrieb eine Nummer daraus auf das Papier. Schließlich reichte sie Aisling den kleinen weißen Zettel. Die Medizinerin schaute Mrs Keegan fragend an.

»Mary ist eine alte Freundin von mir. Sie war damals hier im Kreißsaal als Hebamme tätig. In der Zeit, als Sie geboren wurden. Vielleicht kann sie sich noch daran erinnern, unter welchen Umständen Sie hier aufgetaucht sind und was damals genau geschah.« Sie warf Aisling einen strengen Blick zu. »Aber von mir haben Sie das nicht.«

35

Der Hof lag ruhig in der herbstlichen goldenen Sonne, doch als Grace aus ihrem Wagen stieg, empfing sie sofort wildes Hundegebell von der Rückseite des Hauses her. Sie hatte die Haustür noch nicht ganz erreicht, als sie von einem Mann geöffnet wurde, den sie sofort als Marten Molloy wiedererkannte. Er wurde von einem mittelgroßen dunkelbraunen und gelockten Hund begleitet, den Grace als Pudel bezeichnet hätte.

»Hi!« Molloy nahm ihre Hand und drückte sie fest. »Ihr Kollege hat mich vor ein paar Tagen auch schon besucht.«

Grace kraulte den Hund hinter den Ohren. »Und wer bist du?«

Molloy grinste. »Das ist Luca.«

Grace lächelte. »Und ein Pudel versteht sich gut mit Ihren Border Collies?«

Der Mann nickte. »Das ist aber kein Pudel, sondern ein Lagotto.«

Grace war einen Moment lang überrascht und schüttelte dann den Kopf. »Kenne ich nicht. Hört sich italienisch an. Ich hoffe, er mag unsere grüne, feuchte Insel.«

»Den Römern hat es früher hier ganz und gar nicht gefallen«, erklärte Molloy. »Irland war ihnen zu nass. In manchen Geschichtsbüchern steht sogar, dass ihre Rüstungen glatt verrostet sind. Sie hassten Hibernia.«

Molloy grinste und bat die Kommissarin ins Haus. Grace registrierte, dass er den alten lateinischen Namen für Irland verwendet hatte, was ungewöhnlich war. Luca begleitete sie und gesellte sich in der Küche sofort zu einer größeren, alten Hundedame, die Grace als Lottie vorgestellt wurde. Nach ein paar Streicheleinheiten für Lottie kam Grace zum Thema.

»Wo waren Sie gestern, Mr Molloy?«

Er angelte sich seine Zigaretten, bot ihr eine an, die sie ablehnte, und zündete sich dann selbst eine an.

»Hier. Ich habe mit den Hunden gearbeitet.«

»Den ganzen Tag?«

Er blies Rauch in die Luft und schwieg eine Weile. »Bis in den Nachmittag hinein. So gegen drei oder vier bin ich nach Clifden gefahren.«

»Haben Sie dafür Zeugen?«

»Nein. Hier waren nur die Hunde und ich. In Clifden hat man mich sicher gesehen.«

»Also ungefähr ab fünf Uhr?«

Er nickte und zog an seiner Zigarette. »Wieso?«

Grace zögerte einen Moment, dann kam ihr ein Gedanke. »Moira Farrell wurde gegen Mittag auf Inis Meáin ermordet.«

Er blieb offenbar ungerührt. »Das tut mir sehr leid für die Dame, nur kannte ich sie nicht.«

Grace beugte sich verwundert auf ihrem Stuhl nach vorne. »Ach, und ich dachte, Sie hätten sie an Samhain in einem Müllbeutelkostüm besucht? Das habe ich in einem der Protokolle gelesen.«

Sie schaute ihn aufmerksam an und merkte, dass ihm die Situation nun eindeutig unangenehm war. Er hatte den Kopf leicht schief gelegt und fixierte sie.

»Was meinen Sie mit Müllbeutelkostüm?«

»Wir haben Aussagen von Zeugen, die Sie als einen aus der Müllbeuteltruppe identifiziert haben. Sie haben sich im Haus von Pattie Burke unter die vermummte Freundestruppe gemischt. Und dann haben Sie sich mit Michael

Lynch im hinteren Garten unterhalten – oder vielmehr heftig gestritten.«

Es war den Schuss ins Ungewisse wert, dachte Grace. Sie war sich mittlerweile sicher, dass er es gewesen war.

Molloy drückte die Zigarette aus, die nur zur Hälfte geraucht war, und schwieg.

Grace lehnte sich wieder in seine Richtung. »Oder steckten Sie im Kostüm des Green Man und ich habe da etwas verwechselt, Mr Molloy?«

Der Hundetrainer schluckte und plötzlich standen ihm Schweißperlen auf der Stirn.

»Okay. Ich habe mir das Müllbeutelkostüm kurzfristig ausgeborgt. Ich wollte ungestört mit Lynch reden. Da schien mir die Gelegenheit günstig. Ich glaube nicht, dass er mir ohne Verkleidung überhaupt zugehört hätte.«

»Und was hatten Sie mit ihm zu besprechen?«

Er warf ihr einen verärgerten Blick zu. »Es ging um nachbarliche Streitigkeiten, wie Sie sich vielleicht denken können.«

Nun beugte er sich zu den Hunden hinunter und fuhr Lottie sanft über den Rücken.

»Es ging um den Land-Deal. Es ging um das Stück Land unten in Delphi, hinter dem Sie beide her waren.« Graces Stimme klang scharf.

Er wich ihrem Blick aus.

»Offenbar sind Ihre Chancen darauf wieder gestiegen. Was macht dieses Land für sie so attraktiv, Mr Molloy?«

Er antwortete nicht.

»Mr Molloy.« Langsam wurde Grace ungehalten. »Vielleicht ist Ihnen Ihre prekäre Lage nicht ganz klar. Sie hatten einen heftigen Streit mit Michael Lynch, der kurz danach ermordet wurde – und zwar während Sie immer noch in unmittelbarer Nähe waren. Ihnen fehlt ein Alibi. Und Sie haben ein handfestes Motiv.«

An dieser Stelle seufzte er erst ungeduldig und lachte dann gereizt auf.

Grace hielt inne. Der Hundetrainer sagte nichts.

»Dann wird eine mögliche Zeugin dieses Mordes ebenfalls umgebracht. Und Sie haben wieder kein Alibi. Für genau diesen Zeitraum. Erst Stunden später tauchen sie in Clifden auf, das von Inis Meáin in der entsprechenden Zeitspanne gut erreichbar ist.«

»Wie bitte?« Um seinen Mund herum zuckte es.

In diesem Moment hielt ein Auto auf dem Hof und Molloy stand sofort auf, um nachzusehen, wer da angekommen war. Grace hatte den Eindruck, dass ihm diese Unterbrechung gerade recht kam. Molloy trat ans Fenster und spähte hinaus.

»Sie entschuldigen mich.«

Kurz darauf verließ er die Küche und Grace beugte sich umgehend über den Kamin, in dem die halb gerauchte Kippe gelandet war. Sie steckte sie in eine kleine Plastiktüte und setzte sich wieder auf ihren Stuhl.

Draußen hörte sie zwei Männerstimmen. Die beiden Hunde hoben kurz ihren Kopf, blieben aber entspannt liegen. Jemand betrat den Hausflur und Grace vernahm Geräusche, als würden Schubladen geöffnet und dann wieder geschlossen. Ein Mann fluchte. Dann konnte sie laute Stimmen hören und eine Tür, die zugeschlagen wurde. Kurz darauf hörte man den Wagen, der sich nun wieder entfernte.

Als Marten Molloy die Küche betrat, schien er einen Entschluss gefasst zu haben. Er setzte sich.

»Ich möchte Anzeige erstatten, Superintendent.«

»Eine Anzeige?«

Molloy nickte. »Ich möchte einen Einbruch zur Anzeige bringen.«

Etwas ratlos fuhr Grace sich durchs Haar. »Wo wurde eingebrochen und was wurde gestohlen?«

»Hier in meinem Haus wurde eingebrochen. Kurz vor Samhain, als ich frühmorgens mit einem der Hunde unterwegs war. Es war sehr früh am Morgen, so gegen sechs oder sieben Uhr. Ich hatte die Haustür wie immer nicht abgeschlossen und bei meiner Rückkehr bemerkte ich Einbruchsspuren. Jemand war hier im Haus, es waren Fußspuren zu sehen.«

Grace ließ sich ihre Überraschung nicht anmerken.

»Das müssen Sie natürlich zu Protokoll geben und dann Anzeige erstatten. Am besten in Louisburgh oder in Westport bei den Kollegen. Wir sind dafür nicht zuständig.«

Sie hörte sich verständnisvoll an. Alle Schärfe war aus ihrer Stimme verschwunden.

»Trotzdem würde ich gerne noch wissen, was gestohlen wurde.«

Molloy schien geistesabwesend zu sein. »Das ist ja das Komische. Ich habe damals sofort alles durchsucht, aber es hat nichts gefehlt. Computer, alle wertvollen Sachen waren noch da. Auch meinen Safe habe ich sofort überprüft. Nichts. Deshalb habe ich die Polizei auch nicht informiert. Das wäre ja lächerlich gewesen.«

»Und warum dann jetzt?«

Molloy wirkte tatsächlich ratlos. »Eben kam ein Kumpel vorbei, der mir manchmal mit den Hunden hilft. Er wollte sich meine Spezialhandschuhe für sein Training borgen, die ich hier im Flur bei den Jacken, Stiefeln und Mützen aufbewahre. Aber sie sind weg. Und ich weiß hundertprozentig, dass sie hier in der Schublade lagen.«

Er blinzelte nervös und strich sich nachdenklich über sein Kinn.

»Und Sie sind sich ganz sicher?«

Molloy nickte und schaute ihr in die Augen.

Grace hatte ein komisches Gefühl, das sie vielleicht nicht einmal Rory anvertrauen konnte, dem sie bisher immer alles erzählt hatte. Denn was würde ihr Kollege denken, wenn sie ihm beichten würde, dass sie sich richtig über den Handschuhdiebstahl freute, weil sie damit nun endlich einen Schritt weitergekommen waren?

36

»Das mit den verschwundenen Handschuhen verstehe ich nicht, Grace. Warum ist das wichtig?« Rory saß mit seiner Chefin im hintersten Raum des Spaniard's Head und trank sein Feierabendbier.

Grace wippte unruhig mit dem rechten Fuß. »Das weiß ich auch noch nicht genau, Rory. Molloy sagt uns nicht die Wahrheit, zumindest nicht die ganze. Da bin ich mir sicher. Irgendetwas Entscheidendes verschweigt er und es hat mit dem Stück Land zu tun, das er unbedingt haben will. Aber ich habe das Gefühl …« Sie brach ab.

»Was für ein Gefühl?« Rory stellte sein Glas, das er gerade angehoben hatte, umgehend zurück auf den Tisch und schaute sie erwartungsvoll an.

Als Antwort lächelte Grace. »Was hast du in Clones herausbekommen? Hast du die Keane-Brüder dort angetroffen?«

»Ja, zumindest Michael Keane. Sympathischer Kerl, den kann man immer dort antreffen, schätze ich mal. Der lebt in Monaghan. Hat sich da niedergelassen.«

»Ach ja? Ich dachte, er ist ein Traveller?«

Nun lächelte Rory leicht triumphierend, als hätte er eine unerhörte Entdeckung gemacht. »Es gibt Traveller, die nicht ständig unterwegs sind. Zu denen gehört auch Keane. Er ist Anwalt, und in dieser Funktion ist er Lynch kürzlich über den Weg gelaufen.«

Rory berichtete seiner Chefin nun von der Anhörung der verschiedenen Interessensgruppen im Zusammenhang mit den geplanten Bohrungen in Monaghan. Dass

Keane die Bauern vertrat, die sich gegen die Hibernian Earth stellten, und dass Lynch über die Bohrungen wohl ebenfalls unglücklich gewesen sei, allerdings aus anderen Gründen.

»Welche Gründe waren das deiner Meinung nach?« Grace stocherte lustlos in dem Teller mit den eingemachten Krabben herum, der vor ihr auf dem Tisch stand.

»Schmeckt es dir nicht?« Rory klang besorgt. »Mrs Coyne tut immer eine Prise Muskatblüte hinein. Ohne Muskatblüte schmecken die gar nicht. – Weil man seiner Firma die Genehmigung vor fünf Jahren nicht erteilt hat und weil die Farmer ihren Torf dort oben unter allen Umständen schützen wollten.«

Grace verblüffte es immer wieder, wie Rory und die meisten Iren Dinge in einem Atemzug nannten, die absolut nichts miteinander zu tun hatten. Dadurch entstanden Zusammenhänge, die abenteuerlich bis absurd wirkten. Zahlreiche irische Schriftsteller hatten das als Stilmittel in ihren Werken verwendet. Grace musste an James Joyce und Flann O'Brien denken und grinste.

»Und warum haben die meisten Farmer diesmal zugestimmt?« Grace legte die Gabel neben ihren Teller und schaute auf. »Torf ist heute doch wieder viel begehrter als noch vor fünf Jahren.« Das hatte Finbar Ward ihr hier im Pub erst vor Kurzem erklärt, erinnerte sie sich.

Da ertönte plötzlich hinter ihr eine angenehme Stimme. »Das ist genau die richtige Frage und ich bin ihr nachgegangen.«

Graces Kopf flog herum und ihr schoss die Röte ins Gesicht. Denn hinter ihnen stand Peter Burke. Rory rückte bereitwillig zur Seite, um ihm am Tisch Platz zu machen. Grace war von seinem Auftauchen so überrascht, dass sie ein paar Momente lang gar nichts sagte.

»Schön, euch zu sehen. Ich hatte vage gehofft, zumindest einen von euch hier anzutreffen.« Er schenkte Grace ein warmherziges Lächeln, das sie etwas verwirrt erwiderte.

Rorys Augenbrauen rutschten leicht nach oben. Er schaute von einem zur anderen, schwieg aber. Peter wirkte vergnügt.

Kurz darauf stellte die hünenhafte Fiona, die Fitz beim Bedienen half, die Cafetière und ein deftiges Lachsbrot vor Peter hin. »Ihr habt sicher nichts dagegen, wenn ich die Tür hier mal zumache? So seid ihr ungestört.«

Rory schaute die große Frau mit den langen, strassbesetzten rosa Ohrringen etwas skeptisch an, doch Grace nickte erfreut.

»Was hast du herausgefunden, Peter?«, fragte die Kommissarin gespannt.

Peter Burke biss zuerst in sein Brot, ehe er sich den Mund mit der kleinen Stoffserviette abtupfte und ein Gesicht machte, als wollte er gleich ein gut gehütetes Geheimnis lüften.

»Die Hibernian Earth …«

Da wurde plötzlich die Tür geöffnet und ein Mann um die sechzig mit einem Pintglas in der Hand streckte den Kopf herein. Als er die drei am Tisch sitzen sah, zog er ihn schnell wieder zurück und schloss hastig die Tür.

»Die Hibernian Earth«, hob Peter wieder an, »wurde vor fünfzehn Jahren gegründet …«

»Und von wem?« Diesmal unterbrach ihn Rory.

Peter seufzte und biss wieder in sein Lachsbrot. Er drückte die Scheibe der Cafetière herunter und schenkte sich Kaffee ein.

»Ach, Rory, das ist doch kein Verhör.«

»Entschuldigung«, murmelte der Kommissar.

Peter kaute bedächtig. Nun wollte er sie offenbar zappeln lassen. Er schluckte und trank dann etwas Kaffee. Er zog sein Smartphone aus der Tasche und rief seine Notizen auf.

»Die Firma wurde von einem Konsortium gegründet, den Vorstandsvorsitz hat bis heute ein gewisser James Mallory inne. Geschäftssitz war bei der Gründung interessanterweise Guernsey.«

»Oho!« Rory schürzte die Lippen.

Da wurde die Tür schon wieder aufgerissen. Alle warfen dem Eindringling, diesmal war es eine junge Frau in Joggingkleidung, giftige Blicke zu, sodass sie völlig verschreckt die Tür mit einem lauten Knall zuwarf.

»Aber vor zwei Jahren wechselte man von der Steueroase im Kanal ins beschauliche Dalkey und vor Kurzem hat die Firma dort ein neues Domizil bezogen.«

»Wohnt da nicht dein Bruder, Grace?«, fragte Rory.

»Nicht mehr. Er ist mit seiner Familie vor wenigen Wochen nach Achill gezogen.« Sie rollte genervt die Augen, was Rory davon abhielt, weiter nachzuforschen.

»Weiß man, wieso die Hibernian nach Irland gezogen ist?«, fragte er stattdessen.

»Genaueres weiß ich leider noch nicht, aber ich bin dran. Das ist der Punkt, der mir noch unklar ist. Es gibt Hinweise darauf, dass …« Peter stockte.

»Hinweise worauf?«, drängte ihn Grace.

Peter starrte sie eine Sekunde zu lange an. Sie merkte wieder, wie ihr das Blut in den Kopf schoss.

»Das Übliche. Politische Seilschaften. Finanzielle Anreize, sich hier auf der Grünen Insel niederzulassen.«

»Das bekommen doch alle, die ihren Firmensitz nach Irland verlegen«, erwiderte Rory. »Die niedrigste Körperschaftssteuer in der EU, Steuerbefreiung bis ins zehnte Jahr – und dann suchen die meisten sowieso schon wieder das Weite.« Rory war in seinem Element. »Das hat seit Dev in Irland eine lange Tradition, Peter.«

Die Tür ging einen Spalt weit auf, doch noch bevor sich jemand hereintraute, wurde sie wie von Geisterhand wieder geschlossen. Rory seufzte erleichtert.

Der Privatdetektiv nickte nachdenklich. »Stimmt. Aber hier ging es offenbar noch um andere Dinge. Lynchs Firma durfte da oben in Monaghan nicht herumbuddeln, während die Hibernian Earth fünf Jahre später erstaunlicherweise die Genehmigung bekam. Die graben zwar nicht nach Gold, aber nach Seltenen Erden. Und dass man das Moor jetzt plötzlich nicht mehr schützen will und den Abbau genehmigt, das wollte Lynch wohl nicht hinnehmen.«

»Meinst du, dass er deshalb ermordet wurde?« Es war Rory, der diese Frage stellte.

Grace zuckte mit den Schultern. Sie stand auf und packte ihre Tasche. »Ich glaube, dass der Mord an Moira Farrell damit zusammenhängt. Sie muss gewusst oder geahnt haben, wer der Green Man war. Deshalb musste sie sterben.«

Niemand sagte etwas. Durch die geschlossene Tür waren die gedämpften Geräusche des Pubs zu hören.

»Rory, ich möchte, dass du morgen noch mal nach Inis Meáin fliegst und Moiras Cottage und das ihres Neffen haargenau überprüfst.«

Rory stand ebenfalls auf. »Gut, Grace, aber die Spusi hat doch schon alles durchgekämmt und nichts gefunden.« Er sah sie fragend an. »Wenn es dir wichtig ist, fahr ich natürlich trotzdem hin.«

»Danke. Und knöpf dir bitte auch noch mal diesen Neffen aus dem Tante-Emma-Laden mit der Post vor. Myrtle hat da was erwähnt, was war das noch gleich? Es hatte etwas mit Moiras Tagesablauf zu tun.« Sie wirkte einen Moment lang ratlos. Dann zuckte sie mit den Schultern.

»Es wird mir wieder einfallen. Außerdem müssen wir

noch diese Erbschaftssache von Lynch durchgehen. Schaffen wir das morgen alles? Oder sollen wir etwas davon Kevin übergeben? Was meinst du?«

Rory wiegte den Kopf mit den Locken um die kleine Tonsur in der Mitte. Er trat von einem Fuß auf den anderen. »Eigentlich keine so gute Idee, Grace.«

Sie lächelte.

37

Geduldig stand Rory in der Nähe der Tür und spähte hinaus. Es regnete schon den ganzen Morgen und die steinerne Insel Inis Meáin versank in einem Dunst aus feuchten Wolken, die der Wind gnadenlos vor sich hertrieb. Der Pilot des kleinen Flugzeugs war nicht begeistert gewesen, als Rory um acht Uhr abends anrief, um den Flug zu buchen. Ein Sturm sei vorhergesagt für den späten Vormittag, deshalb werde er auch nicht auf ihn warten können, sondern ihn nur auf der Insel absetzen. Aber es gab ja noch die Fähre, die den Betrieb bei schlechtem Wetter länger aufrechterhalten konnte als das Leichtflugzeug.

Nun stand Rory also hier im einzigen Lebensmittelladen der mittleren Aran-Insel, der gleichzeitig als Post und Bank fungierte, und wartete auf Robert Gaynor, der gerade eine junge Frau mit zwei kleinen Kindern bediente. Rorys Augen huschten über die Regale, die ein buntes Sortiment hinter der Theke präsentierten. Da hingen Angelhaken und Nylonschnüre neben Wattebäuschen, Deodorants und schlichten Gummistiefeln. In den Regalen standen Schokostreuselkekse, Dosen mit gebackenen Bohnen in Tomatensoße, Waschmittel und Buchstabennudeln in geheimnisvoller, leicht abstoßend wirkender dunkler Tunke. Es erinnerte Rory an die Läden in seiner Kindheit. Bei Robert Gaynor gab es fast alles, was es schon immer gegeben hatte. Das einzige Zugeständnis an die modernen Zeiten waren die Prepaidkarten für Mobiltelefone, die fein säuberlich in einer durchsichtigen Schutzhülle neben der Kasse hingen, und drei Flaschen Rotwein, die von einem weit entfernten Kontinent stammten, wenn er das Etikett richtig deutete.

»Und einen schönen Tag noch, Julia! Warte mal!«

Robert flitzte um die Theke, griff sich einen Schokoriegel, und während er der Frau mit dem Kinderwagen die Tür aufhielt, drückte er dem etwa vierjährigen Jungen im bunten wattierten Anorak die Süßigkeit in die Hand.

»Danke.« Der Kleine strahlte. Die drei verschwanden im grauen Nass, das sie sofort zu verschlucken schien.

»Was kann ich für Sie tun, Guard? Auch einen Schokoriegel?«

Rory Coyne überlegte tatsächlich kurz und schüttelte dann entschieden den Kopf.

»Nein danke, ich bin hier, um mir noch einmal die beiden Cottages anzuschauen. Das von Ihrer Tante und das, das Sie vermieten.«

Robert Gaynor hielt seinen Kopf einen Augenblick lang schief. »Aber da waren Sie und Ihre Kollegen doch schon …« Er zögerte und fügte leise hinzu: »… öfter.«

Rory nickte. »Stimmt, aber wir sind noch nicht ganz fertig mit den Ermittlungen.«

»Leider kann ich hier nur sehr schlecht weg.« Gaynor zeigte auf den menschenleeren Verkaufsraum, als würde jeden Moment eine vielköpfige Truppe potenzieller Kunden bei ihm einfallen.

Rory lächelte vergnügt und rieb sich die Hände. »Das müssen Sie auch gar nicht. Ich finde selbst hin und habe ja wegen der Versiegelung auch den Schlüssel. Benutzen Sie es eigentlich nur als Ferienhaus, das Sie vermieten?«

Gaynor schien kurz zu überlegen. Dann nickte er vehement.

»Genau genommen gehört es nicht mir alleine. Es ist das Haus unserer Eltern, Gott hab sie selig.«

Rory sah ihn fragend an.

Gaynor fuhr sich mit der Zunge über die Lippen und lächelte. »Es gehört meiner Schwester und mir. Aber Alice ist nach dem … Sie ist nach Boston gegangen und ich pass auch in ihrem Namen drauf auf. Wir teilen uns die Mieteinnahmen. So hat sie auch etwas davon.«

Wieso hatte Rory das seltsame Gefühl, dass Robert Gaynor etwas anderes hatte sagen wollen, sich aber im letzten Augenblick umentschied?

»Nachdem wir die Einkünfte versteuert haben, selbstverständlich«, fügte er noch hinzu.

Rory nickte. Irgendetwas stimmte hier nicht, das spürte er instinktiv. Der Kommissar räusperte sich.

»Ich wollte noch ein paar Worte mit Ihnen sprechen, Mr Gaynor«, sagte Rory mit ruhiger Stimme.

Gaynor blickte auf und versuchte ein Lächeln. »Gern, was kann ich noch für Sie tun, Guard?«

»Ihre Tante hat am Tage ihres Todes einen Brief bei Ihnen aufgegeben, und ich wollte …«

Robert Gaynor lief krebsrot an, und zwar so schnell und so heftig, dass es Rory fast mit der Angst zu tun bekam.

»Mr Gaynor, ist Ihnen nicht gut? Um Gottes willen …« Der Kommissar rannte um die Holztheke herum und packte den Arm des Mannes.

»Es geht schon, danke«, sagte Gaynor mit schwacher Stimme und streifte die Hand des Polizisten ab. »Das hab ich glatt vergessen. So was ist mir noch nie passiert, Guard, und ich bin da sehr genau.«

»Was haben Sie vergessen?« In Rory keimte ein Fünkchen Hoffnung.

»Den Brief. Nachdem Moira hier war, kam endlich die Lieferung für die ganze Woche. Die beliefern ja zuerst immer den Pub, dann Pattie und die anderen Pensionen, und ich bin hier oben zusammen mit dem Imbiss da drüben als Letzter dran. Dabei habe ich immer am meisten bestellt.«

Der kleine Mann hielt inne, als erwartete er Ermunterung von Garda.

»Und was war mit dem Brief?«

»Nachdem der Fahrer hier fertig war, gab es die ganze Aufregung um die Katzen. Dann kamen Myrtle und die anderen und dann ...« Er brach ab. »Dann kam Garda und das ganze Blut und Tante Moira und ...«

Rory war äußerst gespannt und wippte mit den Füßen, wie er es häufig tat, wenn er aufgeregt war.

»Wo war der Brief?«

Robert Gaynors Gesicht war nun bleich geworden.

»Er war nicht im Sack«, flüsterte er mehr zu sich selbst. »Ich hatte ihn unter die Theke gelegt, weil er ja Übergewicht hatte, und ihn nicht zu den anderen gesteckt. Und dann habe ich ihn vergessen.« Sofort verschwand er hinter der Theke und begann zu suchen.

Rory hörte, wie Kartons und Papier hin und her geschoben wurden. Schließlich tauchte Gaynor, jetzt wieder puterrot im Gesicht, hinter dem Tresen auf und hielt einen braunen gepolsterten Umschlag in der Hand, der größer als ein normaler Brief war. Er warf einen kurzen Blick auf die Adresse und übergab ihn dann Rory mit einer Mischung aus Triumph und Bedauern.

»Es tut mir sehr leid, Guard, aber so kann ich ihn wenigstens persönlich zustellen. Bitte, seien Sie mir nicht böse. Es ist ja nichts passiert und – bitte, sagen Sie es nicht weiter, ja? Das wäre mir sehr unangenehm.« Rory beruhigte ihn, drehte den Umschlag hin und her und befühlte ihn. Es schien etwas Weiches darin zu stecken. Dann fiel sein Blick auf den Empfänger. Der Brief war adressiert an seine Dienststelle in Galway, genauer gesagt, an seine Chefin Grace O'Malley. Rory pfiff leise durch die Zähne.

38

Rory hatte sich gerade über die Schublade der altmodischen Frisierkommode in Moiras Schlafzimmer gebeugt, als er hinter sich ein Geräusch vernahm und leicht zusammenzuckte. Eine weiße, ziemlich rundliche Katze sprang mit einem Satz auf das Bett und setzte sich so, dass sie ihn genau beobachten konnte.

»Traust du mir nicht?« Rory grinste und fuhr mit den Händen durch einen Stapel sorgfältig zusammengelegter Taschentücher. Die Katze blinzelte angestrengt und drehte schließlich den Kopf zur Seite. Rory schloss die Schublade und kratzte sich am Ohr. Hier war er fertig. Er hatte nichts übersehen, was wichtig sein könnte, davon war er überzeugt. Da klopfte es an der hinteren Küchentür, wo es in den Garten ging. Er warf einen fragenden Blick auf die Katze, die immer noch auf dem Bett thronte und nun tatsächlich huldvoll, fast majestätisch über die weiße Tagesdecke strich, um auf den Teppichläufer am Boden zu springen. Mit steil in die Höhe ragendem Schwanz ging sie voraus. Es klopfte erneut, diesmal entschiedener, als Rory gerade die Wohnküche erreicht hatte. Er öffnete die Tür und stand Myrtle gegenüber.

»Entschuldigen Sie, Guard, aber Kieran kam eben bei mir vorbei und sagte, dass Sie Moiras Haus noch einmal durchsuchen, und da dachte ich …«

Hier blieb wirklich nichts lange verborgen, fuhr es Rory durch den Kopf, nur ein Mörder, den die höchst wachsame, hervorragend informierte Einwohnerschaft dieses verträumten Dorfes nicht bemerkt zu haben schien. Das ging nicht mit rechten Dingen zu. Steckten hier etwa alle unter einer Decke?

»Das Inis-Meáin-Komplott«, dachte Rory. Ein wunderbarer Titel für ein Theaterstück. Es war überhaupt nicht erstaunlich, dass diese Insel den berühmten Dramatiker John Synge so inspiriert hatte. Rory konnte es mittlerweile wirklich nachvollziehen.

»Kommen Sie bitte herein, Myrtle.« Rory überlegte blitzschnell. Myrtle war Moiras beste Freundin gewesen. Sie würde unter Umständen noch einiges wissen, was er für die Ermittlung brauchen konnte, auch wenn Grace sie erst vor Kurzem vernommen hatte. Manchmal achtete Grace auf andere Dinge als er, und sie ergänzten sich hervorragend.

Die ältere Dame lächelte zwar, doch es war ein kühles Lächeln, das leicht verkniffen wirkte.

»Ich habe Ihrer forschen Kollegin doch schon alles gesagt, was ich weiß.« Sie beäugte ihn misstrauisch. Und Rory fragte sich, warum sie zum Cottage gekommen war.

»Ich weiß, ich weiß, Myrtle, doch manchmal fällt einem hinterher noch alles Mögliche ein. Nehmen Sie doch Platz, bitte.« Er rückte ihr den Stuhl am Küchentisch zurecht. »Ich wollte gerade diese Tischschublade hier in Augenschein nehmen. Da verbergen sich zwar meistens nur unnütze, verloren geglaubte Dinge, aber manchmal sind auch hochbrisante Sachen dabei.«

»Die ist leer«, entgegnete Myrtle, während sie sich prüfend in der Küche umschaute. »Bis auf Moiras Haushaltsbuch.«

Rory wühlte in der Schublade und zog kurz darauf unter einem Stapel von Zeitschriften tatsächlich das kleine Ringbuch hervor. Er blätterte es flüchtig durch und steckte es vorsichtshalber ein. Myrtle folgte aufmerksam jeder seiner Bewegungen.

Der Kommissar warf noch einen Blick auf die volle Schublade. »Leer kann man wirklich nicht sagen. Die Schublade ist voller Zeitschriften.«

»Ungewöhnlich«, murmelte Myrtle. »Normalerweise bewahrte sie nur das Haushaltsbuch da drin auf.«

Rory drehte sich zu ihr um. »Sie scheinen hier alle extrem gut über alles informiert zu sein. Trotzdem hat niemand auch nur irgendjemanden gesehen, der zur fraglichen Zeit in der Nähe von Moiras Haus war oder in der Samhain-Nacht dort, wo Lynch ermordet wurde. Ich finde das in höchstem Maße merkwürdig.«

Myrtle starrte ihn ungläubig an.

»Weshalb sind Sie überhaupt hergekommen?«

Die Frau rutschte unruhig auf ihrem Stuhl herum. »Das stimmt nicht ganz, Superintendent. Den Green Man haben die Dorfbewohner in der Nacht von Samhain doch gesehen, nicht wahr?«

Rory nickte. Obwohl er genau registriert hatte, dass sie seine Frage nach ihrem plötzlichen Erscheinen noch nicht beantwortet hatte. Dann fiel sein Blick auf die dicke weiße Katze, die nun hinter der Küchentür saß und ihr Gespräch reglos zu verfolgen schien. »Wer kümmert sich jetzt eigentlich um Moiras Katzen?«

Myrtle war auf die Katze zugegangen und kraulte sie hinter den Ohren. Sie schnurrte augenblicklich.

»Ich selbstverständlich. Ihr Neffe hat viel zu viel um die Ohren. Schließlich muss er sich jetzt ganz allein um dieses Haus kümmern. Moira war ja seine einzige Verwandte. Die Eltern sind beide schon tot.«

»Ich dachte, er hat noch eine Schwester in Boston?« Rory blätterte in den Zeitschriften, die er in der Tischschublade gefunden hatte. Sie schienen eilig hineingestopft worden zu sein, denn einige wiesen Eselsohren auf und waren an mehreren Stellen zerknickt.

Myrtle nickte. »Ja. Alice. Aber die ist nach ihrer gescheiterten Ehe weit weggezogen, und wenn Sie mich fragen, bleibt sie auch dort. Hier würde sie ihrem ehrgeizigen Exmann ja ständig über den Weg laufen. Das war alles sehr unschön damals. Aber das weiß ich natürlich nur aus zweiter Hand. Sie lebten ja damals in Connemara. Und keiner hat so richtig verstanden, warum sie das alles aufgegeben hat, den ganzen Wohlstand und die Sicherheit.« Myrtle stand auf.

Rory sah sie nachdenklich an. Was war das nun wieder gewesen? Sollte ihn die Geschichte der unglücklichen Ehe von Moiras Nichte etwa interessieren? Er beschloss, die Sache auf sich beruhen zu lassen, und begleitete Myrtle zur Tür hinaus. Dennoch kam es ihm jetzt so vor, als hätte sie noch etwas auf dem Herzen.

Als Rory die Eingangstür öffnete, blies sofort ein kalter Wind ins Haus. Myrtle hatte ihr Fahrrad an den Gartenzaun gelehnt und schnappte es sich beherzt trotz des aufziehenden Sturms. Doch ehe sie losfuhr, drehte sie sich noch einmal um und schob das Rad in seine Richtung. Sie schaute ihm in die Augen und schenkte ihm zum ersten Mal ein warmes Lächeln.

»Wenn Sie meine Meinung hören wollen, Guard – ich bin sicher, dass Moira wusste, wer den Farmer aus Mayo ermordet hat. Sie hat mir gegenüber so etwas angedeutet, aber leider auch nicht mehr. Wahrscheinlich wollte sie selbst etwas herausfinden oder einen Beweis sichern, und das hat sie offenbar auch getan. Doch bevor sie Garda darüber informieren konnte, schlug der Mörder wieder zu. Glauben Sie mir, so war es.«

Damit wollte sie sich aufs Rad schwingen, doch Rory hielt sie sanft davon ab.

Der Sturm wurde von Minute zu Minute stärker und riss an den Zaunlatten, was großen Lärm verursachte. Es ratterte und klapperte um sie herum, sodass Rory schreien musste, damit Myrtle ihn hören konnte. Der Wind sang, pfiff und grölte, er sandte ganze Arien in den Himmel. Und obwohl es erst Mittag war, hatte sich ein dämmriges Dunkel über die Insel gelegt, das sie wie eine kalte, raue Decke umfing.

»Genau das glauben wir auch, Myrtle. Nur sagen Sie mir bitte – wie kann es sein, dass hier jeder alles mitbekommt? Und dass auf der anderen Seite am helllichten Tag auf dieser beinahe menschenleeren Insel jemand zu Moira geht, sie kaltblütig ermordet und dann wieder verschwindet und niemand etwas bemerkt haben will. Das verstehe ich nicht!« Rorys Augen blitzten.

Dann senkte er plötzlich die Stimme und flüsterte fast bedrohlich:

»Das kann doch gar nicht sein.«

Myrtle schaute ihn lange an, bis sie schließlich mit den Schultern zuckte, heftig in die Pedale trat und binnen einer Minute in einer düsteren Wolke aus Wind und Regen verschwunden war.

39

Grace starrte ungläubig auf den groben, am Saum mit Leder verstärkten Handschuh, den sie aus dem gepolsterten Umschlag zog, den Rory ihr überreicht hatte.

»Was ist das? Ein Gartenhandschuh?«

Rory trat näher und befingerte ihn vorsichtig. Dann zog er seine Hand hastig zurück. »Verflixt, das könnte ein Beweisstück sein und ich fasse es einfach an!« Er zog einen Beutel aus der Jackentasche und streifte seine Untersuchungshandschuhe über.

Grace hatte den Handschuh vorsichtig an ihre Nase geführt und roch daran. Plötzlich erhellte sich ihr Gesicht. »Weißt du, wonach das riecht? Nach Hunden, das ist eindeutig.«

Rory beugte sich auch darüber und nickte zustimmend. »Du hast recht, Grace.«

»Marten Molloy. Das ist einer von Marten Molloy. Da bin ich mir sicher«, erklärte Grace. »Ich wusste doch, dass die alte Dame etwas für uns hatte. «

Sie schnüffelte noch einmal. »Aber da ist noch ein anderer Geruch, etwas schwächer.«

Rory überlegte. »Hm. Ich komm auch nicht drauf. Erinnert mich an das Öl, das Mrs Coyne neulich gekauft hat.« Er war unsicher und hatte sich den Handschuh eng an die Nase gedrückt.

»Öl?« Grace sah ihn fragend an.

In diesem Moment wurde die Tür ohne Klopfen aufgerissen und Kevin Day stand grinsend vor ihnen. Er warf seinen Kollegen einen amüsierten Blick zu.

»Ich hoffe, ich störe euch nicht beim trauten Erschnüffeln von möglichen Ermittlungsergebnissen – oder geht es eher um …« An dieser Stelle zögerte er kurz. »… handfeste Indizien bei eurem bisher eher hoffnungslosen Herumstochern, was die zwei Mordfälle auf der pittoresken mittleren Aran-Insel betrifft?«

Rory warf ihm einen abschätzigen Blick zu. »Du hast doch selbst einen wertvollen Beitrag zu unseren Ermittlungen geleistet. Glaubst du, davon können wir noch zehren?«

Grace verzog den Mund und legte den Handschuh auf ihren Schreibtisch zurück. »Was ist, Kevin? Hast du was für uns oder bleibt es bei dummen Sprüchen?«

Kevin überlegte einen Moment und entschloss sich dann, freundlich zu lächeln. Rory dagegen wippte ungeduldig auf seinen Füßen.

»Ein Mr Fitzsimons hat wohl versucht, einen von euch zu erreichen, und da er keinen Erfolg hatte, mich kontaktiert. Du sollst ihn bitte umgehend zurückrufen, Grace. Warum flüstert der eigentlich so?«

»Damit«, erklärte Rory, während er den ungeliebten Kollegen behutsam aus Graces Büro schob, »wahrt er wohl sein Berufsgeheimnis. Bis demnächst, Kevin – und danke.«

Rory schloss die Tür hinter ihm und blieb davor stehen.

»Den Handschuh müssen wir umgehend in die Spusi geben. Ich bin sicher, dass das der ist, von dem Molloy mir erzählt hat«, sagte Grace.

Rory kratzte sich am Kopf. Offenbar konnte er sich nicht erinnern.

»Das habe ich doch schon erwähnt, oder?« Die Kommissarin schaute ihn einen Moment lang unsicher an und setzte sich dann hinter ihren Schreibtisch. Sie nahm ihr Smartphone heraus und begann die Nummer des Notars zu suchen.

»Er hat sich plötzlich daran erinnert, dass ihm die Handschuhe bei einem Einbruch geklaut worden sind«, fuhr sie fort. »Interessanterweise fiel ihm das erst nach einigen Tagen auf und auch erst in meiner Gegenwart.« Rory pfiff durch die Zähne, was Grace mittlerweile tolerierte.

»Ist doch merkwürdig, oder?«

Rory nickte. »Ja, hast du erzählt. Jetzt erinnere ich mich.«

»Und ich bin sicher, dass uns der Hundeflüsterer irgendetwas verschweigt.« Grace hatte die Nummer des Notars gefunden und lehnte sich zurück.

»Meinst du, er hat gemerkt, dass er einen Handschuh an höchst prekärer Stelle auf Inis Meáin verloren hat?«

Grace schaute auf und nickte langsam. »Könnte doch sein, oder? Schau bitte mal im Umschlag nach, ob da nicht noch etwas anderes drin steckt.«

Grace tippte die Telefonnummer ein. Rory schob seine große Hand in den Umschlag und tastete darin herum. Schließlich zog er einen weißen Zettel heraus, der in der Mitte gefaltet war, und klappte ihn auf.

»Oh!«, entfuhr es ihm.

»Ja, hier Grace O'Malley, Mr Fitzsimons. Sie wollten mich sprechen? Wir erwarten ja noch Ihre Auskunft, was den ursprünglichen Erben in Michael Lynchs Testament betrifft. Bevor es geändert wurde.«

Sie rollte genervt mit den Augen. Doch dann fuhr sie überrascht hoch.

»Wie bitte? Und Sie sind sich ganz sicher?« Wieder wartete sie die Antwort des Notars ab.

Dann schien sie fieberhaft zu überlegen. »Wissen Sie, ob der Erbe über diese Erbanwartschaft unterrichtet war, Mr Fitzsimons?«

Der Notar antwortete ihr.

»Vielen Dank.« Damit beendete Grace das Gespräch. Sie

hatte die Lippen geschürzt und sah verblüfft zu ihrem Kollegen, der ebenfalls ratlos zu sein schien.

Rory starrte auf das Papier, das er in der Hand hielt. Dann schüttelte er ungläubig den Kopf.

»Du zuerst, Rory. Was hat Moira uns geschrieben, bevor sie ermordet wurde?«

Der Kommissar räusperte sich. »Das darf doch nicht wahr sein …«

Grace beugte sich vor und schaute ihn durchdringend an. »Rory!«

»Es ist nur ein kurzes Zitat aus dem ›Schicksal der Söhne von Usna‹.«

»Aus den ›Söhnen von Usna‹?« Grace kannte diese Mythensammlung vage aus ihrer Schulzeit. Jedes irische Kind musste die bekanntesten Sagen der keltischen Vergangenheit auswendig lernen und so tun, als ob es sie unglaublich spannend fände.

»Ich les mal vor, ja?«

Grace nickte.

»Aber in seinem Herzen brannte der Zorn so schwarz, dass King Conor an nichts anderes mehr denken konnte, als wie er Rache für die Untreue seiner Braut nehmen könne.«

»Ist das alles?«

Rory schüttelte den Kopf. »Moira hat noch eine kurze Nachricht dazugeschrieben: ›Ich bin dran. Ich melde mich in Kürze, wenn ich es vollständig habe. Moira.‹«

Grace sah ihn enttäuscht an. »Das ist nicht dein Ernst, oder? Warum wälzen sich so viele Iren permanent in ihrer Mythologie – kannst du mir das mal verraten, Rory? Statt zu sagen: Ich habe diesen Handschuh da und da gefunden und er gehörte vermutlich dem Mörder von Michael Lynch, serviert sie uns die Söhne von Usna. Ich fasse es nicht.«

Rory wusste ihr nichts zu entgegnen. Resigniert hob er die Schultern. Es war still im Raum. Schließlich legte er das Stück Papier auf Graces Schreibtisch und atmete tief durch.

»Und du? Was hat dir die Flüstertüte gesteckt? Wer war die ganzen Jahre lang Lynchs Erbe? Hat er damit endlich am Telefon rausgerückt?«

Grace schaute ihn unbewegt an. »Es war die Mutter des Kindes, Rory. Tessa Keane. Und laut Fitzsimons wusste sie darüber Bescheid, dass sie im Fall von Lynchs Ableben ein Millionenerbe antreten würde. Sie brauchte Lynch gar nicht zu heiraten, sondern hätte ihn auch umbringen können, um gut versorgt zu sein.«

»Bis auf einmal das Kind ins Spiel kam.«

Grace stand auf und trat auf ihn zu. »Und es ist immer noch im Spiel. Mehr denn je, wenn du mich fragst.«

40

Aisling O'Grady war nervös. Sich im Spaniard's Head mit der pensionierten Hebamme zu treffen, war vielleicht doch keine so gute Idee gewesen. Aisling hatte sich mit der milchig weißen Limonade, die Fiona selbst herstellte, an den Ecktisch im hintersten Schankraum gesetzt und behielt die beiden Türen genau im Blick. Hoffentlich tauchte jetzt keiner ihrer Kollegen auf. Es war später Nachmittag und der Pub fast leer.

Da erschien eine rundliche ältere Dame im Türrahmen, die ihr sofort aufgeregt zuwinkte. Kurz darauf stand sie etwas außer Atem vor ihr und stellte schwungvoll ihre riesige cremefarbene Handtasche und dann eine kleine Flasche Orangensaft auf den Holztisch.

»Ich bin Mary – und du musst ›the cub‹ sein! Betty Keegan hatte recht.« Sie lächelte.

Aisling erwiderte das Lächeln unsicher und reichte ihr die Hand, die Mary eine Zeitlang schüttelte. Dann setzte sich die Hebamme.

»Wieso ›the cub‹?« Natürlich wusste Aisling, dass die Welpen von Füchsen so bezeichnet wurden.

»So haben wir dich damals genannt, als du mit deinem Rotschopf auf die Welt kamst! Der kleine Welpe der kleinen Füchsin …«

Aislings Augen weiteten sich vor Erstaunen. »Sie können sich wirklich noch an mich erinnern? Sie haben doch sicher unzählige kleine Füchse hier an der Westküste auf die Welt gebracht.«

Das runzelige Gesicht der alten Hebamme leuchtete auf.

»O ja, das kannst du glauben. Über vierzig Jahre lang. Und nicht nur in Castlebar. Bei Wind und Wetter habe ich die Kinder geholt, von hier bis hinter Ballina und nach Sligo hoch. Halb Mayo habe ich auf die Welt gezerrt, ob sie wollten oder nicht. Und wenn sie zu schnell herausgeplumpst sind, weil sie es gar nicht erwarten konnten, hab ich sie aufgefangen.«

Sie nahm einen großen Schluck Saft und lächelte Aisling an. Die Medizinerin fasste sofort Vertrauen zu ihr. Sie beugte sich zu Mary hinüber.

»Dann wissen Sie ja auch sicher, wer meine Mutter ist. Sie haben sie eben kleine Füchsin genannt. Wer ist die kleine Füchsin? In meinen Unterlagen steht ›unbekannt‹. Aber warum?«

Die Frau, die eben noch über das ganze Gesicht gestrahlt hatte, wurde plötzlich ernst. Ihr Gesichtsausdruck verdunkelte sich, als hätte sich eine düstere Wolke vor die helle Sonne geschoben.

Sie strich sich über das Gesicht. Dann nahm sie Aislings Hand und hielt sie fest.

»Sie haben dir also nie etwas gesagt?«

Die Gerichtsmedizinerin schüttelte stumm den Kopf und ließ ihre Finger in der warmen Hand der anderen. Es fühlte sich gut an.

»Oder deinen Eltern? Du bist doch sofort adoptiert worden, oder? Damit hat man mich jedenfalls besänftigt, als ich mich noch einmal nach dir erkundigt habe.«

Aisling erzählte ihr in knappen Zügen das wenige, was sie herausgefunden hatte. Und dass es der Tod der geliebten Mutter war, der erst vor kurzer Zeit alles ans Tageslicht gebracht hatte.

»Ist meine Mutter …?« Aisling fand es fast unmöglich, dasselbe schwere Wort für zwei verschiedene Frauen zu benutzen. Sie stockte. »Ich meine, meine leibliche Mutter … ist sie bei der Geburt … ist sie …?« Ihr fehlten die Worte.

Die Hebamme drückte ihre Hand. »Du willst wissen, ob sie bei deiner Geburt gestorben ist?«

Die junge Ärztin nickte beklommen.

»Nein. Aber es war sehr knapp, das stimmt. Wir kamen bei ihr einfach nicht weiter. Du warst ein Kaiserschnitt. Und wenn die Ärzte keine Bluttransfusion vorgenommen hätten, dann hätte sie es nicht überlebt. Und es war ein großes Glück, dass zu dem Zeitpunkt an der Westküste auch das richtige Blut für einen schnellen Einsatz vorrätig war. Bei Rothaarigen ist das gar nicht so unproblematisch, wie du als Ärztin ja sicher weißt.«

Aisling nickte. »Sie hatte mich vorher schon zur Adoption freigegeben, hat mein Vater erzählt. Meine Adoptiveltern haben sozusagen auf mich gewartet. Wissen Sie auch darüber etwas?«

Traurig schüttelte die alte Frau den Kopf und ließ Aislings Hand los. »Nein, mein Kind.«

Aisling musste schlucken und nahm ihren ganzen Mut zusammen. Sie war so weit gegangen, dass sie nun auch den letzten Schritt gehen wollte.

»Das glaube ich Ihnen nicht, Mary. Bitte verzeihen Sie, aber Sie wissen ganz genau, was passiert ist. Ich kann es kaum fassen, dass Sie tatsächlich hier sind, um mir zu helfen. Sie geben mir neuen Mut, und es kommt mir gerade so vor, als würden Sie mir ein zweites Mal auf diese Welt helfen. Aber, bitte, erzählen Sie mir, was damals genau vorgefallen ist.«

Aisling schaute ihr direkt in die Augen. Wie von Weitem konnte sie lebhafte Stimmen an der Bar hören, die zu ihnen herüberwehten.

Die Hebamme dachte lange nach, dann fand sie endlich ihre Stimme wieder. »Als sie das Bewusstsein erlangte, haben sie ihr erzählt, dass du bei der Geburt gestorben wärst. Sie hat dich nie zu Gesicht bekommen. Man hat uns gezwungen, ihr nichts zu sagen. Und ich bin sicher, dass sich auch alle daran gehalten haben. So waren die Zeiten damals.«

Aisling entfuhr ein Laut, der an ein verletztes Tier erinnerte. Die Frau hatte ihre Augen fest geschlossen.

»Aber warum? Sie hatte doch in die Adoption eingewilligt, oder?«

Da öffnete die Hebamme ihre Augen wieder und schaute die Ärztin mitleidig an.

»Weil sie befürchteten, dass die Familie deiner Mutter kommen und dich mitnehmen würde. Damit hätten sich ihre Adoptionspläne, für die sie sicher eine hübsche Summe gefordert hatten, in Luft aufgelöst. Die Warteliste war immer lang, mein Kind. Iren haben, auch wenn sie arm waren, lieber ein zehntes Mäulchen gefüttert, als es wegzugeben. Ich habe viel gesehen.«

Aisling brauchte ein paar Minuten, bevor sie begriff, was sie da eben erfahren hatte.

»Warum die Familie meiner Mutter? Wieso hielten sie es für wahrscheinlich, dass sie mich mitnehmen würde?«

Nun lächelte die Hebamme wieder. Sie beugte sich zu ihr und strich ihr liebevoll über die Wange.

»Es sind Traveller, Cub. Sie sind von allen Iren die größten Familienmenschen. Deine Mutter, die wir die kleine Füchsin nannten, weil sie so zart und schön war, war selbst fast noch ein Kind, als sie dir das Leben schenkte.«

Einen Moment lang ließ sie ihre Hand über Aislings Gesicht wandern und die Ärztin merkte, wie ihr die Tränen hochstiegen. Sie konnte sie nicht mehr aufhalten.

»Lebt sie noch? Wissen Sie das?« Ihre Stimme schien zu ertrinken.

Mary stand lächelnd auf, schnappte sich ihre große

Handtasche, die sie lange vor Aislings Geburt gekauft haben musste, und zeigte hinter sich auf die Wand. Dort hing ein Poster, das für den kommenden Samstag ein Konzert im Spaniard's Head ankündigte.

»Sie ist eine bekannte Musikerin geworden. Keine spielt die Fiedel so wie sie. Du solltest sie dir hier einmal anhören, die Fiedlerin Tessa Keane.«

Dann umarmte sie die perplexe Ärztin fest und rauschte durch die Tür hinaus.

41

Es war mehr als ungewöhnlich, dass Robin Byrne seinen Kommissaren im Morddezernat Druck machte. Meist ließ er sie völlig selbstständig arbeiten, was, wie Grace nach ihrem Amtsantritt schnell herausgefunden hatte, eher in seinem tief verwurzelten Phlegma begründet war als in einem blinden Vertrauen seinem Team gegenüber. Wenn er nicht vom Dubliner Hauptquartier zu schnellem Erfolg verdonnert wurde und die Presse Spannenderes zu berichten hatte, gab es für Byrne eigentlich keinen Grund, Grace, Rory oder auch Kevin bei ihren Ermittlungen auf die Füße zu treten.

»Setzt euch, bitte.«

Rory und Grace tauschten überraschte Blicke aus und schauten sich ratlos um. Es gab in dem vollgestopften Raum keine freie Sitzfläche. Das wusste auch der Chef und normalerweise blieben alle Beteiligten stehen, außer Byrne selbst, der auf seinem alten, wackeligen Bürosessel hin und her wippte. Grace stand neben dem Fenster, während Rory ruhig bei der Tür Position bezog. Wenn Byrne sich – wie er es nannte – ein Bild machen wollte und sich auf den neuesten Ermittlungsstand bringen ließ, dauerte das in der Regel nicht länger als fünf Minuten.

»Wir stehen gern, Robin.« Rory knöpfte seine Uniformjacke auf, Graces Lippen waren ein schmaler Strich.

Byrne warf Rory einen langen, spöttischen Blick zu.

»Na, dann legt mal los. Was haben wir bis jetzt? Bis auf zwei magere Obduktionsberichte von O'Grady habe ich noch nichts Vernünftiges gesehen. Da ist noch Luft nach oben. Also?«

Er faltete die Finger und blickte sie auffordernd an, als erwartete er von den beiden einen lückenlosen Bericht.

Rory hustete und ergriff das Wort, nachdem er kurz zu seiner Chefin hinübergeschaut und sie genickt hatte.

»Wir gehen davon aus, dass die beiden Gewaltverbrechen kausal miteinander zusammenhängen. Der Mord an Moira Farrell ist unseres Erachtens ein Vertuschungsmord. Sie hat den Mörder von Michael Lynch vermutlich gesehen und erkannt. Obwohl er mit nahezu hundertprozentiger Sicherheit vermummt war.«

»Die Nacht von Samhain«, brummte Byrne, während er imaginäre Dominosteine über den Tisch schob.

»Sag ich doch. Das zweite Opfer wohnte gegenüber dem Cottage, das in der Nacht wohl von einem unserer Verdächtigen bewohnt wurde.«

»Wie viele Verdächtige habt ihr?«

»Zwei«, erwiderte Rory

»Drei«, verbesserte ihn Grace.

Byrne seufzte. »Einigen wir uns auf zweieinhalb?«

Die beiden Kommissare schwiegen. Grace biss sich auf die Unterlippe.

»Um wen handelt es sich?«

Rory warf Grace einen hilflosen Blick zu. Sie ergriff das Wort und berichtete, was sie bisher über Lynch und Molloy herausgefunden hatten.

»In der Nacht von Samhain entspann sich ein heftiger Streit zwischen ihnen, ungefähr eine Stunde vor dem Mord. Dafür gibt es einen Zeugen. Molloy war zu diesem Zeitpunkt höchstwahrscheinlich als Mülltüte verkleidet unterwegs …«

Byrne hob den Kopf. »Na, das ist doch wirklich mal etwas Neues.«

Rory versuchte ein Grinsen zu unterdrücken. Grace blieb jedoch gelassen und fuhr mit ruhiger Stimme fort.

»Für den Zeitpunkt des Mordes hat Molloy kein Alibi. Bei ihm fehlt allerdings ein handfestes Motiv.« Grace merkte, wie ihr leicht übel wurde von dem Geruch der süßen Pfefferminzbonbons, die ihr Chef unentwegt lutschte, seit er das Rauchen aufgegeben hatte. Warum gab es in Irland so gut wie keine Fenster, die sich kippen ließen wie die in Dänemark?

»Und was ist mit dem Land, um das sich die beiden gestritten haben? Genügt das nicht?«, fragte Byrne.

Grace schüttelte unwillig den Kopf. »Nein, Robin. Das reicht nicht. Wir haben uns kundig gemacht, weil wir Bodenschätze vermuteten. Aber es scheint dort keine zu geben. Wir bleiben dran. Da liegt noch nicht alles auf dem Tisch. Vor allem weil Molloy auch für den Mord an Moira Farrell kein Alibi hat.« Grace sah zu Byrne und versuchte ihre Atmung flach zu halten. »Außerdem hat Mrs Farrell uns noch vor ihrem Tod einen Arbeitshandschuh geschickt, der wahrscheinlich Molloy gehört. Den muss sie in Lynchs Cottage gefunden haben.«

Robin Byrne schüttelte den Kopf. »Das beweist gar nichts. Den Handschuh könnte jemand bewusst platziert haben, um den Verdacht auf Molloy zu lenken.« Seine Stimme klang wie immer unbeteiligt und eine Spur ironisch.

Grace und Rory tauschten wieder Blicke aus.

»Kannte das zweite Opfer Marten Molloy?«

»Das wissen wir nicht. Laut Aussage des Verdächtigen kannten sie sich wohl nicht. Aber es gibt zwei Personen, die das wissen könnten – der Neffe und die beste Freundin des Opfers. Wir haken da noch mal nach.« Grace wurde unruhig und überlegte, ob sie sich langsam in Richtung Tür bewegen sollte, doch Byrne hatte augenscheinlich noch einiges beizutragen.

»Das könnte entscheidend sein. Wenn sie ihn noch nie gesehen hat, kann sie ihn auch nicht erkannt haben.«

Grace tippte sich eine Notiz in ihr Handy und versuchte dann Rorys Blick aufzufangen.

»Was ist mit dem zweiten Verdächtigen?«, fragte Byrne.

Rory schien ebenfalls von der ungewohnten Ermittlungsfreudigkeit ihres Chefs überrumpelt zu sein. Er zuckte kaum wahrnehmbar in Richtung Grace mit den Schultern.

»Der zweite Verdächtige ist Tessa Keane«, antwortete Rory nach ein paar Sekunden. »Bei ihr haben wir ein starkes Motiv, und sie hat auch kein Alibi. Aber sie ist rein körperlich nicht stark genug, als dass sie den ersten Mord hätte begehen können. Es sei denn, sie hatte einen Komplizen.«

»Molloy?«

»Könnte durchaus sein. Wir müssen eine Verbindung zwischen den beiden noch überprüfen.«

Grace tippte ohne Unterbrechung.

»Und welches Motiv?«

»Sie sollte bis vor Kurzem Lynchs millionenschweres Vermögen erben, denn er war auch als Unternehmer in Sachen wertvolle Minerale unterwegs. Doch das Testament wurde vor etwa vier Wochen zugunsten ihres gemeinsamen Kindes geändert. Daher wäre die späte Rache ein mögliches Motiv.«

»Rache wofür?«

Rory zögerte einen Moment. »Dafür dass er sie damals schwanger im Stich ließ.«

»Obwohl das schon mehr als dreißig Jahre zurückliegt«, ergänzte Grace.

»Rache ist ein Fluch, der so gut wie nie vergeht.« Der Chef klang äußerst konzentriert. »Es gab also ein Kind?«

Beide nickten vehement.

»Tessa leugnet das«, sagte Grace. »Sie behauptet, Lynch hätte sie damals schwanger sitzen lassen und das Kind wäre bei der Geburt gestorben. Lynch war offenbar anderer

Meinung, denn er suchte bereits nach diesem Kind. Es soll adoptiert worden sein. Auch wir suchen es, aber wir haben das Mädchen noch nicht gefunden.«

»Die Lady scheint mir eine ernstzunehmende Verdächtige zu sein. Hat sie denn ein Alibi für den Mord an Mrs Farrell?«

Rory hüstelte. »Wir sind dran, Chef, aber wir haben sie noch nicht erreichen können. Sie ist Musikerin und immer unterwegs. Das werden wir bald herausfinden.«

Grace fuhr der Schreck in alle Glieder. Das war ihnen glatt durchgegangen. Sie war Rory für seine geistesgegenwärtige Antwort unendlich dankbar.

Byrne stand auf, was zu Graces Erleichterung wohl das baldige Ende des Treffens ankündigte. Mit seiner unirischen Größe von zwei Metern überragte er alles im Raum, einschließlich der überladenen Regale.

»Bleibt noch der halbe Verdächtige.«

Grace lächelte zum ersten Mal seit dem Beginn der Zehnuhrbesprechung.

»Das ist der Green Man«, erwiderte sie. »Er trug ein entsprechendes Kostüm. Es war der Mann, der kurzfristig das Cottage gegenüber von Moira Farrell gemietet hatte und den niemand weder vor noch nach dem Mord gesehen hat.«

»Nun gut, es war finstere Nacht. Und auch nicht am nächsten Morgen?« Byrne klang skeptisch. »Das kommt mir bei dieser kleinen, ziemlich überschaubaren Insel äußerst merkwürdig vor.«

Rory nickte vehement. »Bei ihm besteht zumindest aufgrund seiner Statur und seiner nachweislichen Aufenthaltsorte die Möglichkeit, dass er Lynch umgebracht hat.«

Bevor er weitersprechen konnte, fiel Byrne ihm ins Wort. »Solange ihr den Green Man nicht ausfindig machen könnt, werdet ihr weiter im Dunkeln tappen«, brummte er streng. »Also, macht euch an die Arbeit.«

Und damit war die Sitzung beendet.

Da überzog auf einmal ein Lächeln Graces Gesicht, das wenige Augenblicke zuvor noch äußerst skeptisch dreingeblickt hatte.

»Danke für das Gespräch, Robin. Mir ist jetzt einiges klarer geworden«, sagte sie.

Robin Byrne grinste über beide Ohren, was Grace noch nie bei ihm gesehen hatte. Er war sichtlich stolz auf sich. Vielleicht wollte er dadurch beflügelt noch eins draufsetzen.

»Noch einmal, Kollegen«, sagte er leise, aber bestimmt. »Das gibt es wirklich nicht.«

Rory und Grace, die schon durch die Tür und in den neu gestrichenen Korridor getreten waren, drehten sich wieder zu ihm um.

»Es kann einfach nicht sein, dass man bei Tag und ohne Nebel auf Inis Meáin von niemandem gesehen wird. Genauso wenig, wie man von der Insel unbemerkt rauf- oder runterkommt. Das ist ein Ding der Unmöglichkeit.«

Rory wusste sofort, was er meinte. »Sag ich doch, Robin.«

42

»Byrne hat natürlich recht«, stellte Rory fest, als sie wieder in Graces Büro saßen. »Das ging mir auch die ganze Zeit durch den Kopf, während ich auf Meáin war und ein paar von den Inselbewohnern vernommen habe. Irgendjemand hat wen gesehen und hält dicht.«

Grace tippte eine Nummer in ihr Handy und wartete.

»Danke, Rory, dass du vorhin so schnell reagiert hast. Kannst du dich jetzt bitte rasch um Tessa Keanes Alibi kümmern?«

Er nickte und notierte sich etwas auf einem kleinen Zettel. Dann checkte er seine Mails auf einem Tablet, das Grace noch nie bei ihm gesehen hatte. Sie hob überrascht die Augenbrauen.

Rory grinste, während er darauf herumwischte. »Ja, auch ich teile den Fluch moderner Kommunikationsmittel.« Er klang eher verhalten begeistert, fand Grace.

Der Teilnehmer, den Grace erreichen wollte, nahm nicht ab. Sie zögerte und drückte die Verbindung weg.

Rory hielt inne und starrte auf das Display. »Na, da ist es ja, was ich gesucht habe. Frank MacMurray, wohnhaft in Westport.«

Grace hob den Kopf. »Sagt mir nichts. Was ist mit ihm?«

»Dem gehört das Stück Land in Delphi, das Lynch und Molloy haben wollten. Ich oder du?«

Sie ordnete ihre Sachen auf dem Schreibtisch und schaute dann kurz auf ihre Armbanduhr. »Du. Ich muss heute noch nach Achill und Monaghan.«

»Ach, da liegt Westport doch auf dem Weg. Ich fahr nach

Inis Meáin, das ist genau die andere Richtung. Mittlerweile habe ich das Gefühl, dass Kevin bei seinem Besuch etwas übersehen hat.«

Grace seufzte. »Okay. Aber unterstellst du ihm etwa, dass er das bewusst getan hat?«

Rorys Gesicht sah harmlos aus wie das eines zu unrecht beschuldigten Schuljungen, der einen üblen Streich gespielt haben soll.

»I wo, auf keinen Fall!« Mühsam kopierte er mit dem Stift etwas vom Tablet auf sein Zettelchen.

Grace wählte noch einmal die Nummer. Diesmal hatte sie Glück.

»Ich bin's. Grace. Hast du Zeit, mal kurz rüberzukommen?« Sie lauschte.

»Danke, bis gleich.«

Rory stand auf. Dann hielt er sich am Schreibtischrand fest und atmete langsam ein und aus.

Grace schaute ihn leicht alarmiert an. »Was hast du, Rory, geht es dir nicht gut?«

»Wir schaffen das kaum zu zweit, nicht wahr? Wir kommen überhaupt nicht voran. Wenn Day ein bisschen besser mitspielen würde und nicht so ein verdammter …«

Es klopfte und Rory brach ab. Er drehte den Kopf zur Tür, als erwartete er, dass genau der verfluchte Kollege in der Tür erschien. Aber es war nur die blasse Gerichtsmedizinerin O'Grady, die etwas hilflos auf der Schwelle stehen blieb.

»Du wolltest mich sprechen, Graínne?«

Grace winkte sie herein und bat sie, Platz zu nehmen. Rory verabschiedete sich und schloss leise die Tür.

»Ich habe noch ein paar Fragen zu deinem Obduktionsbericht im Fall Moira Farrell«, begann Grace das Gespräch. »Wir haben da noch ein Alibi abzuklären und es ist entscheidend, wann genau der Mord geschehen ist.« Sie zog ein Blatt Papier aus dem Stapel vor ihr. »Du schreibst, zwischen zwölf und zwei. Meinst du, das lässt sich noch stärker eingrenzen?«

Erst jetzt bemerkte sie, dass Aisling stumm und wie ein Häuflein Unglück auf dem Stuhl gegenüber versunken war.

»Aisling, entschuldige. Wie blöd von mir. Dir geht es nicht gut und ich rede hier einfach auf dich ein.« Sie wusste nicht, was sie sonst sagen sollte.

Die Ärztin schüttelte den Kopf. »Nein, ich bin ja froh um jedes bisschen Arbeit. Das lenkt mich ab. Klar, ich kann versuchen, die Tatzeit genauer zu bestimmen, obwohl es schwierig ist. Ich gehe sofort noch mal ins Labor, in Ordnung?« Sie stand auf.

Grace folgte ihr mit den Augen. Sie kam sich hilflos vor.

Aisling blieb unschlüssig vor der Tür stehen. Sie schien zu überlegen.

Grace erhob sich und trat auf sie zu. Dann legte sie eine Hand auf die Schulter der rothaarigen Frau, die nur wenig jünger war als sie selbst.

»Kann ich dir helfen?«

Draußen hörte man den altmodischen Aktensammler, den alle nur den Friedhof nannten, mit Getöse vorbeirumpeln. Wahrscheinlich schob ihn Paddy, der Blinde. Das tat er immer gern nach seiner Schicht an der Eingangspforte.

Plötzlich hellte sich Aislings Gesicht auf. »Würdest du wirklich?«

Grace lächelte. »Ja. Sonst würde ich es dir nicht anbieten. Was kann ich tun?«

»Hast du morgen Abend schon etwas vor?«

»Ich glaube nicht. Ich fahre heute hoch nach Achill und von dort aus weiter nach Monaghan. Da werde ich wohl übernachten müssen, aber morgen Mittag bin ich mit Sicherheit zurück. Und morgen ist Samstag.«

Aisling O'Gradys Stimmung hatte sich im Nu aufgehellt. So kam es Grace zumindest vor.

»Würdest du mit mir ins Spaniard's Head gehen?«

Grace nahm überrascht ihre Hand von Aislings Schulter. Dann grinste sie. »Klar. Ist das alles?«

Die Medizinerin nickte heftig und wagte nun auch ein zaghaftes Lächeln.

»Und warum?«

»Da findet morgen eine Musiksession statt und ich möchte, dass du mit mir hingehst.«

Graces Verblüffung wurde immer größer. »In Ordnung. Aber kannst du mir sagen, warum? Ist es eine besondere Band?«

Aisling legte den Zeigefinger auf ihren Mund. »Nein, ich kann im Moment noch nicht darüber reden. Aber ich möchte dir jetzt schon dafür danken, dass du mich begleitest.«

Sie fiel Grace um den Hals und drückte sie fest.

»Allein hätte ich nicht den Mut dazu«, flüsterte sie.

43

Frank MacMurray, der in Westport lebte und den Grace auf dem Weg nach Achill Island kurz besuchte, konnte ihnen auch nicht weiterhelfen. Ihm sei das unerwartete Interesse an diesem Stück Land auch ein Rätsel gewesen, erklärte er.

Grace saß nun wieder in ihrem Wagen und fuhr die Küstenstraße hoch in Richtung der Heimat ihrer Vorfahren. Nördlich der mächtigen Clew Bay konnte sie schon die entfernte imposante Bergkette Achill Head auf Achill Island erkennen. Dabei versuchte sie, sich das Gespräch von einer halben Stunde zuvor noch einmal in Erinnerung zu rufen.

»Ich bin ja kein Schuljunge, Superintendent«, hatte MacMurray zu ihr gesagt. »Wenn es dort etwas Wertvolles unter der Erde gäbe, wüsste ich es, glauben Sie mir. Mich hat das alles sehr verwundert, wirklich.«

Grace war geneigt, ihm tatsächlich zu glauben.

»Wer war zuerst interessiert, Molloy oder Lynch?«, fragte sie ihn nüchtern.

Der korrekt angezogene Mittfünfziger mit dem schütteren, gewellten Haar musste einen Moment lang überlegen.

»Das war Mr Molloy, glaube ich.«

MacMurray glaubte offenbar eine ganze Menge, registrierte Grace und machte sich einige Notizen.

»Wenn ich mich recht erinnere, trat er persönlich an mich heran und fragte, ob ich diesen Teil des historischen Bodens nicht veräußern möchte.«

»Des historischen Bodens? Was meinen Sie damit?«

MacMurray warf ihr einen entrüsteten Blick zu. »Dort sind einige der entkräfteten unglücklichen Menschen gefunden worden, die den Marques von Sligo vergeblich um etwas zu essen gebeten hatten. Die Geschichte kennen wir doch alle aus der Schule, Superintendent. Die Große Hungersnot, die Tragödie von Delphi. Zehnte Klasse.«

Wieder traf sie ein tadelnder Blick, als hätte sie im Unterricht nicht aufgepasst.

»Die Leichen wurden genau in diesem Gebiet gefunden?«

Der Mann nickte heftig. »Einige von ihnen, nicht alle. Andere haben es noch weiter hoch in Richtung Louisburgh geschafft. Wenn überhaupt jemand Interesse an diesem Stück Land haben könnte, dann höchstens der irische Staat, um dort eins seiner Interpretationszentren zu errichten, die unsere Geschichte an Ort und Stelle erklären. Davon gibt es ja mittlerweile zahlreiche im ganzen Land. Vor einiger Zeit hatte ich dazu auch mal eine Anfrage aus Dublin.«

MacMurray lächelte ein höfliches Lächeln, das mager ausfiel. »Ich suche das gern für Sie heraus, wenn es Sie interessiert.«

»Ja, vielen Dank, Mr MacMurray. Und wann kam Lynch dazu?« Sie hatte diesen Besuch zunächst als weniger relevant eingeordnet, merkte nun aber, dass die Auskünfte des Landbesitzers vielleicht doch aufschlussreich sein könnten. Grace wiederholte ihre Frage.

»Kurz nach Mr Molloy, glaube ich. Oder war es kurz nach der Anfrage durch das Ministerium für Kultur und der Gaeltacht?«

Grace beobachtete ihn genau. »Kannten Sie Michael Lynch zuvor?«

»Selbstverständlich! Jeder, der hier in Mayo Land besitzt, kannte Lynch.«

»Und schätzte ihn?« Grace sagte das ohne jegliche Ironie.

MacMurray schaute sie überrascht an. »Nein. Ich glaube nicht. Die Leute fürchteten Michael Lynch und mieden ihn.

Er war gierig. Er war ein Getriebener. Ich weiß, man soll nicht schlecht über die Toten reden.«

Seine Stimme hatte sich gesenkt.

Grace trat hart auf die Bremse, um einer braunen Kuh auszuweichen, die knapp vor der Brücke am Achill Sound auf die Fahrbahn getreten war, um unbeschwert die Straßenseite zu wechseln.

Danach fuhr sie langsam am Pub und am Supermarkt vorbei und blieb auf der Hauptstraße in Richtung Keel. Zu ihrer Linken lag der mächtige Atlantik und der nach ihm benannte Atlantic Drive, der sich zwischen der spektakulären Küste mit den langen Sandstränden und den steilen Klippen entlangschlängelte. Dies war die Landschaft ihrer Kindheit. Jeden Sommer hatten Grace und Dara hier die endlos langen Ferien verbracht. Wochen, die nie aufzuhören schienen. Bummeln durch Steine, Sand und Wasser, ein Eintauchen in eine Welt der Unendlichkeit. Es war eine Zeit der Freiheit und Leichtigkeit gewesen. In der Muscheln und selbst gebaute Dämme eine große Rolle spielten, Wellen und Hunde. In der sie mit dem Vater angelten und mit der Mutter schwammen. In der die Kinder abends beim Torffeuer vom Großvater Brotscheiben oder Würstchen an Stöcken gereicht bekamen, um sie über den Flammen zu rösten. Ein Geruch, den Grace nie vergessen würde. In der die Großmutter lachend Mikadostäbchen auf die glatt polierte Tischplatte fallen ließ, bevor sich alle konzentriert darüberbeugten.

Grace nahm ihren Blick kurz von der Straße, auf der sie ganz alleine fuhr, und ließ ihn über das weite, leicht ansteigende Land schweifen. Jetzt im Herbst sah das Moor in ganz Achill golden aus. Der Himmel war nur mit wenigen weißen Wolken betupft und strahlte kobaltblau. Das kam in dieser Jahreszeit selten vor. Dieser Himmel schätzte sein

Spiegelbild im Meer wohl so sehr, dass er es türkis schimmern ließ und sie damit zum Lächeln brachte.

Grace lächelte immer noch, als sie eine halbe Stunde später oberhalb von Keel in Richtung Dugort in die Auffahrt des alten Herrenhauses der O'Malleys einbog. Etwas weiter nördlich, am Fuß des schroffen Slievemor, lagen der alte Friedhof und das verlassene Geisterdorf, das von der historischen Hungerkatastrophe immer noch Zeugnis gab. Sollten sie doch hier ein Interpretationszentrum eröffnen, dachte Grace. MacMurrays Land im Delphital ging ihr nicht aus dem Sinn.

Sie stieg aus dem Wagen und holte ihre Tasche, die sie sich über die Schulter hängte.

»Tante Grace!« Declan stand an der Tür und winkte ihr wild.

Sie ging auf ihn zu und fuhr ihm durch die Haare. Sofort bemerkte sie, dass sie durch ein Gel klebrig waren.

»Was macht der Hamster, Dec?«

»Abgehauen.«

»Oh. Als du ihn hattest?«

Ihr Neffe zögerte. Schließlich nickte er, ohne sie dabei anzuschauen.

»Offiziell«, setzte Declan nach ein paar Sekunden hinzu.

»Ich gehe mal davon aus, dass er sich jetzt endlich in Sicherheit befindet, oder? Eine Heldentat.«

Wieder Nicken. Heftiger. »Klar doch«, stieß er erleichtert hervor und grinste.

»Sind deine Eltern da?« Sie suchte mit den Augen Anzeichen für die Anwesenheit ihres Bruders und ihrer Schwägerin. Die Haustür stand weit offen, aber niemand außer ihrem Neffen war erschienen.

»Nur Dad. Mum hilft im Altersheim in Keel.« Declan verschwand in Richtung Küche. »Ich mache mal Tee.«

Grace war nicht überrascht. Oonagh ließ wirklich wenig

Zeit verstreichen, das musste man ihr lassen. Ihre Schwägerin hatte hier in ihrem neuen Umfeld offenbar schnell Anschluss gefunden.

Dara kam Grace entgegen und küsste sie. Er sah erschöpft aus.

»Was führt dich zu uns, Schwesterchen? Hattest du etwa Sehnsucht oder ist das ein Kontrollbesuch?«

Sie grinste ihn schief an. »Ich hatte hier in der Nähe etwas zu erledigen und bin auf dem Sprung nach Monaghan. Da dachte ich, ich schau mal vorbei. Wie weit seid ihr mit der Renovierung?«

Dara seufzte deprimiert. »Schau dich doch um, dann siehst du, wie weit wir sind. Es wird noch eine Weile dauern.«

Declan kam mit einem Tablett mit Teetassen, einer Teekanne und einer Schale Zitronenkeksen und führte sie ins großzügige, immer noch fast leere Wohnzimmer.

»Danke, Declan«, sagte sein Vater und nahm ihm das Tablett ab.

Der Junge strahlte Grace an. »Mach ich nur wegen dir, Tante Grace.« Dara und Grace lachten.

»Ich bin mir der Ehre bewusst.« Sie verbeugte sich in seine Richtung und griff sich einen Keks.

»Was machst du in Monaghan?« Dara schenkte ein, während Declan sich ebenfalls einen Keks nahm. Er pulte die kandierten Zitronenstückchen heraus und schien abzuwägen, ob es sich lohnte, noch zu bleiben, oder ob er lieber gehen sollte.

»Ach, in der Nähe von Clones gibt es eine Firma, die Seltene Erden abbaut. Das könnte etwas mit unserem aktuellen Fall zu tun haben. Ich fahre eigentlich nur hin, um es auszuschließen.«

Dara nickte nachdenklich. »Ihr habt jetzt zwei Leichen, habe ich gelesen.« Grace nippte an ihrem Tee.

»Hey, guter Tee, Declan!« Sie hob den Daumen in seine Richtung.

Er strahlte wieder.

»Seltene Erden in Monaghan? Man lernt nie aus.« Dara pustete in seine Teetasse.

»Und eine Firma mit edlem Namen, sag ich dir – die heißen Hibernian Earth«, fügte Grace hinzu.

Dara verschluckte sich.

Declan war auf einmal hellwach. »Dad, das ist doch …«

Grace schaute verwundert von ihrem Bruder zum Neffen und wieder zurück. »Was ist los?«

Dara stellte seine Teetasse vorsichtig auf den Wohnzimmertisch. Es schien ihm die Sprache verschlagen zu haben.

»Tante Grace«, sprudelte stattdessen Declan hervor. »An die haben wir unser altes Haus vermietet.«

Grace sah ihn verständnislos an.

Declan fuhr fort. »Unser Haus in Dalkey. Das war die Hibernian Earth!«

Dara schwieg immer noch.

44

Das Traveller-Camp im County Monaghan, zwei Kilometer außerhalb von Clones, lag schon im Dunkeln, als Grace gegen sechs Uhr abends auf den Campingplatz einbog und sich in einiger Entfernung von den Caravans und Wohnmobilen einen Parkplatz suchte. Ein Rudel Hunde, die meisten von ihnen Jack Russel Terrier, tobten an ihr vorbei und jagten sich gegenseitig. Von ihr nahmen sie keinerlei Notiz.

Nach dem Kurzbesuch bei ihrer Familie hatte die Kommissarin Tessas Mutter aufgesucht. Grace wollte von Mary Keane wissen, was passiert wäre, wenn sie damals von Tessas Schwangerschaft und der Geburt im St. Mary's in Castlebar gewusst hätte. Mary hatte ohne zu zögern geantwortet, dass sie Tessa und das Neugeborene selbstverständlich sofort zu sich geholt hätten. Auch nach Tessas Entscheidung, mit dem Clan zu brechen, denn wenn es um ein Kind gehe, gälten bei den Travellern natürlich andere Regeln.

Grace stapfte auf die ersten Wagen des Camps zu. Ein lebhaftes Stimmengewirr hinter den Caravans drang zu ihr. Sie konnte Rauch riechen, beißenden Rauch. Hinter den Wagen verbrannte jemand etwas in einem Lagerfeuer. Dem Geruch nach zu urteilen, war es Gummi, vielleicht alte Autoreifen. Grace hustete und rieb sich die Augen. Der Abend war sehr frisch. Ein kalter Wind blies stetig und hüllte alle in einen unangenehm feuchtkalten Umhang. Handschuhe wären jetzt gut, dachte Grace.

»Kann ich Ihnen helfen?« Ein junger Mann mit zurückgekämmten kurzen Haaren, Anfang zwanzig, in Jeans und dickem Pullover, war hinter einem der Wohnwagen hervorgetreten und stellte sich ihr in den Weg. Es klang nicht aggressiv, eher neugierig. Die Kommissarin versuchte ein Lächeln.

»Danke. Ich suche Donal Keane, falls er gerade hier ist.«

»Wer sucht ihn?« Nun wurde sein eben noch offener Blick abschätzend und schmal.

»Mein Name ist Grace O'Malley, Gardai Galway.«

Dem jungen Mann stand die Verwunderung über die gut aussehende Frau ohne Uniform, die angeblich von Garda kam, ins Gesicht geschrieben.

»Tut mir leid, wenn ich Ihrem Garda-Klischee nicht entspreche.« Sie lächelte immer noch und strich sich die Haare aus der Stirn.

Da erwiderte er ihr Lächeln und zog sie freundlich am Ärmel ihrer dicken Jacke, um ihr den Weg zu weisen.

»Mein Vater steht dahinten am Feuer. Der mit der schwarzen Cordkappe, sehen Sie? Ach was, ich komme einfach mit.«

Ein gutes Dutzend Traveller, Männer, Frauen und Kinder standen um ein Feuer herum, in das zwei jüngere Männer gelegentlich Reifen oder anderen Abfall warfen. Funken stieben auf und versahen die Dunkelheit mit kleinen Blitzen. Der Rauch war hier hinten noch unangenehmer als direkt bei den Wohnwagen: scharf, rußig, vielleicht auch giftig. Grace versuchte, ihn nicht so tief einzuatmen.

Sie hatten bald die Gruppe am Feuer erreicht und aus der Nähe konnte die Kommissarin nun erkennen, wie sehr Donal Keane seiner Schwester ähnelte. Der junge Mann stellte sie vor und Donal reichte ihr überrascht die Hand. Er wirkte schüchtern und reserviert, ganz im Gegensatz zu seinem Sohn oder seinem älteren Bruder Michael, dem Anwalt, so wie Rory ihn ihr geschildert hatte.

»Ich hätte ein paar Fragen an Sie, Mr Keane«, begann Grace und schaute dabei ins Feuer, das eine magische Anziehungskraft besaß, auch wenn es stank und zischte. Grace bemerkte misstrauische Blicke, die man ihr von allen Seiten zuwarf.

»Ich weiß leider nicht, wie ich Ihnen helfen kann.« Er hatte sich zu ihr gewandt und sah sie aus blassblauen, traurigen Augen an, den gleichen, die auch Tessa besaß.

»Es geht um Michael Lynch.«

»Ich kannte ihn nicht.«

»Das ist nicht der Punkt. Was wissen Sie über ihn?«

»Nichts, außer dass er meine arme Schwester unglücklich gemacht hat. Das ist schon eine ganze Menge und reicht für einen Mord sicher auf jeden Fall aus.«

Grace hob die Augenbrauen. Keane hatte die beiden letzten Sätze erstaunlich ruhig und fast sanft geäußert. Er hatte eine angenehme Stimme. Die Kommissarin entgegnete nichts darauf und überließ es ihm, fortzufahren.

»Aber wir sind nicht auf Rache aus. Weder ich noch mein Bruder. Keiner in unserer Familie. Das liegt uns nicht.«

»Die Rache für damals wäre ja vielleicht auch schon verjährt, rein emotional gesehen, nicht wahr?« Grace starrte wieder aufs Feuer, statt auf seine Reaktion zu achten. Aber sie fand Donal Keane immens interessant.

Er warf Grace einen verständnislosen Blick zu.

»Rache verjährt nicht«, stieß er schließlich hervor, »wenn man darauf aus ist – was in meiner Familie, wie gesagt, nicht der Fall ist.«

Grace wunderte sich, dass er vom Rachegefühl wie von einer genetischen Disposition redete. Wie blaue Augen, die vererbt wurden. Keane schaute ins Feuer und Grace folgte seinem Blick. Die Hunde, die kurz zuvor an ihr vorbeigerannt waren, hatten sich genau gegenüber niedergelassen und ruhten sich nun eng aneinandergeschmiegt aus.

»Sind Sie ihm vor ungefähr vier Wochen bei der Anhörung wegen des Abbaus von Seltenen Erden hier in der Nähe nicht begegnet?«

Donal Keane schüttelte den Kopf.

»Ich habe nur mal kurz vorbeigeschaut, ein Kumpel von mir war als Farmer davon betroffen. Aber Lynch war bei dem Termin nicht anwesend.«

»Aber Sie wissen, wie er aussah?«

Keane nickte kaum merkbar. »Mein Bruder Michael hat ihn mir genau beschrieben. Er hat ihn später gesehen und auch mit ihm geredet.«

Grace steuerte nun vorsichtig auf ihr Ziel zu. »Ja, und die beiden sprachen nicht nur über den Deal mit den Seltenen Erden, den Lynch offenbar kritisch verfolgt hatte, sondern auch über etwas ganz anderes. Und Sie wissen genau, was das war.«

Donal fühlte sich von Sekunde zu Sekunde unwohler, das merkte Grace. Er vermochte es nicht zu verbergen. Er schwitzte trotz der Kälte der Nacht, und das hatte nichts mit dem großen Feuer hier zu tun. Grace musste dranbleiben. Doch er antwortete nicht.

Donals Sohn, der immer noch neben ihnen stand, meldete sich jetzt zu Wort. »Lynch war stocksauer. Er wollte genau an derselben Stelle schon vor ein paar Jahren nach Gold graben und hatte keine Erlaubnis erhalten. Und jetzt kam diese Hibernian und dieser Typ mit dem Torf und auf einmal lief alles glatt. Lynch kochte, nicht wahr, Dad? Das hat Onkel Michael doch erzählt.«

Donal hatte den Kopf gesenkt und brummte etwas Unverständliches. Grace war einen Moment lang irritiert. »Welcher Typ mit dem Torf?«, fragte sie den Sohn.

Aber der winkte ab. »Keine Ahnung, wie der heißt.«

Grace beschloss, das für den Moment so stehen zu lassen und stattdessen den Druck auf Keane weiter zu erhöhen.

»Mr Keane, sagen Sie mir, worüber sich die beiden unterhalten haben!«

Plötzlich ertönte von der anderen Seite der Feuerstelle eine tiefe Stimme aus dem Dunkel. »Ist was, Donal?«

Irgendetwas sagte Grace, dass sie gerade ganz nah an einem wichtigen Punkt in ihren Ermittlungen war. Sie musste auf Risiko spielen.

»Die haben über Ihre Schwester gesprochen, nicht wahr?«, fuhr sie mit leiser, doch gleichzeitig sehr sicherer Stimme fort.

Zwei junge Männer warfen ein sperriges Holzregal ins Feuer und unter dem Gejohle der Umstehenden stoben die Funken in die Abendluft.

Grace blieb unbeirrt. Michael Lynch traf vor viereinhalb Wochen hier in Monaghan zufällig auf den ältesten Bruder von Tessa Keane. Wenige Tage darauf änderte er sein Testament zu ihren Ungunsten und ließ aus heiterem Himmel nach seiner tot geglaubten Tochter suchen. Das musste im Zusammenhang stehen. Nur so ergab der zeitliche Ablauf der Ereignisse einen Sinn.

Grace wagte einen weiteren Schuss ins Blaue. »Michael Lynch erfuhr an diesem Tag von Ihrem Bruder, dass das gemeinsame Kind von ihm und Tessa nicht bei der Geburt gestorben war, wie er bis dahin fest geglaubt hatte, sondern dass es sofort zur Adoption freigegeben worden war. So war es doch, nicht wahr, Mr Keane?«

Donal Keanes Mundwinkel zuckten ein wenig, als sich ihre Blicke trafen. Er versuchte diese Regung unter Kontrolle zu bekommen. Doch als Keane ihre Frage mit einem erschöpften Nicken beantwortete, sah Grace mit einem Mal glasklar, dass sie einen Fehler gemacht und nicht zu Ende gedacht hatte: Woher hatte Michael Keane diese Information erhalten?

Grace versuchte sich zu konzentrieren. So viele Gedanken hetzten durch ihr Gehirn. Sie war so weit gekommen Weiter, als sie es sich am Morgen hätte träumen lassen. Sie schluckte. Was hatte Rory ihr über das Treffen mit dem Anwalt hier in Clones vor zwei Tagen berichtet? Sie versuchte sich die Szene ins Gedächtnis zurückzurufen.

Donal Keane schwieg und hob eine Hand zum Mund, um nervös an seinen Fingerkuppen zu nagen. Grace atmete tief und gleichmäßig. Da fiel es ihr plötzlich ein. So und nicht anders musste es gewesen sein. Grace holte tief Luft.

»Ihr Bruder wusste es von Ihrer Schwester. Die beiden hatten über die Jahrzehnte regelmäßigen und engen Kontakt, hat Ihr Bruder uns erzählt. Tessa wusste die ganze Zeit, dass ihre Tochter nicht tot war.«

Donal Keane schloss im allgemeinen Trubel rund um das Feuer die Augen. Sein Sohn legte beschützend den Arm um ihn.

45

Rory stand an der Bar des einzigen Pubs auf Inis Meáin schräg gegenüber von Pattie Burkes beliebtem Bed & Breakfast. Er hatte sich mit Henry Casey verabredet, der, wie Grace ihm verraten hatte, Garda furchtbar gern behilflich war. So etwas musste man nutzen. Der Fischer grinste von einem roten Ohr zum anderen, hob sein Glas in Richtung des Guards und nahm einen ordentlichen Schluck.

»Ich weiß, dass wir an Samhain um Mitternacht alle schon einiges intus hatten, Inspector. Da verliert man ein wenig den Überblick.« Er rollte Verständnis heischend mit den Augen.

Rory lachte und trank ebenfalls einen Schluck von dem braunschwarzen Stout, dessen cremiger Rand wie aufgeschäumt aussah.

»Aber dass bei Pattie auf einmal noch ein fünfter Kostümierter zu Ihrer Gruppe gestoßen ist, das haben Sie registriert, oder? So etwas entgeht einem doch nicht auf der Insel.«

Casey spitzte die fleischigen Lippen und nickte vage.

»Sag ich doch, Sie sind schließlich von Meáin. Kann sich am helllichten Tag hier überhaupt irgendein Fremder bewegen, ohne dass es jemand mitbekommt?«

Casey wirkte unsicher. »Was meinen Sie, Guard?«

Rory seufzte. »Ich meine, es gibt auf der Insel nur eine einzige Straße mit einer Handvoll Seitenwegen, die alle zu einer der beiden Anlegestellen führen. Hier kann sich doch bestimmt keiner unbemerkt herumtreiben.«

Casey überlegte länger. »Sie meinen, keiner, der nicht hierhergehört? Und den man nicht kennt?«

Rory nickte aufmunternd. Caseys angestrengter Gesichtsausdruck entspannte sich schließlich.

»Nö. Denk ich nicht. Aber da kommt Gerry, der hat den Überblick. Fragen Sie ihn. – Gerry!«

Er winkte einem älteren Mann mit wettergegerbtem Gesicht, der in ausgebeulten, fleckigen Hosen und gelbem Ölzeug gerade in den Pub geschlurft war. »Das ist Inspector Coyne aus Galway, Gerry. Er hat ein paar Fragen wegen der unglücklichen Moira, Gott hab sie selig.«

Das hatte Rory so nicht gesagt und er hatte Moira bisher auch nicht explizit erwähnt. Deshalb war er etwas überrascht und gleichzeitig beeindruckt davon, wie direkt dieser Mann sein Anliegen zum Ausdruck brachte. Die Inselbewohner taten zwar manchmal so, als wären sie etwas schwer von Begriff, aber das täuschte, dachte Rory. Damit konnten sie einen gut hinters Licht führen.

Gerry tippte sich in Richtung Theke an die Stirn, was einer Bestellung gleichzukommen schien, und wandte sich dann ihnen zu.

»Ja, die arme Moira. Dabei war sie doch kurz vor ihrem Tod noch so aufgeregt gewesen, wegen dem Foto von Paddy.«

»Was für ein Foto?« Rory horchte auf.

Die Bedienung stellte einen Humpen Tee und ein getoastetes Käse-Schinken-Sandwich mit Tomaten vor Gerry auf den Tisch. Er hatte hier offenbar eine Standardbestellung, die er nie variierte und die ihm jeden Mittag verlässlich serviert wurde. Er biss in das Sandwich und kaute eine Weile, während er seinen Blick über den Tresen zu der bunten Flaschenbatterie im Regal dahinter gleiten ließ.

»Ach, eins von den Tausenden Ich-mit-Paddy-dem-Iren-auf-der-Fähre-zu-den-Arans-Fotos, die hier alle Touristen machen.« Er klang gelangweilt.

»War, glaube ich, eine Spanierin, die mir das Foto aufs Handy geschickt hat, damit ich es Paddy zeige. Paddy hat selbst kein Smartphone. Und er will auch keins. Ich Blödmann hab ihr meine Nummer verraten. Das passiert mir bestimmt nicht noch mal.« Er biss wieder ins Brot.

»Und warum wollte sie ihm das Foto zeigen?«, fragte Rory.

Gerry kratzte sich im Nacken. »Keinen Schimmer. Genauso gut könnten Sie fragen, warum sich diese Meute immer mit Paddy fotografieren lässt. Ist doch irgendwie bescheuert. So gut sieht der auch nicht aus.«

Rory hatte eine Fährte aufgenommen.

»Und dieses Foto haben Sie dann auch Moira gezeigt? Aus welchem Grund?«

Gerry starrte ihn einen Moment lang an, als hätte er ihn nicht verstanden.

»Weil …« Er biss wieder in sein Sandwich und kaute genussvoll.

Rory nahm einen Schluck Stout, während Henry Casey neben ihm am Tresen gelangweilt auf seinem Smartphone herumwischte. Rory schaute dem Mann aufmerksam zu, bis Gerry sich endlich zu einer Antwort bequemte. Sie war ihm offenbar peinlich.

»Weil wir da gerade in der Schlange bei Robert Gaynor standen und ich Moira unbedingt zeigen wollte, wie blöd Paddy auf dem Foto aussieht und dass die Leute ihn trotzdem toll finden. Nur weil Paddy angeblich so irisch ist. Aber ich frage Sie, was zum Teufel soll so verdammt irisch bei ihm aussehen? Das war alles.«

Gerry wischte sich mit der weißen Papierserviette den Mund ab und zerknüllte sie dann.

Rory unterdrückte ein Grinsen. »Was war noch auf dem Foto zu sehen, außer Paddy und der Spanierin? Können Sie sich erinnern?«

Gerry kratzte sich am Kopf. »Nichts Besonderes.«

»Und warum war Moira dann so aufgeregt?«

Gerry blickte skeptisch. »Gute Frage, Guard. Sie können ja selbst mal draufschauen. Ich hab's nicht gelöscht.« Jetzt fummelte Gerry in der Innentasche seiner Ölzeugjacke herum und zog ein Smartphone hervor. Das Display sah verschmiert aus und er wischte es mit der Serviette ab, die er eben auf dem Teller zusammengeknüllt hatte. Auch Henry hatte sich wieder Rory zugewandt.

»Sie wollten Gerry doch etwas fragen, Inspector.«

»Hier!« Gerry tippte unruhig mit dem schmutzigen Nagel seines Zeigefingers auf das Handy. »Ich hab's.« Er hielt Rory das Gerät viel zu nah vor die Nase.

Rory nahm es und versuchte etwas zu erkennen, was nicht ganz einfach war, da das Foto etwas unscharf wirkte. Im Vordergrund stand eine Frau mittleren Alters, die sich bei einem Mann – vermutlich Paddy – eingehakt hatte. Dahinter sah man mehrere Leute, die wohl auf der Suche nach einem Sitzplatz auf der Fähre waren. Es handelte sich um drei Männer. Einer trug einen Rucksack, einer stand im Halbprofil an der Treppe, ein dritter beugte sich leicht nach unten, vielleicht um etwas zu suchen, was heruntergefallen war. Keiner der drei kam Rory bekannt vor.

»Also, wie ich schon sagte – nichts Besonderes. Sie haben es selbst gesehen.« Gerry schob einen Schein über den Tresen und reckte sein Kinn in die Luft. Er machte Anstalten, in Richtung des Herrenklos zu verschwinden.

Rory bat Gerry, ihm die Aufnahme zuzuschicken. Kurz darauf zirpte Rorys Handy und bestätigte die Ankunft des Fotos. Gerry war schon fast an der Tür.

»Was genau hat Moira denn zu diesem Foto gesagt, Gerry?«

»Aha.«

»Wie ›aha‹?«

»Das genau war es Guard, sie sagte ›aha‹.«

»Das bezeichnen Sie als aufgeregt?«

»Und ob! Das klang für Moiras Verhältnisse ziemlich aufgeregt. Normalerweise hätte sie höchstens ›hm‹ gesagt.«

Im gleichen Moment begann Caseys Handy wie ein Esel zu wiehern. Rory atmete tief durch und trank den letzten Rest seines Bieres. Er liebte Irland und genoss diesen ganzen Wahnsinn. In kleinen Portionen. So wie jetzt. Da war Irland fast perfekt.

»Guard, was wollten Sie eigentlich von mir wissen?«, meldete sich plötzlich Gerry wieder zu Wort.

»Ich wollte Sie nur fragen, warum es niemandem auf dieser kleinen Insel auffällt, wenn jemand am helllichten Tag hier ankommt, an einer Haustür klopft, einen Menschen umbringt und dann einfach wieder verschwindet? Und das, obwohl die Inselbewohner sonst immer alles haargenau mitbekommen.«

Gerry dachte lange nach. Schließlich zog er den Reißverschluss an seiner Öljacke, den er schon hochgezogen hatte, wieder runter und trat einen Schritt auf Rory zu, der ihn erwartungsvoll anschaute.

»Guard, ich kann Ihnen hundertprozentig versichern, dass man auf Inis Meáin nichts sieht, wenn es nichts zu sehen gibt.«

Als Polizist hasste Rory Irland.

46

Am Samstagmorgen fuhr Grace auf der N55 nach Galway zurück, wo sie zum Mittagessen mit Peter Burke verabredet war. Sie musste dringend mit ihm über die Vorgänge in Monaghan sprechen. Ein kurzes Telefongespräch mit Donals älterem Bruder Michael Keane hatte ihre Vermutung bestätigt, dass Lynch da oben in etwas verstrickt war, was unter Umständen für ihre Ermittlungen relevant sein konnte.

Rory hatte ihr ein Foto geschickt, das einen Bootsmann auf der Fähre mit einer Touristin zeigte. Mehr vermochte sie darauf nicht zu erkennen. Sie war gespannt, was Rory ihr dazu erzählen würde. Nach einem Blick auf die Uhr wählte sie über die Freisprechanlange seine Privatnummer. In Athlone, das sie in Kürze erreichen würde, musste sie auf die M6 abbiegen. Dann könnte sie in einer Stunde in Galway sein.

»Einen wunderschönen guten Morgen, Grace!«, ertönte kurz darauf die weiche melodische Stimme ihres Kollegen. Grace musste schmunzeln. »Dir auch und es tut mir leid, wenn ich deinen Start ins Wochenende noch etwas bremsen muss. Hast du was Neues auf den Arans herausgefunden?«

Rory berichtete von seinem Gespräch mit Henry Casey und Gerry.

»Wenn man nichts auf Inis Meáin sieht, dann gibt es auch nichts zu sehen«, beendete Rory seinen Bericht mit dem Zitat von Gerry.

Grace musste schmunzeln. »Soll das bedeuten, dass unser Mörder dort von niemandem bemerkt wurde, weil er auf der Insel zu Hause ist?«

»Genau das könnte zutreffen, Grace. Ich habe übrigens gestern die neuesten Ergebnisse der Spurensicherung im Fall Farrell erhalten. Die Spusi war noch mal dort und auch bei Gaynor im Feriencottage. Es gibt keine DNA-Spuren in Moiras Haus, die wir nicht zuordnen können. Nur die von ihr, ihren Verwandten und engen Freunden. Nach dem Mord wurde alles penibel gereinigt – oder der Mörder muss Handschuhe getragen haben. Wir haben ein Stück Erde im hinteren Eingangsbereich gefunden. Die könnte natürlich von Moira selbst oder von anderen Besuchern stammen, aber vielleicht auch von den Schuhen des Mörders. Die Probe ist bereits im Labor.«

Grace beschleunigte den Wagen. Sie wollte endlich wieder vor Ort in Galway die Fäden in der Hand halten. Wenn sie ehrlich war, gab es nach wie vor nicht genug Fäden, aber übersehen wollte sie auch nichts.

»Und wenn er von der Insel kommt, sind wir jetzt genauso schlau wie zuvor. Aber gut, Rory, wir nehmen jeden Strohhalm.«

Grace fuhr auf die neue Autobahn und erreichte wenig später die Shannon-Brücke. Der größte Fluss Irlands markierte die Grenze zum Westen der Grünen Insel.

»Was ist mit dem Foto, das du mir geschickt hast? Wer ist das und warum ist es interessant für uns?«

Rory räusperte sich. »Das ist Paddy von der Fähre und eine Touristin, wahrscheinlich aus Spanien.«

»Ist das Datum darunter das Aufnahmedatum?«

»Sag ich doch.«

»Der erste November. Der Tag nach Samhain, ein Tag nach dem Mord.« Sie hörte sich nachdenklich an.

»Gerry hat ausgesagt, dass Moira sehr aufgeregt war, als er ihr das Foto im Laden ihres Neffen gezeigt hat.«

»Im Laden ihres Neffen? Das heißt, er hat es möglicherweise mitbekommen?«

»Sag ich doch. Genau.«

»Wir müssen uns diesen Neffen noch einmal vorknöpfen. Da stimmt etwas nicht. Ich werde ihn gleich am Montagmorgen zu uns bestellen.«

Grace setzte zum Überholen eines Reisebusses an und fuhr dann auf die rechte Spur.

»Wie hieß der Typ noch mal?«

»Robert Gaynor.«

»Nein, ich meine den, der dir das Bild gezeigt hat.«

»Gerry.«

»Gerry?« Grace zwang sich, ruhig durchzuatmen. »Den hat Moira mir gegenüber erwähnt. ›Gerry ist da dran‹, hat sie gesagt und: ›dann werden wir sehen‹. Das habe ich zuerst nicht verstanden. Aber ich glaube, wir haben jetzt eine heiße Spur.« Sie hörte sich fast euphorisch an. »Eigentlich sogar zwei. Die müssen irgendwie miteinander verbunden sein. Nur wie?« Und dann erzählte Grace ihrem Kollegen, was sie am Abend zuvor von Donal Keane erfahren hatte, beziehungsweise was sie ihm geschickt entlockt hatte.

»Was? Tessa Keane wusste die ganze Zeit, dass ihr Kind nicht bei der Geburt gestorben ist?« Rorys Stimme klang empört. »Die hat mir lauter Lügen aufgetischt. Das hätte ich ihr nicht zugetraut. Sie wusste, dass sie Millionenerbin war, und als Lynch herausfand, dass seine Tochter lebt, und sie suchen wollte, hat sie ihn umgebracht. Das klingt doch plausibel, oder?«

»Der Notar gibt zu bedenken, dass sie unter Umständen gar nicht weiß, dass Lynch das Testament bereits geändert hat«, warf Grace ein. Es waren noch achtzig Kilometer bis Galway, stand auf dem Schild, an dem sie gerade vorbeifuhr.

»Was ist mit Tessas Alibi für den Zeitpunkt des Mordes an Moira?«, fragte sie ihren Kollegen.

»Sie hat angeblich stundenlang im Proberaum geübt, ohne dass irgendjemand sie sah, man konnte sie nur hören … Und gegen fünf Uhr nachmittags ging sie in Clifden einkaufen.«

Nicht weit vor ihr entdeckte Grace einen langsamen kleinen Laster, der um diese Jahreszeit noch Heu geladen hatte. Sie wechselte die Spur, um ihn zu überholen.

»Vielleicht traf sie auf Molloy, der zur selben Zeit dort Besorgungen machte«, sagte sie.

»Die beiden kennen sich ja nicht.«

»Zumindest haben sie das bei den Vernehmungen auf Inis Meáin behauptet.«

Rory lachte. Offenbar glaubte er Tessa Keane kein Wort mehr.

Grace holte tief Luft. »Ich treffe mich gleich mit Peter wegen der Hibernian Earth und ihrer Aktivitäten im Norden.«

Rory schwieg einen Moment. Dann meldete er sich wieder, er klang skeptisch. »Glaubst du wirklich, dass das für uns noch interessant ist, jetzt, wo wir schon so weit gekommen sind? Was immer Lynch da oben auch getrieben hat?«

Grace zögerte. Rory hatte natürlich recht. Im Augenblick konzentrierte sich alles auf das Dreieck Inis Meáin, Clifden und Delphi. Und Monaghan war zweihundert Kilometer entfernt. Sie schluckte.

»Ja, ich bin überzeugt davon, dass dort irgendwas passiert ist, was mit den beiden Morden hier zusammenhängt. Es hat mit den zeitlichen Abläufen zu tun, aber ich kann es dir noch nicht genau erklären.«

Eine kurze Pause entstand. Dann kicherte Rory leise. »Ist das wieder einer von deinen Wisperanfällen? Glaubst du, irgendjemand flüstert dir das zu?«

Grace lachte. »Du solltest besser mal still sein. Deine Witwe Malone ist wohl gerade in Urlaub?«

»Ich habe ihr freigegeben. Wir brauchen sie im Moment ja nicht.«

Grace amüsierte sich immer wieder darüber, wie sachlich und unaufgeregt Rory über sein zweites Gesicht sprach, den keltischen Fluch, den er »die Witwe Malone« getauft hatte.

»Und was ist mit der Tochter von Tessa Keane und Michael Lynch?«, fuhr sie nüchtern fort. »Wir müssen sie dringend finden.«

Rory schwieg. Dann meldete er sich wieder und seine Stimme klang belegt. »Du hast recht, Grace. Und zwar ganz schnell, bevor sie Tessa in die Hände fällt.«

»Glaubst du etwa, dass Tessa wegen Geld ihr eigenes Kind umbringen würde?«

Wieder herrschte ein paar Sekunden lang Stille im Wagen. Nur das Geräusch des brummenden Motors war zu hören.

»Ja, Grace. Das glaube ich.«

47

Peter hatte Grace in sein Büro eingeladen, um ihr etwas zu zeigen. Dann wollten sie gemeinsam über den Samstagsmarkt schlendern und in einem der neuen schicken Cafés hinter der Kirche eine Kleinigkeit zu Mittag essen. Die Kommissarin hatte noch kurz in der Zentrale vorbeigeschaut, um nachzusehen, ob es dort Neuigkeiten gab, die sie noch nicht erreicht hatten. Aber es gab nichts, was sie nicht schon wusste.

Als sie wieder auf dem Parkplatz der Garda-Zentrale stand und gerade zu ihrem Wagen gehen wollte, rannte sie fast Aisling O'Grady um, die sich inzwischen etwas erholt zu haben schien. Für die Verabredung mit ihr an diesem Abend hatte Grace nun eigentlich keine Zeit mehr. Es gab bei den beiden Mordfällen noch so viel aufzuarbeiten und sie musste sich dringend eine neue Ermittlungsstrategie für die kommenden Tage zurechtlegen.

»Oh, Entschuldigung, Graínne, ich hab dich gar nicht gesehen.« Aisling wollte schnell zu ihrem Fahrrad, das neben den Autoparkplätzen stand. »Wollen wir uns um neun im Spaniard's Head treffen?«

Grace hasste es, andere zu enttäuschen. Und der Rechtsmedizinerin schien es wirklich wichtig zu sein, nicht allein in den Pub gehen zu müssen.

Über das Gesicht der jungen Frau huschte ein kaum wahrnehmbarer düsterer Schleier und auf ihrer Stirn bildete sich eine schmale Falte.

»Du kommst doch heute Abend mit, oder?«, fragte Aisling noch einmal nach.

Grace überlegte fieberhaft. »Also, ich stehe bei unseren Ermittlungen oben in Monaghan und auf den Arans ziemlich unter Druck, Aisling. Deshalb …« Sie brach ab, als sie bemerkte, dass die entsetzten Augen der Medizinerin auf sie gerichtet waren.

»Worum geht es denn? Warum willst du diese Band denn sehen und warum muss ich so dringend dabei sein?« Grace versuchte ihrer Stimme möglichst viel Wärme zu verleihen.

Aisling starrte auf den Betonboden des Parkplatzes. Sie bekam kein Wort heraus. Dann zog sie eine bunte Mütze aus ihrer Anoraktasche und stülpte sie über ihren Pferdeschwanz. Dabei lächelte sie ein künstliches Lächeln.

»Danke, Graínne, trotzdem. Ich versteh das schon. Ihr müsst ja weiterkommen. Mach dir keinen Kopf.«

Sie hob die Hand zum Gruß und ging zu den Fahrradständern, wo an diesem Morgen außer Aislings buntem Bike kein anderes abgestellt war.

Grace schaute ihr nach. Sie hatte aus irgendeinem Grund kein gutes Gefühl. Sie schluckte.

»Ich komme etwas später nach, okay? So gegen zehn!« Sie rief es über den Parkplatz. Aisling schaute herüber und winkte erleichtert. Ein breites Lächeln zog sich nun über ihr sommersprossiges Gesicht.

»Danke! Bis dann!« Sie schwang sich aufs Fahrrad und fuhr auf die Straße.

Ein paar Minuten später parkte Grace vor Peters seegrüner Haustür unten an den Docks. Gut gelaunt öffnete er ihr und blickte in den Himmel, vielleicht um ihr nicht in die Augen schauen zu müssen.

»Sieht nach Regen aus«, bemerkte er und winkte sie mit einer einladenden Geste ins Innere seines kleinen Hauses. Grace legte die Jacke ab und ließ sich in den grauen Cordsessel am Fenster fallen. Es war ihr Lieblingssessel. Peter hatte schon sein Notebook und eine Kanne Tee mit zwei Tassen auf den kleinen Couchtisch gestellt, als hätte er eine Präsentation für sie vorbereitet.

»Fehlt nur noch PowerPoint.« Grace lachte und nahm den ersten Schluck Tee, der ihr immens guttat.

Peter rief die Website von Hibernian Earth auf.

»Schickes Corporate Design«, stellte Grace fest. »Die residieren übrigens seit Kurzem im ehemaligen Haus meines Bruders und seiner Frau in Dalkey – wie's der Zufall will.«

Peter starrte sie an. »Tatsächlich? Das kann euch ja vielleicht noch mal nützlich sein.«

Grace zuckte mit den Schultern. »Wieso?«

»Wenn ihr der Geschäftsführung auf den Zahn fühlen müsst.« Er versuchte locker und gleichzeitig professionell zu wirken. Ab und zu strich er gern den Privatdetektiv für Wirtschaftsangelegenheiten heraus, und das hier schien ein solcher Moment zu sein.

Die Kommissarin überlegte. Sie fröstelte bei dem Gedanken, ihre familiären Verbindungen für ihre Polizeiarbeit zu nutzen. Das hatte sie zwar vor einigen Monaten mit ihrer Schwägerin Oonagh schon einmal getan, aber es war fast schiefgegangen.

»Was sie Garda nicht erzählen, werden sie ihren Vermietern doch erst recht nicht unter die Nase reiben, oder?«

Peter grinste. »Da habe ich als Privatdetektiv aber ganz andere Erfahrungen gemacht. Es könnte genau umgekehrt sein.«

»Kommen wir zum Punkt. Was hast du für uns, Peter? Hast du irgendwas Interessantes über die Hibernian Earth herausgefunden?«

Grace war bemüht, freundlich, konstruktiv und sogar eine Spur dankbar zu klingen. Sie hatte ihren Fauxpas ihm gegenüber noch in guter Erinnerung. Sie zeigte auf den Computer, als wäre ein Geheimnis darin verborgen, das Peter nur für sie bereithielt, und lächelte erwartungsvoll.

Peter drehte das Display des Notebooks in ihre Richtung und setzte sich auf den Stuhl neben ihr. »Schau dir mal die Struktur der Firma und die externen Berater an.«

Er klickte sich durch verschiedene Ebenen. Die Kommissarin ließ ihren Blick über die Liste der Namen wandern.

»Sagt mir alles nichts«, murmelte sie. Doch dann hielt sie kurz inne. »Halt, wart mal! Scroll mal weiter hoch.«

Er tat es.

»Schau mal, den hier kennen wir doch.«

Peter nickte. »Finbar Ward. Den habe ich unlängst erst in Leenane besucht, um etwas über Lynch zu erfahren.« Peter strich sich über das Kinn. »Smarter Typ.«

Grace machte sich eine Notiz in ihr Handy. »Sie sind oben in Monaghan wohl bei der Anhörung aufeinandergestoßen, sagte mir der Anwalt Michael Keane. Er hat einige Farmer gegen das Projekt vertreten«, fuhr sie fort.

»Was heißt, sie sind aufeinandergestoßen? Hatten sie Streit?«

Grace runzelte die Stirn und schaute aus dem Fenster. Draußen regnete es jetzt ein wenig und schien zunehmend ungemütlich. Wind war aufgekommen und jagte gelbe Blätter über die Straße. Dann drehte sie sich wieder zu Peter.

»Das weiß ich nicht. Es ist nicht mal klar, ob sie sich überhaupt persönlich getroffen haben. Eher indirekt. Keane hat Lynch wohl erzählt, dass Ward an diesem Gutachten für die Hibernian Earth beteiligt war. Und das war auch schon alles, glaube ich. Von einem Treffen zwischen Ward und Lynch war nicht die Rede, wenn ich Keane richtig verstanden habe.«

Peter schenkte Tee nach, während Grace ihm ein paar Details über Tessa Keane und die Erbschaft erzählte.

»Damit schafft es die begabte Tessa wohl auf einen der ersten Ränge eurer Hitliste ›Wer hat Michael Lynch und Moira Farrell ermordet?‹, hab ich recht?«

Grace nickte zustimmend. »Was das Motiv betrifft, auf jeden Fall – nur ohne Hilfe hätte sie es in der Samhain-Nacht mit Sicherheit nicht schaffen können. So viel steht fest.«

Sie schaute ihn an und für einen kurzen Moment trafen sich ihre Blicke. Peter wich ihr nach ein paar Sekunden aus und deutete mit seinem Zeigefinger zurück auf den Bildschirm. »Könnte Lynch da oben nicht auf etwas gestoßen sein, was er gebrauchen konnte? Lynch war ein schlauer Fuchs und nutzte alles für seine Zwecke.«

Grace starrte auf die Website. In ihr arbeitete es. »Michael Keane ist der Bruder von Tessa Keane, nur um das noch einmal hervorzuheben. Er hat Rory gegenüber behauptet, dass Lynch nicht verlieren konnte. Und dass er sich da oben benachteiligt fühlte.«

»Benachteiligt?« Peter war nun aufgestanden und neben ihren Sessel getreten.

Grace sah zu ihm auf. »Lynch war ein gieriger Mensch, wie uns etliche Zeugen bestätigt haben. Das Ganze könnte damit zu tun haben, dass er damals nicht graben durfte und die Hibernian jetzt die Erlaubnis dafür erhielt.«

Peter nickte. »Genau das habe ich für euch recherchiert, Grace. Ich habe noch ein wenig weitergegraben – um im Bild zu bleiben – und bin tatsächlich fündig geworden. Und jetzt pass mal auf: Der Grund, warum Lynch und seine Kollegen damals die Genehmigung nicht erhielten, war, dass ein Abbau den einzigen zusammenhängenden Blanket Bog da oben zerstört hätte.«

Graces Augen wurden schmal. »Ach ja? Und wer hat das damals behauptet?«

Peters Grinsen war breit. »Es wurde ein offizielles Gutachten von einer unabhängigen Gruppe erstellt, lauter Experten zu diesem Thema.«

Grace blickte ihn erwartungsvoll an.

»Sie nannten sich ›Für das Recht, Torf zu stechen‹. Und einer der Gründer dieser Gruppe heißt Finbar Ward.«

48

Aus dem tröpfelnden Niederschlag war plötzlich starker Regen geworden, der sie bei ihrem Bummel überraschte. Als sie endlich in einem kleinen Teeladen Unterschlupf gefunden hatten, waren Peter und Grace bis auf die Knochen durchnässt. Der heftige Wind hatte sie auf dem kurzen Fußweg von den Docks bis zur Ecke Flood Street Merchants Road geweht. Beide hassten sie Regenschirme und sie verzichteten fast immer darauf. An solchen Tagen rächte sich diese Einstellung.

Grace schüttelte ihre dicke Jacke aus. Die Bedienung nahm sie ihr ab und hängte sie in die Nähe des Kamins, wo schon ein kleines Torffeuer flackerte, das momentan allerdings eher Wärme für die Seele als für ihre kalten Wangen spendete. Peter rieb sich vor dem Feuer die Hände. Sie bestellten eine heiße Schokolade und Scones mit Sahne und Erdbeermarmelade, die hier natürlich selbst gemacht war, und setzten sich. Der Laden war für einen Samstagmittag ungewöhnlich leer und dementsprechend ruhig, was Grace gefiel. Es musste mit dem grauenhaften Wetter zusammenhängen.

»Was hast du noch bei deinem Besuch über Ward herausgefunden?«, fragte sie Peter.

Sie saß ihm gegenüber in der Nähe des offenen Kamins und meinte bald die Wärme zu spüren, die langsam in sie hineinkroch. Ein Mädchen mit geflochtenen Zöpfen stellte zwei geblümte Tassen mit heißer Schokolade vor sie auf den Tisch und verschwand lächelnd wieder.

»Ich kannte ihn in meiner Studentenzeit nicht besonders

gut. Aber ich habe ihn damals echt bewundert. Das taten viele.«

Grace schaute ihn prüfend an. »Warum?«

Peter erzählte ihr von seinem selbstsicheren und überzeugenden Auftreten und wie er Menschen für sich einzunehmen vermochte. Sie leckte nachdenklich ihren Löffel ab.

»Er ist Witwer, sagst du?«

Peter nickte. »Das wusste ich vorher nicht. Und ich weiß auch nichts über seine verstorbene Frau. Wir waren alle ziemlich überrascht, dass er so früh geheiratet hat, gleich nach dem Studium. Er war gar nicht der Typ dazu.«

Grace machte sich Notizen. »Ich werde ihn für Montag vorladen. Dann kann ich ihn noch einmal selbst befragen. Hat er Kinder?«

Peter hob ratlos die Schultern. »Vielleicht – allerdings habe ich in seinem Haus in Leenane keine Anzeichen dafür gefunden, also kein Kinderfahrrad, keine Schaukel im Garten oder was sonst auf Kinder hinweisen könnte.«

»Die könnten bei den Großeltern leben. Er ist sicher beruflich viel unterwegs.«

»Du meinst, so ähnlich wie du?« Um seinen Mund spielte ein amüsiertes Lächeln.

Grace schaute kurz auf, erwiderte aber nichts.

»Wie geht es übrigens deiner Tochter? Sie lebt doch jetzt bei deiner Mutter in Dänemark, nicht wahr?«

Die Kommissarin strich sich etwas Sahne auf beide Scone-Hälften und ließ mit dem Löffel einen großen Klecks Marmelade darauffallen, die ziemlich fest war. Es sah fast aus wie eine Kruste aus geronnenem Blut.

»Danke. Roisin geht es prima und alle sind glücklich.«

Peters skeptischer Blick streifte sie. »Du auch?«

Vielleicht hatte der Platzregen ihn kühn gemacht. Sonst hätte er sie niemals so direkt nach ihren Gefühlen gefragt.

Grace schwieg einen Moment und sah an ihm vorbei. »Ja, ich auch. Obwohl ich sie vermisse. Sie kommt an Weihnachten zwei Wochen zu mir.« Sie beugte sich zu ihm herüber und sprach leise, aber entschlossen.

»Wir müssen dringend Tessa Keanes Tochter finden. Sie schwebt möglicherweise in Gefahr.« Grace biss in ihr Scone.

»Die junge Frau wird einen Schock bekommen.« Jetzt nahm auch Peter einen Bissen. Dabei kleckerte er Marmelade auf seinen Teller.

»Vielleicht weiß sie gar nichts von ihrer Adoption, wie so viele in unserem Land«, fuhr er fort. »Und dann ist sie auch noch Erbin eines stattlichen Vermögens, das ihr durch den Tod ihres leiblichen Vaters in den Schoß gefallen ist. So was muss man erst mal verkraften.«

Grace nickte. Schließlich hatte sie eine Idee.

»Du bist doch häufig auf Inis Meáin.« Sie langte nach ihrer Tasche, die sie hinter sich an die Stuhllehne gehängt hatte.

»Na ja, so häufig auch wieder nicht. Ich hänge ja nicht dauernd bei meiner Mutter herum. Sonst würden wir uns beide wohl ziemlich auf die Nerven gehen.«

Grace wühlte in ihrer Tasche. »Aber du kennst doch sicher Robert Gaynor, Moiras Neffen?«

Peter nickte vage. »Ich bin ihm bisher nur in seinem Laden begegnet. Von kennen kann keine Rede sein.«

Sie überhörte seine Einwände. »Was hältst du von ihm?«

Er zuckte die Schultern und gab der Bedienung ein Zeichen, dass er noch etwas Milch benötigte. Sofort holte sie das leere Milchkännchen ab. Grace packte nun verschiedene Utensilien aus ihrer Tasche auf den Tisch. Schlüssel, ein Brillenetui, einen Handspiegel, doch das, was sie suchte, blieb unauffindbar.

»Ist ein ruhiger Typ, unauffällig, ziemlich unscheinbar,

würde ich sagen. Aber das heißt noch nichts. Worauf willst du hinaus, Grace?«

Sie lächelte ihn herausfordernd an. »Frag doch mal Pattie, was sie von ihm hält. Das würde mich interessieren.«

Endlich fand sie, was sie gesucht hatte. Es war ihr Smartphone.

»Und was ist mit Paddy von der Fähre und seinem Kumpel Gerry?« Grace wischte eilig auf dem Display herum. »Wie schätzt du die beiden ein?«

Peter sah sie fragend an. »Das sind Bootsleute. Brummig, aber hilfsbereit. Mehr kann ich dir nicht über sie sagen.«

Neugierig starrte er auf ihr Handy. Dann hielt sie ihm Gerrys Foto hin, das Rory ihr geschickt hatte.

»Das ist Paddy auf der Fähre. Vermutlich mit einer Touristin«, stellte Peter fest.

Grace nickte. »Und zwar auf der Nachmittagsfähre von Meáin am ersten November. Etwa dreizehn Stunden nach dem Mord an Lynch. In dem Moment, als alle die Insel wieder verlassen durften.«

Peter beugte sich noch näher zum Foto, er war ganz auf das Bild konzentriert und sagte kein Wort. Schließlich holte er aus der Innentasche seiner Jacke ein kleines Gerät hervor, das sich als Lupe herausstellte. Die hatte er sich wohl für seine Arbeit als Privatdetektiv angeschafft. Er betrachtete damit eingehend das Foto auf dem Display.

Grace wollte ihn nicht stören und ließ ihren Blick über die hübschen Teeservice und dekorativen Pralinenschalen schweifen, die auf den Wandregalen rundherum präsentiert wurden. Geblümte Tischdecken lagen auf den fünf Tischen, von denen im Augenblick drei besetzt waren. Auf der Anrichte standen mehrere appetitliche Kuchen. Der Teeladen atmete das Flair der Dreißigerjahre, nur hatte damals sicher alles viel schlichter ausgesehen, die im selben

Stil gekleidete Bedienung eingeschlossen. Aber es war gemütlich hier und Grace kehrte deshalb gern hier ein. Es war eine angenehme Alternative zu den nüchternen postmodernen Kaffeetempeln, die mit identischen Latte und bunten Muffins punkten wollten.

»Aha«, sagte Peter.

Grace hob die Augenbrauen. Das war haargenau dieselbe Bemerkung, die Moira Farrell beim Anblick desselben Bildes wohl in Roberts Laden gemacht hatte. Sie musste grinsen.

Peter zog einen dünnen Stahlstift aus der oberen Tasche seines Jacketts. Damit deutete er wie mit einer Pinzette auf das Bild.

»Wer die beiden anderen Männer im Hintergrund sind, weiß ich nicht. Aber der hier, der sich gerade nach unten beugt, vermutlich um nicht auf dem Bild zu erscheinen, ist mit einiger Sicherheit Finbar Ward. So gut kenne ich ihn dann doch. Aber das müsst ihr in der Zentrale auswerten. Die Unschärfe weitgehend rauszunehmen, ist für deine Leute doch ein Klacks.«

Er steckte seinen Stift zurück in die Tasche und lächelte sie an.

Grace war perplex. »Wenn wir bei Garda dafür alle möglichen Tricks anwenden müssen und du sogar eine Lupe benutzt, dann frage ich mich, wie Moira, deren Augen sicher nicht mehr die schärfsten waren, ihn ohne Hilfsmittel erkennen konnte? Falls sie ihn überhaupt erkannt hat. Allerdings war sie offenbar ziemlich aufgeregt, als sie das Foto sah und sagte, genau wie du, ›aha‹.«

49

Es war Samstagabend. Grace saß seit Stunden in ihrem Büro und verglich ihre Notizen mit denen, die Rory ihr geschickt hatte. Der geschätzte Kollege arbeitete seit Neuestem offenbar zweigleisig: mithilfe seiner berühmten Zettelchen und mit einem Tablet. Die Kommissarin hatte eine Liste angefertigt, auf der sie die nächsten Schritte ihrer Ermittlungen skizziert hatte. Dies schien ihr notwendig, da der Fall Lynch mit dem damit zusammenhängenden Mord an Moira Farrell immer vielschichtiger wurde.

Darüber hinaus hatte sie sich schon vor ein paar Tagen von »Paddy, dem Blinden«, dem Portier in der Garda-Zentrale, eine unbenutzte weiße Tafel in ihr Büro bringen lassen. Daran hatte sie, wie sie es in der Polizeischule gelernt hatte, Fotos, Namen, Orte, Zeitpunkte und andere wichtige Details ordentlich angepinnt und einander zugeordnet. Das machte sie sonst eher nicht. Doch bei diesem Fall hatte sie das Gefühl, dass nur ein detaillierter Überblick ihnen weiterhelfen konnte.

Es musste fast zehn Uhr abends sein und sie war völlig in Gedanken versunken. Grübelnd stand sie vor der Tafel, kam jedoch irgendwie nicht weiter. Da klopfte es leise. Grace fuhr zusammen.

»Ja?«

Die Klinke wurde langsam heruntergedrückt, und noch ehe sie sich wundern konnte, wer da so spät in der Nacht noch in der Zentrale unterwegs war, stand Kevin Day in ihrem Büro und grinste gerissen.

»Was machst du denn hier, Kevin? Komm rein.«

Der Kollege schlüpfte ins Zimmer und schloss vorsichtig die Tür.

»Ich hatte noch etwas zu erledigen und sah Licht bei dir. Da dachte ich, ich schau mal bei der verehrten Kollegin rein und frag sie, ob ich mich vielleicht nützlich machen kann.«

Er schaute einen Moment lang fast so treuherzig drein wie Rory manchmal und wendete sich dann sofort ihrer neuen Tafel zu.

Grace erwiderte nichts. Sie vermochte nicht einzuschätzen, ob er log und bloß neugierig war. Ob er tatsächlich ohne Hintergedanken helfen wollte oder schlichtweg spionierte, um hinterher alles gegen sie zu verwenden. Das Misstrauen ihm gegenüber war auch nach ihrem letzten Mordfall im Sommer, wo er sich relativ kooperativ gezeigt hatte, noch nicht komplett verschwunden.

Kevin Day strich sich mit der linken Hand über den Bart und kniff die Augen zusammen. Eine Weile sagte keiner von beiden etwas. Schließlich räusperte sich Day.

»Darf ich dir ein paar Fragen stellen, die euren merkwürdigen Fall betreffen?«

Grace hatte die Arme verschränkt und schaute ihn von der Seite her an. »Ich bitte darum – wenn du mich schon störst.«

Er lächelte und deutete auf die Spalte »Marten Molloy« an Graces weißer Tafel.

»Außer diesem mickrigen Stück Land, um das sie sich gestritten haben, hat Molloy doch kein einziges Motiv, oder?«

Grace nickte. »Sieht so aus. Aber das bedeutet noch nichts. Erstens könnte dieses mickrige Stück Land am Ende doch wertvoller sein, als wir im Augenblick annehmen – und zweitens könnte es noch ein anderes Motiv geben, das wir bisher nicht gefunden haben.«

»Hm.« Er klang skeptisch.

»Oder er ist der Komplize eines weiteren Verdächtigen.« Grace hatte sich wieder auf ihren Sessel gesetzt und schlug abwartend die Beine übereinander.

Kevin tippte, ohne auch nur einen Moment zu zögern, auf das Foto von Tessa Keane.

»Genau.« Grace nickte. »Es kann doch kein Zufall sein, dass ein allseits bekannter Feind unseres Mordopfers in der Nacht der Nächte, in der alle vermummt herumlaufen, plötzlich genau dort auftaucht, wo sich das Opfer ebenfalls völlig unerwartet aufhält.«

»Hm. Warum war Lynch da? Haben wir dazu Erkenntnisse?« Kevin hatte sich halb umgedreht und die Lesebrille so tief nach unten geschoben, dass er sie über die Gläser hinweg beobachten konnte.

»Angeblich um die berühmte Samhain-Nacht auf einer der Aran-Inseln zu erleben. Das hat er zumindest Pattie Burke so erzählt. Aber auch um sich die Antwort von Tessa Keane abzuholen, was seinen Heiratsantrag an sie betrifft.«

Kevin schien überrascht zu sein. »Nachdem er sie gerade aus seinem Testament gestrichen hatte?«

Grace nickte und musste kurz grinsen. Dann fügte sie hinzu: »Und nachdem er von ihrem Bruder erfahren hatte, dass sie ihn die ganze Zeit belogen und ihr gemeinsames Kind doch überlebt hatte. Das er zu diesem Zeitpunkt bereits ohne ihr Wissen suchen ließ.«

»Okay.« Wieder schwieg Kevin und trat noch etwas näher zur Tafel.

»Und was ist mit dem hier?« Seit diesem Abend hing auch ein Foto von Finbar Ward an Graces Tafel, mitten im Kreis der Verdächtigen. »Woher kenne ich den?«

»Er sitzt als Indi hier in Galway im Rat des County. Sein Name ist Finbar Ward …«

Auf Kevins Gesicht erschien ein abschätziges Grinsen. Er nahm die Lesebrille ab und drehte sie in der linken Hand.

»Setzt sich für das heilige Recht der Iren ein, Torf zu stechen. Ich erinnere mich. Ein überflüssiger Verein, wenn du mich fragst. Was hat er mit dem Fall zu tun?«

Grace hob bedauernd die Schultern. »Das wüssten wir auch gern. Unser zweites Mordopfer hat ihn anscheinend auf einem Foto erkannt. Es zeigt, dass er in der Mordnacht auf Inis Meáin war, was bisher niemand erwähnt hat oder zu wissen schien. Was er dort zu suchen hatte, werden wir ihn am Montag fragen. Wir haben ihn vorgeladen. Genau wie den hier.« Sie zeigte auf Robert Gaynor.

»Den habe ich doch schon vernommen. Das war einer von den Mülltüten.«

Day klang schon wieder leicht eingeschnappt, so wie früher.

Grace wollte keine Konfrontation. Schon gar nicht um diese späte Uhrzeit. Sie versuchte ihn zu beruhigen.

»Ja, klar, aber seitdem sind ein paar Dinge passiert, die die Sachlage völlig verändern. Bitte, nimm es nicht persönlich – du hast ihn vernommen, bevor seine Tante ermordet wurde, und unsere Fragen beziehen sich auf diesen zweiten Mord.«

»Verstehe.« Kevin klang ein wenig versöhnt.

Doch irgendetwas bewegte ihn. Es dauerte ein paar Sekunden, bis er damit herausrückte.

»Grace, hatte dieser Mensch mit dem Torf eigentlich auch ein Motiv? Oder war er in der Mordnacht einfach nur auf der Insel?«

Die Kommissarin hob die Augenbrauen. Worauf wollte ihr Kollege hinaus? Grace merkte, dass er ihr von Sekunde zu Sekunde wieder unsympathischer wurde. »Was hast du da gerade gesagt, Kevin?«

»Wäre doch nützlich, oder? So ein Motiv, meine ich. Für einen Mord.«

Unter anderen Umständen hätte Grace sich über seine

sarkastischen Bemerkungen geärgert. Aber jetzt sah sie ihn überrascht an.

»Ja … nein. Da sind wir gerade dran«, stammelte sie verwirrt. »In Monaghan könnte es einen Streit gegeben haben, in den er und Lynch involviert waren. Genaues wissen wir noch nicht. Nein, wir haben im Moment noch kein echtes Motiv – aber wie hast du Finbar Ward eben genannt?«

Kevin überlegte scharf. »Ich habe gesagt, ›der Mensch mit dem Torf‹, wieso fragst du?«

»Mir ist eingefallen, dass auch Moira Farrell das gesagt hat. Über den Green Man und seinen großen Rucksack, den sie wohl gesehen hat. Sie dachte, dass da vielleicht Torf drin war.«

Kevin schien zu überlegen, ob seine Chefin jetzt wohl den Verstand verloren hatte. Grace schaute auf die Uhr.

»O Mann, schon fast halb elf. Kevin, ich habe noch eine wichtige Verabredung. Ich muss los. Du hast mir sehr geholfen.«

Sie schob ihn sanft zur Tür.

Grace hatte Aisling O'Grady nicht vergessen. Hoffentlich wartete sie noch im Spaniard's Head auf sie und war nicht allzu enttäuscht.

50

Im Spaniard's Head war spät am Samstagabend, wie zu erwarten, kaum ein Durchkommen. Der Pub platzte aus allen Nähten und trotz des kühlen, nassen Wetters hing bereits eine dicke Traube von Menschen vor der Eingangstür, die tranken, rauchten und lachten. In Galway war samstagabends Partyzeit, Sommer wie Winter.

Grace kämpfte sich durch den Schankraum, doch sie konnte ihre Kollegin Aisling nirgends entdecken. Aber wenn sich die junge Rechtsmedizinerin für die Band interessierte, die heute spielte, musste sie wohl im nächsten, dem größten Raum im Pub sein, denn dort wurde immer gespielt.

Die Kommissarin warf einen kurzen Blick zur Bar und entdeckte dort Fitz, Fiona und den neuen jungen Mann, dessen Namen sie sich einfach nicht merken konnte. Sie schenkten routiniert und in einem Höllentempo Drinks aus. Aus den Augenwinkeln konnte sie außerdem Hilary sehen, der klein und zerzaust am Ende des Tresens auf seinem Stammplatz hockte. Er hatte sie offenbar auch bemerkt und hob eine Hand zum Gruß in ihre Richtung. Grace schenkte ihm ein Lächeln und drängte sich weiter durch die Menge.

Die Band begleitete gerade eine Frau, die inbrünstig eine traurige Ballade sang, sie handelte vom nebligen Tau am Ostermontag 1916. Eigentlich, wie Grace fand, eine sehr schöne Melodie, doch ging ihr die unkritische Huldigung an den Osteraufstand in ihrer Heimat am hundertjährigen Jubiläum ziemlich auf die Nerven. Der Text des Liedes grenzte an Kitsch, egal, wie sehr man den Mut der Rebellen auch bewundern mochte. Es war still im Raum. Kein lautes Lachen war zu hören, kein Schieben und Drücken unter den Menschenmassen, alle verharrten in Ehrfurcht, und auch Grace versuchte sich so wenig wie möglich zu bewegen.

Sie stellte sich auf die Zehenspitzen und ließ ihren Blick über die Zuhörer wandern. Sie konnte Aisling O'Grady auch in diesem Raum nicht entdecken, was sie etwas sonderbar fand. Grace biss sich auf die Unterlippe. War sie doch zu spät gekommen? Zu spät wofür?

Die Kommissarin beobachtete die Band. Sechs Musiker, zwei davon Frauen, saßen um den Tisch, der immer für die Bands hier reserviert war. Grace kannte keinen von ihnen. Voller Begeisterung spielten sie ihre Instrumente: ein Banjo, eine Fiedel, zwei Flöten, darunter auch die kleine irische Messingflöte, die Tin Whistle, eine Bodhran und eine Konzertina. Grace kämpfte sich bis zum letzten Raum des Pubs durch und warf auf dem Weg dorthin einen Blick in das kleine Zimmer, das sie selbst während der ruhigeren Nachmittagsstunden häufig als informellen Konferenzraum mit Rory nutzte. Die Medizinerin war nirgends zu entdecken.

»Suchst du jemanden?« Die Stimme kam ihr sofort bekannt vor und sie drehte sich um. Es war Hilary, der wie immer hier im Pub herumlungerte und den sie erst seit ihrem letzten Fall im Sommer richtig zu schätzen gelernt hatte. Vorher hatte sie ihn nur abstoßend gefunden.

»Ja, Hilary. Kennen Sie unsere Gerichtsmedizinerin, Aisling O'Grady?«

Er überlegte kurz und seine hellen, wässrigen Augen blitzten auf. »Roter Pferdeschwanz, ziemlich hübsch, sieht eher wie eine Studentin aus, nicht wie eine gestandene Forensikerin?«

Grace nickte heftig. »Genau die suche ich. Wir waren verabredet, aber dummerweise habe ich mich verspätet.«

Hilary wiegte langsam den Kopf. Die Band und die Sängerin hatten inzwischen ihr Lied beendet und Applaus brandete auf.

»Die war vorhin hier. Sie stand die ganze Zeit neben der Band und schaute denen auf die Finger.«

»War irgendjemand bei ihr?« Grace war nicht klar, warum sie diese Frage stellte. Sie hatte Aisling versprochen, hier zu sein.

»Hab niemanden gesehen, mit dem sie geredet hätte. Erst in der Pause.«

Grace nickte ihm aufmunternd zu. »Und wer war das?«

»Sie stand mit der großartigen Fiedlerin zusammen und hat auf sie eingeredet. Ich dachte noch, sieh mal an, das ist doch die Kleine von Garda. Was will die denn von Tessa?«

Grace fuhr es eiskalt den Rücken hinunter. »Tessa?«

In dem Augenblick setzte die Band wieder ein. Es war eine ausgelassene Version von »Rocky Road«. Die Menschenmasse begann sofort zu stampfen und zu johlen. Der Raum vibrierte und die Körper wogten hin und her. Grace hatte Angst, an die Wand gedrückt zu werden.

»Tessa Keane?«, brüllte sie in Hilarys Ohr.

Er grinste und nickte. Der Alte wippte mit im Takt und zwinkerte ihr fröhlich zu.

»Wo ist sie denn jetzt? Ich habe sie nicht bei der Band gesehen.«

»Was?«, brüllte er zurück.

»Ich habe Tessa nicht gesehen«, brüllte Grace wieder.

Er nickte erneut. »Ich auch nicht. Jetzt, wo du es sagst, fällt's mir auf. Nach der Pause nicht mehr.«

Grace spürte, wie ein grauenhaftes Gefühl in ihr hochstieg und sich langsam in ihrem Körper ausbreitete. Ein Gefühl, das beinahe Übelkeit verursachte.

Hilary war offenbar noch etwas eingefallen. Er stellte sich auf die Zehenspitzen und rückte nah an ihr Ohr. Ein schwacher, leicht süßlicher Altmännergeruch streifte Grace, aber sie wich nicht zurück, sondern hielt nur den Atem an.

»Seit der Pause habe ich auch deine kleine Kollegin nicht mehr gesehen. Ob die wohl zusammen weg sind?«

Dann erreichte die Band ein fulminantes Finale.

51

Grace hätte niemandem erklären können, warum die Tatsache, dass O'Grady mit einer ihrer Hauptverdächtigen gesprochen hatte, sie in Alarmbereitschaft versetzte. Sie versuchte ihr mulmiges Gefühl abzuschütteln und sich einzureden, dass es nichts zu bedeuten hatte, wenn Aisling gemeinsam mit Tessa Keane den Pub verlassen hatte – falls das überhaupt der Fall war.

Die Kommissarin musste sich zwingen, einen kühlen Kopf zu bewahren. Während die Band sich quer durch die Klassiker der irischen Folkmusik spielte, war es wohl aussichtslos, einen der Musiker anzusprechen und nach dem Verbleib von Tessa Keane zu fragen. Das musste bis zur nächsten Pause warten.

Grace überlegte fieberhaft, was sie nun unternehmen sollte, und dann glaubte sie plötzlich, Marten Molloy in der ausgelassen feiernden Menge gesehen zu haben, umringt von Menschen und halb verdeckt. Er hatte an der Tür zum Schankraum gelehnt, doch als sie sich streckte, um noch einmal genauer hinzuschauen, war er nicht mehr da. Vielleicht hatte sie sich ja getäuscht.

Es war spät und sie hatte einen langen Tag hinter sich. Grace spürte, wie die Aufregung um Aislings Verbleib langsam in ihr verebbte und ihre Erschöpfung mit jeder Sekunde zunahm. Eher zaghaft als entschlossen schlängelte sie sich durch die Menschenmasse in Richtung einer der Ausgänge. Sie hatte die Tür fast erreicht, als sie einen großen braunhaarigen jungen Mann mit Brille darin auftauchen sah. Irgendwo hatte sie ihn schon einmal gesehen, konnte sich aber nicht mehr erinnern, wo. Er war stehen geblieben, schaute sich um und verschwand dann in der wogenden Menge. Wenige Sekunden später berührten sich ihre Arme, während sie sich aneinander vorbeischoben.

Jetzt fiel es Grace mit einem Mal wieder ein. »Sie sind Aisling O'Gradys Freund, hab ich recht?«

Abrupt blieb er stehen, schaute zu ihr hinunter und nickte verblüfft. »Woher …?«

»Ich bin Grace O'Malley, Leiterin des Morddezernats von Garda.« Die letzten Worte hatte sie ihm zugeschrien.

Sie bedeutete ihm, mit ihr nach draußen zu gehen, und er folgte ihr.

Wieder hatte Regen eingesetzt, was die Zahl der Partygäste vor den Türen des Pubs jedoch keineswegs verringerte. Sie blieben in der Nässe und Feuchtigkeit stehen und feierten auch hier draußen, als wäre es Hochsommer.

»Ich habe Sie vor ein paar Monaten mit Aisling bei dem Connacht-Finale vom Gaelic Football gesehen.«

Er lächelte verlegen und nickte. »Haben Sie Aisling schon gesprochen? Sie hat mir erzählt, dass Sie sie begleiten wollten.«

»Nein, ich hab mich leider verspätet und sie war wohl schon weg. Dumm gelaufen – und es tut mir ernsthaft leid.« Sie fragte sich, ob der junge Mann wohl wusste, was Aisling vorgehabt hatte. Sie schaute zu ihm hoch.

»Weg?« Er schaute sich ratlos um, als wollte er seine Freundin unter den Gästen hier draußen finden.

»Hören Sie …« Grace zögerte, weil sie den Namen des Mannes nicht kannte.

»Ich heiße Julian Gafferty.« Dabei senkte er den Kopf ein wenig, wie um eine kleine Verbeugung anzudeuten.

Grace war sich nicht sicher, ob sie ihm mitteilen sollte, dass sie keine Ahnung hatte, warum sie Aisling heute Abend hierher hatte begleiten sollen. Wenn sie so tat, als ob sie es wüsste, konnte sie vielleicht mehr darüber herausfinden.

»Haben Sie sich auch verspätet?« Das war ein guter Anfang, fand sie.

»Nein, eigentlich nicht. Asling hatte mich nicht gebeten, sie hier zu treffen. Sie tat sehr geheimnisvoll.«

Jetzt dämmerte es Grace, dass Aislings Freund genauso wenig über den Plan für den heutigen Abend im Bilde war wie sie selbst.

Gafferty zog sein Handy aus der Hosentasche und schaute verzweifelt auf das Display.

»Ich hab schon die ganze Zeit versucht sie zu erreichen, aber sie geht einfach nicht ran. Deshalb bin ich jetzt selbst vorbeigekommen. Ich wohne nicht weit von hier«, fügte er erklärend hinzu, als wollte er den Grund für seine Unruhe dadurch abschwächen.

Grace deutete in Richtung Pub, aus dem jetzt wieder frenetischer Applaus erscholl.

»Sie hören ja, was da drinnen los ist. Sie hat Ihren Anruf bestimmt nicht mitbekommen. Ich würde mir an Ihrer Stelle keine Sorgen machen.«

Gleichzeitig wuchs jedoch ihre eigene Sorge von Minute zu Minute. Gafferty gab eine Nummer ein und hielt sich das Gerät erwartungsvoll ans Ohr.

In dem Moment sah Grace, wie die Flötistin umringt von ein paar Freunden auf die Straße trat. Die Kommissarin warf einen kurzen Blick auf Gafferty, der sich abgewandt hatte und offenbar immer noch auf eine Antwort wartete, und ging auf die Musikerin zu. Sie stellte sich vor und bat die junge Frau um eine kurze Unterredung. Es war Breda, die oft mit Tessa spielte und auch bei dem Auftritt auf Inis Meáin dabei gewesen war. Neugierig folgte ihr die Frau in eine Seitengasse, die etwas stiller war.

Der Regen prasselte an die Schaufenster. Die Musikerin

hatte sich an eine Hauswand gelehnt und abwartend die Arme verschränkt.

»Hat Tessa Keane heute Abend nicht mit Ihnen gespielt?«, fragte Grace.

Die Frau schien einen Moment lang überrascht. Dann flog ein freches Grinsen über ihr Gesicht, das ihre herben Züge beinahe clownesk wirken ließ.

»Doch«, erwiderte sie. »Aber die Lady ist wohl der Meinung, dass sie es nicht mehr nötig hat. Sie hat anscheinend beschlossen, dass es reicht, wenn man die Perlen nur eine halbe Session lang vor die … ähm, vor das Publikum wirft. Das hat sie jetzt schon zum zweiten Mal gemacht und langsam haben wir die Schnauze voll von ihr. Sagen Sie ihr das, wenn Sie sie von Garda gestellt haben. Gestrichen voll!«

Breda unterstrich ihre wütende Tirade, indem sie sich die flache Hand knapp unter die Nase hielt, und drehte sich dann um, um zu den anderen zurückzukehren.

Die ist aber richtig sauer, dachte Grace. Und das erste Mal, dass Tessa Keane ohne ein Wort verschwunden war und die Band im Stich gelassen hatte, muss die Nacht des Mordes auf Inis Meáin gewesen sein.

Julian Gafferty kam Grace im Dunkeln entgegen. Er sah unglücklich aus.

»Sie geht einfach nicht ran.«

»Haben Sie ihr schon eine SMS geschickt?«

»Das war jetzt die fünfte in der letzten halben Stunde.«

Grace runzelte die Stirn. Sie strich sich die Haare zurück, die schon ganz nass waren.

»Ihr wird doch nichts passiert sein?«

Der junge Mann hörte sich besorgt an und Grace hätte ihm gern die Hand auf die Schulter gelegt. Doch obwohl sie für eine Irin recht groß war, hätte er sich dafür zu ihr herabbeugen müssen.

»Warum machen Sie sich Gedanken? Gibt es Ihrer Meinung nach einen Grund dafür?«

Vielleicht war er ja nur eifersüchtig auf irgendeinen Freund der jungen Frau, eine ganz einfache Erklärung.

Gafferty rieb sich die Augen hinter seinen Brillengläsern. »Das war alles so viel für sie, was da passiert ist.«

Das verstand Grace sofort. »Sie meinen das mit Aislings Mutter? Ja, es kam sehr plötzlich.«

Grace musste an den Tod ihres eigenen Vaters Shaun denken, der auf einer dunklen Landstraße überfahren worden war und hilflos verbluten musste. Sie war sich nicht sicher, ob sie seinen gewaltsamen Tod heute, mehr als fünfzehn Jahre später, überhaupt schon verkraftet hatte und ob sie ihn jemals verkraften würde.

Julian Gafferty nickte und nahm die Brille ab. »Ja, das war der erste Schock. Dots plötzlicher Tod. Das hat sie schwer getroffen.«

Er strich sich über das Gesicht und hielt die Augen einen Moment lang geschlossen.

Die Kommissarin biss sich auf die Unterlippe. »Kam noch etwas danach?«

Gafferty schaute sie irritiert an. Grace wusste ja von der Adoption, hielt aber den Mund, um so vielleicht noch mehr zu erfahren.

Eine Gruppe angeheiterter Nachtschwärmer bog lärmend um die Ecke und hielt auf das Spaniard's Head zu.

Er nickte zerstreut. »Klar, wenn Dot nicht in Lebensgefahr gewesen wäre, hätte Aisling die Medikamentenliste nicht holen müssen. Und wenn sie die nicht gesucht hätte, wäre sie auch nicht auf die Adoptionspapiere gestoßen. Das hängt alles miteinander zusammen. Sie hat sich vorgestern mit der Hebamme getroffen, die bei ihrer Geburt dabei war, und die hat ihr wohl erzählt, wer …«

Die singende, johlende Gruppe hatte sie inzwischen erreicht. Junge Leute lachten, hatten sich untergehakt und nahmen sie fröhlich in ihre Mitte. Vor Graces Augen tanzten unzählige fremde Gesichter, und gleichzeitig merkte sie, dass sie sich kaum zu rühren wagte.

Jetzt wusste sie es. Sie wusste, was sie die ganze Zeit geahnt hatte. Nein, sie hatte überhaupt nichts geahnt. Sie hatte die Augen davor verschlossen.

Sie erinnerte sich an die Szene in Patties Wohnzimmer auf Inis Meáin, als Aisling in ihr Verhör von Tessa Keane geplatzt war. Wie sie die beiden Frauen angestarrt hatte, die sich so ähnlich sahen, aber erst auf den zweiten, genaueren Blick. Garda hatte aufwendige Nachforschungen angestellt, um herauszufinden, wer die Tochter von Tessa Keane und Michael Lynch war, die zur Adoption freigegeben worden war und erst vor Kurzem Lynchs Haupterbin wurde – dabei hatten sie sie die ganze Zeit vor ihren Augen gehabt.

Bei der Gewissheit blieb Grace fast die Luft weg. Doch es war nicht nur die Gewissheit, die sie nach Atem ringen ließ, es war schiere Angst.

52

Rory hatte Grace nach ihrem Anruf am Sonntagmittag zu einem Spaziergang abgeholt. Es regnete immer noch.

Der Kommissar schloss seinen Kombi ab und betrachtete dabei die zahllosen Schlammspritzer, die dem Lack ein apartes Muster verliehen. Auch Grace war inzwischen ausgestiegen und Rory schlug ihr vor, die Uferpromenade an der Galway Bay in Barna entlangzuschlendern. Vorher setzte er sich eine geringelte Bommelmütze auf, die er sich über die Ohren zog.

Grace musste schmunzeln. »Was trägst du denn für ein originelles Teil auf dem Kopf?«

»Das da?« Er tippte mit dem Zeigefinger auf die Mütze. »Hat Brenda für mich gestrickt. Mrs Coyne hat einen Schal im gleichen Look bekommen. Letztes Weihnachten.« Er klang stolz. Dann sah er Grace ins Gesicht, die sich inzwischen ihre Kapuze übergezogen hatte und nicht sehr glücklich wirkte. »Du machst dir Sorgen um Aisling, habe ich recht?«

Grace nickte. »Ich habe mehrfach versucht, sie telefonisch zu erreichen, aber sie geht einfach nicht ran. Allerdings hat sie heute Morgen wohl SMS-Nachrichten an ihren Vater und an ihren Freund Julian geschickt.«

»Und was hat sie ihnen geschrieben?« Rory schaute seine Chefin neugierig von der Seite an.

Grace hob die Schultern. »Nicht viel. Julian rief mich ganz aufgeregt an. Er sagte, sie habe nur geschrieben, dass sie sehr beschäftigt sei. Es gehe ihr aber gut und er solle sich keine Sorgen machen. Und in der SMS an ihren Vater hat Aisling wohl geschrieben, dass sie am Abend wieder zurück sein oder sich melden würde.«

»Das war alles?«

Grace nickte. Dann berichtete sie, dass sie sich lange mit Mr O'Grady am Telefon unterhalten und dabei auch ganz offen die Adoption angesprochen habe.

»Wie hat er darauf reagiert?« Rory durchsuchte seine Anoraktaschen nun nach Handschuhen. »Ist doch etwas frisch hier am Wasser, findest du nicht?«

Grace nickte und setzte sich Richtung Spiddal in Bewegung. Sie waren die einzigen Spaziergänger am Sonntagmittag. Die meisten hatten wohl in Pubs Unterschlupf gesucht, vermutete sie.

»O'Grady hat sich Vorwürfe gemacht, dass er und seine verstorbene Frau nie den Mut aufgebracht haben, ihrer Tochter alles zu erzählen. Er bedauert es zutiefst, dass Aisling die Wahrheit auf diese Weise erfahren musste.«

»Als Anwalt denkt er wohl öfters über Wahrheit und Lüge nach, würde ich mal vermuten.« Grace lächelte.

»Hast du ihm …«, Rory war stehen geblieben. Der Nieselregen wirkte wie eine Sprühdusche, Tausende feine Tröpfchen überzogen ihre Gesichter mit einem salzigen Film. »Hast du in irgendeiner Form angedeutet, dass wir Aislings leibliche Mutter verdächtigen, am Mord an Aislings leiblichem Vater beteiligt gewesen zu sein?« Als er es ausgesprochen hatte, bemerkten beide, wie kolossal absurd und verworren das Ganze auf einmal klang.

»Selbstverständlich nicht!« Grace schien empört.

Rory beeilte sich zurückzurudern. Er blieb stehen und schaute sie mit seinem typischen treuherzigen Blick an. »Tut mir leid, Grace. Ich rede kompletten Unsinn. Es ist eindeutig zu nass für einen vernünftigen Gedankengang. – Schau mal, was hältst du davon?«

Er hatte ein kleines Café auf der anderen Straßenseite

entdeckt und steuerte, ohne ihre Antwort abzuwarten, darauf zu. Die Kommissarin folgte ihm und wenige Minuten später saßen die beiden an einem gemütlichen Tisch vor einer heißen Kanne Tee. Rory hatte sich außerdem für ein Stück Connemara Cheese Cake aus garantiert eigener Produktion entschieden, das er, kaum dass es die freundliche Bedienung vor ihn hingestellt hatte, von allen Seiten gründlich inspizierte.

»Und was, glaubst du, ist hier dran typisch Connemara? Es gibt Connemara-Ponys, Connemara-Marmor und den berühmten Torf. Regionale Bezüge in allen Ehren, wirklich, aber was kann ein Käsekuchen denn schon von dieser Gegend haben?«

»Ich habe letztens Trüffel aus Mayo serviert bekommen, das kommt mir auch etwas merkwürdig vor.« Grace schmunzelte, zog ihre Augenbrauen leicht nach oben und deutete so ihre Skepsis an. »Die waren ziemlich gut, aber ich bezweifle, dass sie von hier stammten, wahrscheinlich noch nicht mal aus Irland.«

Rory dachte nach. »Doch, das könnte wirklich sein. Mrs Coyne war mit einer Freundin am Donnerstag in Westport auf dem Bauernmarkt. Da gab es tatsächlich einen Stand, der welche angeboten hat. Ziemlich teuer, die Dinger, klar, aber sie hat einen kleinen gekauft und wir haben ihn uns über das Kartoffelpüree gehobelt. Ein Traum!«

Die Erinnerung an diesen Genuss zauberte sofort ein verzücktes Lächeln in das Gesicht des Kommissars. Grace musste lachen.

Da wurde Rory wieder ernst und senkte die Stimme. »Entschuldige bitte. Mir ist natürlich klar, dass du Aislings Vater nicht mit unseren Spekulationen über die Schuld oder Unschuld einer Frau konfrontieren würdest, die die leibliche Mutter seiner Tochter ist.«

Grace sah ihn verblüfft an. Rory nahm nun einen Löffel

voll Käsekuchen. »Mhmm!«, entfuhr es ihm. »Exzellent! Lange keinen so guten Käsekuchen mehr gegessen. Cremige, aber keineswegs matschige Konsistenz mit einem Hauch Zitrone … trockener, knuspriger Teig … absolut perfekt.«

Er nahm sofort einen weiteren Löffel, um seinen ersten Eindruck zu festigen.

»Und was machen wir jetzt?« Grace wirkte unschlüssig. Sie hob den Kopf, als eine melodische Klingel neue Gäste ankündigte. Zwei Pärchen in langen tropfenden Fahrradregenponchos suchten offenbar Schutz im warmen Café. Sie standen mitten im Raum und zogen sich umständlich den nassen Regenschutz über den Kopf.

»Gott, die Ärmsten, auch noch auf dem Rad!«, kommentierte Rory ihre Ankunft und schaute Grace dann erwartungsvoll an.

»Ich habe gestern noch ziemlich lange darüber nachgedacht, wie wir am besten weiter vorgehen«, sagte sie. »Wenn Ward in der Sache mit drinhängt, brauchen wir eine exzellente Strategie. Er wird versuchen sich da rauszuwinden. Politiker sind aalglatt.«

Die vier Neuankömmlinge sprachen Italienisch. Rory hatte sich neugierig zu ihnen umgedreht und lächelte sie freundlich an.

»Rory! Ich will dir etwas erklären!«

Er schaute sofort schuldbewusst. »Bin ganz Ohr, sag ich doch. Ich höre alles!«

»Morgen früh habe ich als Erstes Robert Gaynor in die Zentrale bestellt«, fuhr Grace fort. »Und danach treffe ich mich mit meinem Onkel Jim in seinem Büro.«

Rory war leicht verwirrt. »Warum?«

Grace zwinkerte ihm zu. »Ich hab keine Ahnung, ob es was bringt, aber Onkel Jim ist eine echte Tratschtante und weiß über alles und jeden Bescheid. Zumindest glaubt er das. Ich will versuchen, ihn für unsere Sache anzuzapfen.«

»Natürlich.« Der Kuchen war verputzt und Rory lehnte sich vergnügt zurück. Er warf den Italienern, die nun lautstark über die Speisekarte diskutierten, nochmals einen Blick zu.

»Was treibt Italiener im November nach Connemara? Kannst du mir das verraten?« Rory flüsterte.

»Jedenfalls keine Trüffel. Die haben sie selbst – und was für welche!«, erwiderte Grace seufzend. »Aber jetzt hör zu, Rory. Um zwei kommt dann Finbar Ward in die Garda-Zentrale.«

»Für den haben wir noch kein Motiv, Grace. Kein überzeugendes zumindest.« Rory bemühte sich, seine gebündelte Aufmerksamkeit unter Beweis zu stellen.

Grace seufzte. »Ich weiß. Da ist Peter für uns dran. Er geht gerade noch einmal alles durch, was mit der Hibernian Earth zu tun hat. Das ist die einzige direkte Verbindung zwischen Finbar Ward und unserem Mordopfer Lynch. Und das Foto von Gerry deutet darauf hin, dass er in der Mordnacht auf der Insel war. Was allerdings auch ein unerheblicher Zufall gewesen sein könnte. Aber mehr haben wir im Augenblick nicht gegen Ward in der Hand.«

Die Bedienung kassierte am übernächsten Tisch ab und Rory winkte ihr.

»Vielleicht gibt es ja wirklich nichts gegen ihn«, sagte der Kommissar zögerlich.

Graces schiefergraue Augen blitzten auf. »Das glaube ich nicht, Rory. Wir haben es nur noch nicht gefunden.«

»Bist du sicher?«

In diesem Moment trat die Kellnerin an ihren Tisch. »Kann ich Ihnen helfen, Sir?«

Rory nickte eifrig. »Verraten Sie mir doch bitte, was Ihren fantastischen Käsekuchen so connemarisch macht?«

Die junge Frau strahlte ihn an. Die italienischen Touristen am Nebentisch interessierten sich offenbar ebenfalls für die Antwort, denn sie hatten ihre Diskussion unterbrochen und blickten gespannt auf die Kellnerin.

»Oh! Das ist ganz einfach, Sir! Sie haben es ja gerade selbst gesagt: Er ist fantastisch, genau wie Connemara!« Und damit räumte sie ab.

Rory und Grace schauten sich verblüfft an und lachten dann. Die Italiener riefen »Bravo!« und freuten sich auch. Grace stand auf und langte nach ihrer Jacke, die schon fast trocken geworden war.

»Vielleicht ist es ja bei unserem komplizierten Fall genauso: Die Lösung liegt auf der Hand, aber sie will uns einfach nicht einfallen.«

Rory grinste und folgte ihr nach draußen. Als sie wieder im Regen standen, wusste er offenbar, was er zu tun hatte.

»Connemara hin, Käsekuchen her. Ich fahre jetzt in die Hauptstadt von Connemara, nach Clifden. Obwohl heute mein freier Tag ist. Ich klingele bei Tessa Keane und dann schauen wir, was passiert. Wenn die Dame auch nicht auf unsere Nachrichten reagiert – vielleicht ist sie ja zu Hause.«

Grace nickte dankbar.

53

Es war schon dunkel, als Rory die leicht ansteigende Straße zu dem kleinen Reihenhaus der Musikerin hochging. Er keuchte etwas, wie er feststellen musste, was ihm gar nicht gefiel.

Der Regen hatte, kurz bevor er die Kleinstadt erreicht hatte, endlich aufgehört. Im Frühling und im Sommer war Clifden ein beliebtes Reiseziel für unzählige Besucher von nah und fern, doch jetzt im November lag das sonst quirlige Zentrum rund um die geschwungene Hauptstraße verlassen da. Es war sechs Uhr abends und Rorys Schritte hallten durch die düstere Geisterstadt. Im Vorübergehen warf er einen sehnsüchtigen Blick ins Schaufenster des kleinen Delikatessenladens »Korb aus Connemara«, wo die von ihm so geschätzte Krustentierpastete angeboten wurde. Selbstverständlich war der Laden heute, an einem Sonntagabend im Spätherbst, geschlossen.

Als Rory sich Tessas Haus näherte, bemerkte er, dass in keinem der Fenster Licht brannte. Allerdings konnte man den hinteren Teil des Gebäudes von der Straße aus nicht sehen. Der Kommissar stieg die zwei Stufen zum Eingang hoch und klingelte. Nichts passierte. Er klingelte erneut. Nach etwa einer Minute klopfte Rory laut an der Tür. Auch darauf gab es keine Reaktion von drinnen. Stattdessen wurde die Tür des Nachbarhauses aufgerissen und ein älterer Mann, der in einen flauschigen grün-blau karierten Bademantel gehüllt war, trat heraus und musterte ihn. Rory war nicht wie sonst in Uniform, sondern trug seinen kobaltblau schimmernden Regenschutz, der ihn immer ein bisschen an Batman erinnerte.

»Tessa ist nicht da«, krähte der Mann mit einer ziemlich hohen Stimme.

Der irische Dorffunk funktionierte offenbar auch in der Kleinstadt vortrefflich.

»Danke, Sir. Wann haben Sie sie zum letzten Mal gesehen?« Rory vertraute auf die lückenlose Überwachung durch die Nachbarschaft, die hier weder mit Häme noch mit besonderer Neugier betrieben wurde. Sie wurde eher beiläufig ausgeführt, wie der tägliche Einkauf oder das Müll-vor-die-Tür-Stellen, damit er abgeholt wird.

»Gestern Nachmittag. Sie wollte nach Galway, hat sie mir erzählt. Zu irgendeinem Auftritt.« Der Mann rieb sich mit der rechten Hand das Ohr.

Rory schwieg ihn aufmunternd an. Diese Fähigkeit hatte er in seinen Jahren bei Garda fast perfektioniert.

»Komisch, ich dachte, sie käme noch in der Nacht zurück. Aber da sehen Sie mal – das hat sie nicht erwähnt und ich muss es mir wohl zusammengereimt haben.« Der Mann schüttelte lachend den Kopf, als hätte er sich gerade selbst hereingelegt.

»Bleibt sie öfter mal länger weg, als Sie denken?«

Der Nachbar hielt das offenbar für keine ungewöhnliche Frage. Er schien bereitwillig darüber nachzudenken.

»Ja, das kommt manchmal vor. Tessa lebt schon sehr lange hier neben uns. Da weiß man einiges voneinander.«

Rory schmunzelte. »Das glaube ich Ihnen sofort. Das ist bei uns in der Nachbarschaft nicht anders, obwohl wir in Galway leben. Bekommt sie viel Besuch?«

Rory begann nach seinem Handy zu suchen und zog es schließlich hervor. Er rief seine Bilder auf.

Der Mann nickte heftig. »Sie ist ja Musikerin, da kommen häufig Kollegen vorbei, um mit ihr zu proben.«

»Hier? Bei ihr im Haus?«

Der Nachbar schaute einen Moment, als wüsste er nicht, was gemeint war.

Rory erklärte es ihm. »Da ist sicher nicht so viel Platz zum Üben, meine ich, wenn eine Band mit fünf, sechs Musikern auftaucht.«

Der Nachbar machte eine wegwerfende Handbewegung. »Dazu kann ich nichts sagen, ich war noch nie bei ihr drinnen.«

Rory hob die Augenbrauen. Die Welt, ja sogar die kleine westirische Welt, hielt immer noch jede Menge Überraschungen für ihn bereit.

Er trat auf den Nachbarn zu und hielt ihm sein Handy mit einem Foto hin. »Haben Sie diesen Mann hier schon einmal gesehen? Hat er Tessa vielleicht auch mal besucht?«

Es war Michael Lynch. Der Nachbar beugte sich näher und betrachtete das Foto eingehend. Schließlich schüttelte er überzeugt den Kopf. »Nie gesehen.«

»Und den?« Rory hatte jetzt ein Foto von Marten Molloy ausgewählt. Doch auch den kannte der Nachbar nicht.

Der Kommissar wollte gerade das Handy einstecken, als ihm noch etwas einfiel. Er rief eine Website auf und zeigte sie dem Mann. »Kennen Sie den vielleicht?«

Diesmal kam die Antwort blitzschnell. »Klar, das ist Finbar Ward.«

Rory nickte begeistert. »Und den haben sie hier bei Tessa Keane gesehen?«

Der Mann starrte ihn verblüfft an. »Wie kommen Sie denn darauf? Finbar Ward sitzt für irgendeine Partei in Galway im Parlament und vertritt Rossaveel und Cashel. Daher kenne ich ihn, von seinen Wahlplakaten. Aber hier war der noch nie, dafür lege ich meine Hand ins Feuer.«

Leicht ungehalten band er sich den Gürtel seines Morgenmantels neu und verschwand daraufhin mit einem knappen Gruß hinter seiner Haustür, die er geräuschvoll schloss.

Rory schaute überrascht und machte sich dann kopfschüttelnd wieder auf den Weg zu seinem Wagen. Ein dunkler Schatten kam ihm auf der Straße entgegen, und Rory kniff die Augen zusammen, um ihn besser sehen zu können. Als er an der Straßenlaterne vorbeiging, die ihn kurz in helles Licht tauchte, erkannte Rory den Mann. Er blieb stehen, bis der andere ihn erreicht hatte.

»Mr Keane, erinnern Sie sich an mich?«

Michael Keane blieb nun ebenfalls stehen und streckte seine Hand aus. »Sicher, der Guard aus The Witch's Hand in Clones. Was machen Sie am Sonntagabend in Clifden?«

»Das Gleiche könnte ich Sie auch fragen, Monaghan ist weit.«

Keane lächelte. »Da haben Sie recht. Aber ich habe hier Verwandtschaft, wie Sie offenbar wissen. Anscheinend haben Sie meine Schwester schon vor mir besucht.«

Der Kommissar schaute ihn neugierig an. »Tut mir leid, das hätte ich gern, aber sie ist nicht zu Hause. Wissen Sie, wo sie sich im Augenblick aufhält?«

Rory merkte, wie sich die Augen des Anwalts weiteten. Er warf einen Blick auf das Haus. »Sie ist nicht zu Hause? Aber …« Er brach ab und verstummte.

»Was aber?«

Michael Keane schien völlig überrumpelt zu sein. »Meine Schwester und ich waren für heute Abend fest verabredet«, erklärte er. »Ich bin bei dem grauenhaften Wetter stundenlang hierhergefahren, über die Landstraßen, und jetzt ist sie nicht …« Wieder war er nicht imstande, den Satz zu Ende zu bringen. Er fuhr sich mit der Hand über das Gesicht. Sein Blick flatterte.

»Was denken Sie, Mr Keane?« Rorys Stimme hallte.

Keane sah ihn an, auf einmal wirkte er gehetzt.

»Was ich denke?« Er hob den Kopf, und der Blick, den er Rory zuwarf, ließ den Kommissar erschrecken.

»Es muss etwas passiert sein, es muss etwas Furchtbares passiert sein.«

54

Grace schaute auf die Uhr. Es war Viertel nach neun am Montagmorgen. Vor drei Minuten hatte Alfred O'Grady sie angerufen und ihr erzählt, dass seine Tochter ihn in einer weiteren SMS gebeten habe, sie für den heutigen Tag bei der Kommissarin zu entschuldigen.

»Ich glaube, Sie verheimlichen mir etwas, Ms O'Malley«, hatte er zum Schluss gesagt.

Damit hatte Grace schon gerechnet. »Wie meinen Sie das, Mr O'Grady?«

»Das wissen Sie ganz genau.«

Unsicher rutschte sie auf ihrem Bürosessel herum. Robert Gaynor müsste längst hier sein. Wo blieb er denn nur?

Grace schluckte. »Wir haben im Moment keinen Grund zu der Annahme, dass mit Ihrer Tochter etwas nicht in Ordnung ist.«

»Wirklich nicht? Glauben Sie etwa, dass Aisling allein unterwegs ist?«

»Das wissen wir nicht.«

»Bei allem Respekt, Superintendent – ich finde, Sie interessieren sich ungewöhnlich engagiert für den Verbleib meiner Tochter und ihr Wohlergehen. Als würden Sie sich nicht nur als Kollegin, sondern auch als Leiterin des Morddezernats ernsthafte Sorgen um sie machen.«

Grace überlegte eine Sekunde, bevor sie ihm antwortete. »Das stimmt so nicht, Mr O'Grady.«

Wieso sollte sie ihn belügen? Bloß weil sie ihm keine Angst machen wollte und ihre Sorgen sich lediglich auf Spekulationen gründeten?

»Wir wissen, dass sie momentan ihre leibliche Mutter sucht.«

»Das ist mir bekannt und ich unterstütze sie dabei.« Aislings Vater hörte sich merkwürdig steif und distanziert an.

»Aislings Heimlichtuerei könnte durchaus dazu passen. Deshalb denke ich, dass wir sie nicht aus den Augen verlieren und gleichzeitig Vertrauen in sie haben sollten.«

Es herrschte einen Moment lang Stille in der Leitung. Dann war wieder seine sanfte Stimme zu hören.

»Das haben Sie sehr gut ausgedrückt. So sehe ich das auch. Aber sind Sie sicher, dass Aisling auch wirklich die Person ist, die diese SMS hier verschickt? Die kommen zwar von ihrem Handy, aber …«

Grace schloss die Augen. Das war eine Frage, die sie sich selbst auch schon gestellt hatte.

»Darauf müssen wir uns im Moment einfach verlassen. Wir halten uns gegenseitig auf dem Laufenden, nicht wahr? Ich danke Ihnen.« Damit beendete sie das Gespräch. Sie atmete tief durch.

Da klopfte es plötzlich an der Tür. Robert Gaynor, fuhr es Grace durch den Kopf, endlich!

Doch es war Peter Burke. Erstaunt schaute sie ihn an und ging erfreut auf ihn zu. »Was willst du denn hier, Peter?«

Er sah noch einmal kurz zurück in den Flur und schloss dann die Tür zu ihrem Büro.

»Ich habe etwas für dich, das ich dir sofort vorbeibringen wollte. Stör ich gerade?«

Wieder schaute sie auf die Uhr. »Ich habe einen Zeugen aus Inis Meáin für neun Uhr vorgeladen, aber er ist noch nicht hier. Jetzt ist es halb zehn. Seltsam.« Sie sah etwas ratlos aus.

»Mach dir keine Sorgen. Der wird schon kommen.« Er lächelte sie an und schaute sich um.

»Setz dich. Bis er auftaucht, können wir gerne reden.«

Peter nahm Platz und schlug die Beine übereinander. Er hatte seinen hellbraunen Mantel abgelegt und ihn über die Stuhllehne geworfen.

»Es geht um die Hibernian Earth. Ich habe mich mal mit ihren diversen Konten beschäftigt und da ist mir etwas aufgefallen.«

»Wie kommst du denn an ihre Konten heran? Das ist selbst für uns schwierig und ohne richterlichen Beschluss völlig ausgeschlossen.«

Peter setzte sein spitzbübisches Grinsen auf. »Hab ich dir doch schon mal erzählt. Ich glaube, das war bei deinem ersten Fall hier auf der Insel. Wir Privatdetektive haben manchmal andere Kanäle, um an Informationen heranzukommen, als ihr auf dem offiziellen Weg. Und wenn du auf Wirtschaftsdelikte spezialisiert bist wie ich, dann brauchst du nur das eine oder andere Rädchen anzutippen und schon dreht es sich und dreht sich und …«

Sie lachte. »Schon gut. Was hast du herausgefunden?«

Er hatte sein Handy aus dem Jackett gezogen und suchte nach etwas. Als er es gefunden hatte, hob er seinen Blick zu ihr.

»Vor ungefähr zwei Jahren hat sich die Hibernian zum ersten Mal wegen möglicher Probebohrungen im Blanket Bog an die Kommune in Monaghan gewandt. Es ging um Seltene Erden, du weißt schon. Und sie bekamen umgehend eine Absage.«

»Genau wie Lynch und seine Firma?«

Peter nickte. »Ein paar Wochen später erfolgte eine Zahlung der Hibernian über fünfzigtausend Euro auf folgendes Konto.« Er hielt ihr sein Handy hin.

»Eine Parteispende?« Graces Stimme verriet ihre Aufregung über diese Neuigkeit.

»Richtig. Und zwar für die Indis, die Unabhängigen.«

Grace zog die Augenbrauen zusammen. »Aber Ward

sitzt hier in Galway und nicht in Monaghan. Außerdem dachte ich, dass seine Partei sich von niemandem unterstützen lässt und dass sie tatsächlich unabhängig ist. Oder ist das naiv?«

Peter grinste. »Ich würde drüber nachdenken. Drei Monate später gab es eine zweite Anfrage für eine Genehmigung von Seiten der Hibernian«, fuhr er unbeirrt fort. »Diesmal wurde ein Gutachten über die Umweltverträglichkeit in Auftrag gegeben, und zwar über Finbar Ward, der über exzellente Kontakte dort oben verfügte. Schließlich hatte er die Gruppe ›Für das Recht, Torf zu stechen‹ in Monaghan mitgegründet.«

»Du meinst, die Farmer dort oben vertrauten ihm?« Sie hatte sich zurückgelehnt und schaute den Detektiv nachdenklich an. Sie hatte das Gefühl, endlich weiterzukommen. Dank Peter.

»Genau. Vermutlich hatte Ward mittlerweile dickere Fäden zur Hibernian Earth gesponnen. Aber das habe ich noch nicht genauer recherchieren können. Vielleicht kannst du ja deine begabte Schwägerin Oonagh noch mal einspannen. Wenn sie und dein Bruder die Vermieter der Hibernian sind, kann sie uns ja vielleicht behilflich sein.«

Zwinkerte er ihr wirklich zu oder hatte sie sich das nur eingebildet?

»Hm.« Sie war nicht sehr begeistert. »Hast du noch mehr herausgefunden?«

Peter Burke hatte sich nun zum Schreibtisch gebeugt und schaute sie unverwandt an. »Die Hibernian Earth bekam nach dem Gutachten die Zulassung und konnte mit den Probebohrungen beginnen. Lynch schäumte vor Wut und begann der Sache nachzugehen. Doch er kam nicht weiter. Erst als er von Michael Keane, der den Rest der immer noch skeptischen Farmer vertrat, vor ein paar Wochen zusätzliche Informationen bekam, war er offenbar fündig geworden.«

Grace starrte ihn verdutzt an. »Und welche Informationen hatte Keane für Lynch?«

»Ich war mit ihm für heute Morgen verabredet. Aber er hat per SMS abgesagt. Daher weiß ich noch nicht, um was es sich dabei handelt.«

Grace lächelte. »Peter, ich danke dir sehr, das klingt alles ziemlich schlüssig. Aber ich kann mir einfach nicht vorstellen, dass es bei den beiden Morden nur um Schürfrechte geht. Wenn man es so simpel auf den Punkt bringen will. Und solange wir nicht wissen, wie der Deal mit den Schürfrechten genau abgelaufen ist, hilft es uns nicht weiter. Sei mir bitte nicht böse. Ich schätze deine Arbeit und brauche dich bei diesem Fall.«

Er gähnte. »Ich bin dir nicht böse, Grace. Ich melde mich, wenn ich Keane gesprochen habe. Er ist angeblich seit gestern Abend hier in Galway.«

»Ach wirklich?«, sagte sie überrascht. Dann schaute sie noch einmal ungeduldig auf die Uhr und stand auf.

Peter nahm seinen Mantel vom Stuhl und schlüpfte elegant mit seinem linken Arm in den Ärmel.

»Wen erwartest du denn von der Insel? Wenn er die Morgenfähre genommen hat, kann er ja noch nicht hier sein. Dann kommt er frühestens um zehn.«

Sie schaute ihn gut gelaunt an. »Es ist Robert Gaynor, der Neffe von Moira. Wir müssen dem Kerl noch mal auf den Zahn fühlen. Der hat ganz sicher gelogen.«

Peter hielt mitten in seiner geschmeidigen Bewegung inne. »Ich war gestern kurz bei Pattie und bin mit der Nachmittagsfähre wieder zurückgefahren. Da war Gaynor auch drauf. Er hat mir noch zugewunken.«

Die beiden wechselten besorgte Blicke.

55

Henry Casey wusste selbstverständlich, wo Robert Gaynor in Galway abgestiegen war, und nannte Grace den Namen der Pension in Salthill. Sein Freund habe sich auf den Aufenthalt in der Stadt gefreut, erzählte ihr Casey, und er habe einiges dort zu erledigen. Er wollte erst mit der Abendfähre am Montag zurückfahren.

Ein Anruf im Bed & Breakfast an der Seepromenade ergab, dass Mr Gaynor gegen sechs Uhr am Sonntagabend eingecheckt habe, dass er dann ausgegangen sei und bis jetzt noch nicht zum Frühstück erschienen sei.

Grace wurde von Minute zu Minute unruhiger. Sie wartete ungeduldig, während die Pensionsbesitzerin sein Zimmer überprüfte, um sie dann erneut anzurufen.

»Er hat die Nacht offensichtlich nicht in seinem Zimmer verbracht«, berichtete die Frau atemlos. »Das Bett ist unberührt, Guard. Er könnte natürlich jeden Moment zurückkehren. Wir haben öfters Gentlemen, die unvorhergesehen woanders übernachten. Deshalb räumen wir den Frühstückstisch meistens erst etwas später ab. Sie sind dann in der Regel an Eiern mit Speck interessiert. Und an Würstchen«, fügte sie nach kurzer Überlegung noch hinzu.

Grace schoss der Gedanke durch den Kopf, dass Mr Gaynor wohl kaum an Würstchen mit Eiern und Speck interessiert war, denn vielleicht würde er ja selbst bald in einen Zustand übergehen, in dem er für niedere Lebewesen das Äquivalent von Eiern mit Speck abgeben könnte.

»Ich danke Ihnen. Wir schicken umgehend jemanden von Garda bei Ihnen vorbei, der das Zimmer untersuchen wird.«

»Oh!«

Und das war das Letzte, was sie von der Wirtin vernahm, ehe sie auflegte.

Rory war in ihr Büro getreten. »Es könnte doch auch sein, dass Gaynor einfach in letzter Minute das Weite gesucht hat, oder? Aus Feigheit.«

Grace wiegte den Kopf. »Ja, könnte es, aber das hat er nicht. Da bin ich mir ziemlich sicher. Wo sollte er denn bitte hingegangen sein?«

Rory hob unschlüssig die Schultern. Eine Zeitlang sagten beide nichts.

»Aber du hast recht, am besten, wir geben eine Fahndung raus.« Grace klappte ihren Laptop auf und tippte etwas hinein.

Schließlich räusperte sich Rory und ergriff das Wort. »Bleibt uns wohl nichts anderes übrig, als auf die nächste Leiche zu warten …«

Grace nickte verhalten. »Blöde Situation. Und dann noch die Geschichte mit Aisling und Tessa Keane.«

Rory legte den Kopf schräg und sah sie an. »Und was machen wir, wenn die Leiche auftaucht und wir keine Gerichtsmediziner haben?« Grace wurde bleich. »Ach du Schreck, du hast völlig recht. Wo wäre denn der nächste Gerichtsmediziner?«

»Castlebar oder Athlone. Oder ist Limerick näher?«

Rory hatte plötzlich eine Idee. »Notfalls könnten wir vielleicht auch Fitz fragen, wenn Robin einverstanden wäre.«

Grace verzog den Mund. »Du machst Witze, Rory. Aber das Thema ist alles andere als lustig.«

Der Kommissar nickte schuldbewusst. Dann stand er auf und ging unruhig im Raum hin und her. »Wir können doch nicht untätig hier herumsitzen und auf die Leiche von Robert Gaynor warten. Wobei wir nicht einmal wissen, ob es sie überhaupt geben wird.«

Jetzt stand auch Grace auf und langte nach ihrer dicken Jacke.

»Was hast du vor?«, fragte Rory.

Sie zog den Reißverschluss bis zum Hals hoch und sah ihn herausfordernd an. »Ich gehe jetzt zu Onkel Jim. Und dir habe ich vorhin die Ergebnisse von Peters Recherche geschickt, was die Hibernian Earth betrifft. Schau bitte vor dem Verhör von Finbar Ward da noch rein. Vielleicht inspiriert dich das.«

Rory sah sie fragend an. »Mir war nicht klar, dass ich ihn verhören soll.«

Grace drehte sich noch einmal zu ihm um. Ihre grauen Augen blitzten. »Das sollst du, Rory. Wir müssen Ward beide so in die Mangel nehmen, dass ihm Hören und Sehen vergeht.«

Rory freute sich. »Das ist er nicht gewohnt und es wird ihm Angst einjagen.«

Grace trat einen Schritt zurück und ihre Augen wurden ganz schmal, als sie flüsterte: »Es wird ihm richtig Angst einjagen.«

56

Mit wehendem Regenmantel und Schirm in der Hand kam Onkel Jim ihr auf der Treppe entgegen. »Ach, Graínne, ich dachte, du kommst nicht mehr! Jetzt bin ich schon auf dem Weg ins Rathaus – was machen wir denn da?«

Grace überlegte einen Moment. Sie wollte unbedingt noch ein paar Dinge von ihm erfahren. »Ich begleite dich. Du wolltest doch sicher zu Fuß dorthin.«

Jim O'Malley verzog das Gesicht. »Bei dem Wetter? Nein, der Wagen steht vor der Tür. Spring rein.«

Grace wunderte sich immer wieder über ihre fußfaulen Landsleute. Das Rathaus lag nur etwa zehn Minuten quer durch die Innenstadt entfernt. Mit dem Auto würden sie wahrscheinlich eine halbe Stunde bis dorthin brauchen.

Sie schlug die Wagentür zu und Jim ließ den Motor an. Geschickt lenkte er den schweren Volvo auf die Straße.

»Ihr seid immer noch mit dem Mord an Lynch beschäftigt, hab ich recht?«

»Ja, Onkel. Aber wir sind schon ein gutes Stück weitergekommen.«

Er sah sie kurz erwartungsvoll an, aber es kam keine weitere Erläuterung. Jim versuchte die peinliche Sekunde zu überspielen.

»Prima, wunderbar. Ich habe keinerlei Zweifel an der Kompetenz von Gardai, und an deiner erst recht nicht. Wie kann ich dir helfen?«

Sie zog tief Luft ein. »Sagt dir der Name Hibernian Earth etwas?«

Der Politiker nickte. »Ist eine kleine Firma mit Sitz auf

den Kanalinseln, wenn mich nicht alles täuscht. Steuergeschichten, man kennt das ja.« Er lächelte verständnisvoll.

»Jetzt sitzen sie aber auf unserer Insel, die Hibernia hat sich auf Hibernia niedergelassen. Genauer gesagt, in Dalkey.«

»Ach wirklich?«

»Ja, sie haben sich als Firmensitz doch tatsächlich die alte Villa von Dara und Oonagh auserkoren.«

Sein Kopf flog herum. »Was du nicht sagst!«

Hinter ihnen ertönte ein Hupen.

»Bitte, konzentriere dich auf den Verkehr, Onkel Jim. Kennst du jemanden von denen näher?«

»Hmm.« Jim hüllte sich einen Moment in Schweigen. Dann antwortete er: »Ich habe ihren Geschäftsführer, James Mallory, unlängst mal bei irgendeinem Charity-Dinner kennengelernt.« Er hielt an einer Ampel und fuhr dann bei Grün weiter. »Sympathischer Kerl. Keiner von diesen Blauhemden, obwohl er die Partei angeblich unterstützt. Willst du, dass ich etwas über ihn herausfinde?«

Grace zuckte zusammen. Onkel Jim als ihr informeller Mitarbeiter wäre das Letzte, was sie sich wünschte. »Nein, auf keinen Fall, Onkel. Aber danke schön. Die Geschichte um Michael Lynch und Tessa Keane interessiert mich im Augenblick mehr. Auf welcher Seite standen damals eigentlich die Dorfbewohner?«, versuchte sie schnell das Thema zu wechseln.

Und prompt standen sie, wie Grace schon erwartet hatte, mitten in einem dicken Stau auf der Ringroad. Nichts bewegte sich mehr.

»Du hast erzählt, es sei damals ein großer Skandal gewesen, über den die ganze Insel geredet hat.«

Jim nickte heftig und trommelte ungeduldig auf dem ledernen Lenkrad herum. Er gähnte, ohne sich die Hand vor den Mund zu halten. »Da muss ich mal deine Tante

Mary fragen. Die hat in solchen Dingen ein viel besseres Gedächtnis als ich. Es ist ja schon so lange her, Graínne.«

Sie hatte sich ihm fast ganz zugewandt. »Aber du musst doch selbst damals etwas gedacht haben. Kannst du dich daran nicht erinnern?«

Langsam schob sich die Autoschlange die Ringstraße hinunter. Onkel Jim presste die Lippen aufeinander und schüttelte wie ein trotziges Kind den Kopf.

Grace grübelte und schnitt dann wieder ein völlig neues Thema an.

»Seit wann ist Finbar Ward eigentlich Witwer?«

Onkel Jim zuckte kaum merklich zusammen. »Witwer? Wie kommst du denn darauf?«

Grace schaute ihn fragend von der Seite an und zögerte. »Ich dachte, er war früher mal verheiratet. Und dann starb seine Frau und deshalb ist er jetzt Witwer.«

Jim schüttelte wieder den Kopf. »Wer hat dir denn das erzählt?«

Grace überlegte konzentriert. Ja, wer hatte ihr das erzählt? War es Peter gewesen? Sie wusste es nicht mehr.

»Stimmt es denn nicht?«

Jims Mund verzog sich zu einem breiten Grinsen, das nicht sehr einnehmend aussah. Schließlich brach er in lautes Gelächter aus. »Wer auch immer dir das erzählt hat, ist ein Lügner. Ward ist kein Witwer.«

Grace warf ihm einen überraschten Blick zu, ehe sie sich wieder auf die Straße konzentrierte.

»Nein, Ward war mit einer gewissen Alice verheiratet«, fuhr Jim fort. »Nettes Mädchen, hab sie damals ein paarmal zusammen gesehen. Er hat sie wohl über die Politik kennengelernt, damit hatte er ja schon immer zu tun. Es war also alles in Butter, obwohl die beiden keine Kinder zusammen hatten. Das war das Einzige, worüber damals getuschelt wurde. Und dann, nach ein paar Jahren, hat sie ihn mit einem anderen Mann betrogen. Ward bekam es ziemlich spät erst mit und warf sie aus seinem Haus. Ich weiß gar nicht, ob sie inzwischen geschieden sind. Kann man ja jetzt.«

Grace knabberte an ihrer Unterlippe. Dann kam das Rathaus in Sicht und Jim bog ab, um auf den Parkplatz für städtische Angestellte zu gelangen.

»Ist das alles oder willst du noch mit reinkommen, um weiter mit mir zu plaudern?« Er grinste.

Grace winkte ab und legte ihm die Hand auf die Schulter. »Danke, Onkel Jim. Das hat mir sehr geholfen. Ernsthaft. Und wegen Tessa werde ich Tante Mary fragen.«

»Mach das, Gráinne.« Er hatte einen Parkplatz gefunden und manövrierte den großen Wagen hinein.

Grace öffnete die Beifahrertür, sprang hinaus und landete in einer tiefen Pfütze. Sie fluchte leise.

»Ach, ich hab doch noch eine Frage«, rief sie ungehalten. »Was ist eigentlich aus dieser Alice geworden? Lebt sie hier in Galway?«

Jim beugte sich zu der offenen Wagentür, in der Grace stand.

»Nein«, erwiderte er. »Sie hat sich kurz danach aus dem Staub gemacht. Das Ganze ist noch richtig hässlich geworden. Sie wohnt jetzt irgendwo in den Staaten. In Boston, glaube ich. Wo wir Iren fast alle mal landen, wenn wir nicht aufpassen. Bis bald, Gráinne, und viel Glück!«

57

Die Kommissarin hatte Finbar Ward in das neu gestrichene hellgrüne Verhörzimmer führen lassen, wo sie ihn erst einmal warten ließ. Rory beobachtete den Politiker durch die Scheibe, während Grace noch kurz in ihr Büro ging, um etwas auf dem Laptop nachzusehen.

Ward schien anfangs ganz entspannt, er schaute sich neugierig um und wählte dann einen der vier dunkelgrün gepolsterten Stühle, die sich an einem länglichen Tisch gegenüberstanden.

Ward lehnte sich zurück und verschränkte die Arme vor der Brust. In seinem Gesicht war kein Anzeichen von Nervosität zu entdecken. Bestenfalls ein Anflug von Irritation, während er den Blick über die nackten Wände des Zimmers wandern ließ.

Wenig später erschien Grace mit ein paar Unterlagen unter dem Arm. Sie bedeutete Rory, dass es nun losgehen könne, und kurz nach zwei betraten die beiden den Verhörraum. Robert Gaynor war immer noch nicht in der Garda-Zentrale aufgetaucht.

»Guten Tag, Mr Ward«, begrüßten ihn Grace und Rory.

Er lächelte gequält. »Einen schönen Tag, den wünsche ich Ihnen auch. Aber nennen Sie mich ruhig Finbar, ich glaube, so haben wir es auch neulich schon gehalten, als ich Sie mit Ihrem Onkel im Spaniard's Head getroffen habe.«

Grace warf ihm einen kühlen Blick zu und sie setzten sich.

»Das ist mein Kollege Inspector Coyne«, stellte sie Rory vor.

Ward beachtete ihn kaum.

»Wir nehmen das Gespräch mit dieser Kamera hier oben auf. Nur zu Ihrer Information.«

Einen kurzen Moment lang wirkte er leicht verunsichert. Dann lächelte er wieder. »Nun bin ich aber mal neugierig, weshalb Sie mich herbestellt haben.«

Er schien tatsächlich gespannt zu sein. Rory ergriff, wie mit Grace verabredet, zuerst das Wort.

»Wie Sie vielleicht wissen, ermitteln wir in den Mordfällen Michael Lynch und Moira Farrell. In diesem Zusammenhang müssen wir Sie fragen, wo Sie in der Nacht vom einunddreißigsten Oktober auf den ersten November waren, in der Nacht, die auf den Arans Samhain genannt wird und anderswo Halloween.«

Grace beobachtete den Mann genau. Er schien kurz etwas abzuwägen.

»Entschuldigen Sie, aber was habe ich mit diesen abscheulichen Gewaltverbrechen zu tun?«

Graces Mund verzog sich zu einem Lächeln, sie hielt ihn mit ihrem Blick fest. »Wir stellen hier die Fragen, Mr Ward. Wo waren Sie in dieser Nacht?«

Er schwieg einen Moment, dann antwortete er und klang dabei wieder äußerst liebenswürdig. »Ich war bei mir zu Hause in Leenane.«

»Gibt es dafür irgendwelche Zeugen?«

Ward schüttelte den Kopf. »Ich lebe allein. Meine Haushälterin Mona geht normalerweise spätestens gegen sechs. Zu diesem Zeitpunkt war ich noch auf dem Weg zurück von Galway.«

»Wann haben Sie an diesem Tag Galway verlassen?«

Er runzelte die Stirn und schien zu überlegen. »Das weiß ich nicht mehr so genau. Ich habe unterwegs noch eingekauft.«

Rory hatte seine Zettelchen vor sich ausgebreitet und

wartete mit einem Kugelschreiber in der Hand auf sein Stichwort, das er eben erhalten hatte.

»Wo haben Sie eingekauft, Mr Ward?«

»Im Einkaufscenter am Bodkin Kreisverkehr.«

Das größte Shopping-Center weit und breit, dachte Grace. Niemand würde sich dort an ihn erinnern. Klug gewählt.

»Sie waren nicht einkaufen, Mr Ward«, sagte sie kühl. »Stattdessen haben Sie sich auf den Weg nach Inis Meáin gemacht. Mit einem Rucksack.«

Seine Augen weiteten sich. »Sind Sie verrückt geworden? Pardon, entschuldigen Sie, das wollte ich nicht sagen – aber das ist völlig absurd! Wer behauptet das?«

Grace beugte sich leicht zu ihm hinüber. »Möchten Sie einen Tee oder ein Glas Wasser?«

Jetzt werden wir gleich sehen, ob er gute Nerven hat, dachte sie. Aber wie alle Politiker besaß er ein überdurchschnittliches Schauspieltalent.

Ward schüttelte heftig den Kopf und fuhr sich kurz mit der Hand über die Augen.

»Wir stellen also fest, dass Sie ab Donnerstagnachmittag kein Alibi haben. Bis etwa …« Grace sah ihn unverwandt an. »Wann hat man Sie wieder gesehen? Am Morgen des ersten November? Da waren Sie dann bestimmt zu Hause, was Ihre Haushälterin bestätigen kann, nicht wahr?«

»Nein, als Mona kam, war ich weg.«

»Wo waren Sie denn?«

»Ich bin auf die Devil's Mother gestiegen. Das ist sozusagen mein Hausberg. Liegt vor der Tür und ich gehe häufig dort wandern.«

Grace kannte diesen Berg gut. Sie liebte die wilde Natur dort oben. Auf der Devil's Mother zu wandern, war für sie wie eine Art Medizin, seit ihrer Jugend schon.

»Am Morgen des ersten November hat es stark geregnet«, sagte die Kommissarin in scharfem Tonfall. »Und Sie wollen mir weismachen, dass Sie bei einem solchen Wetter auf die Devil's Mother geklettert sind? Das ist nicht ungefährlich.«

Ward nickte und lächelte. »Ja, das bin ich. Ich kenne den Berg sehr gut. Eine solche Wanderung hat eine beruhigende Wirkung auf mich. Ich kann dabei wunderbar meine politische Arbeit planen.« Er schien in diesem Moment sehr zufrieden mit sich und wirkte wieder ruhig und entspannt.

Grace machte sich auf ihrem Pad eine Notiz. Es ärgerte sie, dass der Berg für Ward eine ebenso wichtige Bedeutung zu haben schien wie für sie selbst und dass er ihn offenbar ähnlich nutzte.

»Wann waren Sie wieder zurück?«

»Ich bin gegen Mittag vom Fuß des Berges aus mit dem Wagen nach Rossaveel gefahren. Dort hatte ich einen Termin, das lässt sich sicher irgendwie überprüfen.«

Grace schaute ihn nachdenklich an. »Es existiert ein Foto von Ihnen, Mr Ward, das Sie am ersten November auf der Nachmittagsfähre von Inis Meáin nach Rossaveel zeigt. Sie wurden eindeutig identifiziert.«

Das entsprach zwar nicht ganz der Wahrheit, aber es war einen Versuch wert, fand Grace.

Wieder lächelte er sein scheinbar verständnisvolles Lächeln, obwohl sein Rücken sich ein wenig spannte und er auf einmal wie auf dem Sprung schien. »Es muss sich um eine Verwechslung handeln.«

»Moira Farrell hat Sie erkannt.«

Um seinen Mund zuckte es leicht. »Moira?«

»Sie kannten Sie doch? Unser zweites Mordopfer.«

»Flüchtig.«

Jetzt meldete sich wieder Rory zu Wort. »Flüchtig? Moira war sogar mit Ihnen verwandt! Ihre Exfrau Alice ist Moiras

Nichte, genau wie Ihr Exschwager Robert Gaynor auch Moiras Neffe ist.«

Nach Onkel Jims Hinweis war es nur ein kleiner Schritt für Gardai gewesen, an diese Informationen heranzukommen.

Ward hatte seinen Kopf auf die Brust gesenkt, wohl um niemanden anschauen zu müssen.

»Wo waren Sie am fünften November zwischen elf und fünfzehn Uhr?« Das war der Zeitraum, in dem Moira ermordet worden war.

»Ich war bei einem Meeting mit verschiedenen Vertretern des Landwirtschaftsverbands der Region Süd-Mayo. Dafür gibt es zahlreiche Zeugen.«

Rory notierte es sich. Da räusperte sich Finbar Ward und blickte wieder auf.

»Ich weiß, Sie stellen hier die Fragen. Aber darf ich trotzdem mal eine stellen?«

»Sicher.« Grace bemühte sich um einen freundlichen Tonfall.

»Das Motiv. Sie unterstellen mir offenbar, dass ich etwas mit den Morden auf Inis Meáin zu tun habe. Aber welches Motiv sollte ich dafür haben?«

Grace versuchte, es sich nicht anmerken zu lassen, dass genau das der Schwachpunkt in ihrer gedanklichen Kette war. Bisher waren sie bei allen Überlegungen bezüglich der Ereignisse in Monaghan auf kein Motiv gestoßen, das die Morde erklärbar gemacht hätte.

»Sie sind bei der Hibernian Earth engagiert, Mr Ward, nicht wahr?« Rory klang eher beiläufig.

Finbar sank zurück in den Stuhl.

»Sie haben für das Moorgebiet in Monaghan ein Gutachten in Auftrag gegeben«, fuhr Rory fort. »Dabei hatten Sie und die Gruppe von Farmern, mit der Sie seit Ihrer Torf-Kampagne in enger Verbindung stehen, dieses Gebiet kurz zuvor noch zu einer schützenswerten Torfregion deklariert. Und das Gutachten kam zu dem Schluss, dass derselbe Standort nun auf einmal geeignet sei, um dort Seltene Erden wie Indium zu fördern.«

Finbar Ward sog hörbar die Luft ein und bat nun doch um ein Glas Wasser. Grace stand auf und holte es von einem hellen Schränkchen in der Ecke, dem einzigen zusätzlichen Möbelstück im Raum. Sie stellte es vor ihn hin und er nahm einen tiefen Schluck.

»Danke. Das ist korrekt. Man hatte mich darum gebeten.«

»Wer hat sie darum gebeten?«

»Die Farmer selbstverständlich.«

Rory schmunzelte. »Oder war es vielleicht die Hibernian Earth selbst? Nachdem sie Ihren Kollegen in Monaghan eine kleine Denkhilfe aufs Konto überwiesen hatten? Vermutlich nachdem Sie die Hibernian darauf aufmerksam gemacht hatten, dass die Kollegen ab und zu einen solchen Denkanstoß benötigen?«

Ward reagierte ungehalten. »Das ist eine bösartige Unterstellung. Meine Partei ist absolut unabhängig.« Seine Hände zitterten ein wenig.

Mit einem Seitenblick auf Rory schaltete sich nun Grace wieder ein.

»Warum bekam die Excav 91 vor fünf Jahren nicht die Erlaubnis, dort Gold abzubauen, während die Hibernian Earth für dieselbe Region jetzt den Zuschlag bekommt?«

Der Politiker lächelte ein Lächeln, das er sonst vermutlich für begriffsstutzige potenzielle Wähler reserviert hatte.

»Aus genau dem Grund, den Sie gerade angesprochen haben: Damals ging es um Gold und heute geht es um Seltene Erden. Das ist ein großer Unterschied, was die Gewinnung und die Umweltbelastung betrifft.«

Grace und Rory wechselten einen Blick und Grace schüttelte kaum merklich den Kopf. Sie wusste, dass dieser Einwand unhaltbar war. Die Kommissarin wollte diesen Ermittlungsstrang im Moment jedoch nicht weiter verfolgen.

»Sie wissen, wie wohl jeder in Ihrer Nachbarschaft, über den seit Langem schwelenden Streit zwischen dem ermordeten Michael Lynch und dem Farmer und Hundetrainer Marten Molloy Bescheid?«

Ward hob vielsagend die Schultern. »Molloy hätte am fünften November übrigens ebenfalls bei dem Meeting der Landwirtschaftskammer sein müssen. Aber er war nicht dort«, berichtete der Politiker.

Grace und Rory notierten es sich auf der Stelle.

»Danke. Hatte er denn jemanden darüber informiert, dass er nicht kommen würde, und sich entschuldigt?«

Finbar Ward schaute Rory, der die Frage gestellt hatte, belustigt an. Er war offenbar wieder etwas besser gelaunt.

»Da müssen Sie bei der Kammer nachfragen. Mir ist nichts bekannt. Aber so etwas bleibt meistens im Sekretariat, es sei denn, eine wichtige Abstimmung steht an, was an diesem Tag nicht der Fall war.«

Grace überlegte, warum Molloy ihr nichts davon erzählt hatte. Er hatte ausdrücklich erwähnt, dass er an diesem Nachmittag mit den Hunden gearbeitet hatte, bevor er angeblich nach Clifden gefahren war. Von einem Meeting der Landwirtschaftskammer war nicht die Rede gewesen.

»Was wissen Sie über diesen letzten Streit zwischen den beiden um das Stück Land in Delphi?«

Ward zuckte die Schultern und schaute kurz auf seine Armbanduhr.

»Ich weiß das, was alle wissen. Molloy war hinter dem Land her – das er jetzt ja vermutlich bekommen wird ...« Er schaute kurz auf, als wollte er überprüfen, wie diese Information bei den Kommissaren angekommen war.

»Stimmt, er verhandelt schon.«

Ward schlug sich leicht auf den Schenkel. »Dachte ich's mir doch! Der verliert keine Zeit, kluges Kerlchen – und Lynch wollte dieses Land eben auch. So einfach war das.«

Grace war aufgestanden und hinter den Stuhl getreten, auf dem Rory saß. Sie stützte sich leicht auf die Rückenlehne.

»Und warum? Warum waren Ihrer Meinung nach beide hinter einem Stück Land her, das laut Aussagen von Experten keinen oder nur wenig Ertrag für seinen Besitzer abwirft?«

Ward atmete hörbar aus. »Tja, warum sind zwei Männer hinter der gleichen Sache her? Vielleicht war es nur Konkurrenz? Molloy hat sich schon immer für Dinge interessiert, die anderen gehören.«

Grace trat stirnrunzelnd einen Schritt auf ihn zu und Ward schaute unsicher zu ihr hoch. Röte schoss ihm plötzlich ins Gesicht. Er kniff die Lippen zusammen.

»Tatsächlich? Ist das so? Wie gut kennen Sie ihn denn?«

Finbar Ward machte eine abschätzige Handbewegung. »So wie man sich hier von Viehmärkten und Bauerntreffen eben kennt. Oder man läuft sich mal im Pub über den Weg. Ich kenne sein Gesicht und weiß, wer er ist. Wir hatten nie viel miteinander zu tun.«

Grace war mitten im Verhörraum stehen geblieben und sah ihren Kollegen aufmunternd an. Rory übernahm auf der Stelle.

»Und wie gut kennen Sie die Fiedlerin Tessa Keane?«

War er eben noch rot geworden, so wich nun jegliche Farbe aus dem Gesicht des Politikers.

58

Die Nachricht vom Fund einer männlichen Leiche kam kurz vor vier. Auf dem Golfplatz von Glenlo Abbey hatte man einen toten Mann aus dem Corrib River gezogen. An dieser Stelle verbreiterte sich der Fluss und verwandelte sich vom kompakten Stadtfluss Galways zum großen Lough Corrib ein Stück weiter nördlich. Genau das hatten Grace und Rory befürchtet: eine Leiche – und die Rechtsmedizinerin war nicht verfügbar.

Grace setzte sich sofort in ihren Wagen und folgte der Spurensicherung, während Rory den Chef aufsuchen und mit ihm abklären sollte, was in einem solchen Fall zu tun sei.

»Was heißt, unsere Medizinerin ist nicht da?« Robin Byrne schien eher amüsiert als besorgt zu sein.

Rory schilderte ihm kurz die Umstände, die zu Aislings Verschwinden geführt hatten, wobei er die Tatsache, dass sie möglicherweise in Gefahr schwebte, nicht besonders hervorhob. Grace und er waren sich darin einig gewesen, dass sie zum augenblicklichen Zeitpunkt keine Fahndung auslösen wollten, auch weil es ja immer wieder Nachrichten von Aisling gegeben hatte.

Byrne überlegte einen Moment und zupfte an seinem geliebten beigen Aran-Pullover herum, den er nun in der kälteren Jahreszeit wieder übergestreift hatte. Das Zupfen erhöhte offenbar die Konzentrationsfähigkeit der Garda-Leitung, fuhr es Rory durch den Kopf. Ein interessantes Phänomen.

»Ja, und das bedeutet für mich, dass ich O'Grady, selbst

wenn sie jetzt vor Ort und einsetzbar wäre, nicht einsetzen würde, bevor euer Fall nicht geklärt ist. Verstehst du das?«

Rory nickte vage. »Obwohl diese neue Leiche ja mit unserem Fall gar nichts zu tun haben muss«, warf er ein. »Es könnte sich um eine unabhängige Leiche handeln, eine ›Indi-Leiche‹, sozusagen.«

»Indi-Leiche?«

Rory nickte begeistert.

Um Robins Mundwinkel zuckte es. Schließlich griff er zum Telefon und ließ sich zu seinem Kollegen in Castlebar durchstellen. Nach einem kurzen Wortwechsel legte er seufzend auf.

»Der Gerichtsmediziner dort steht nicht zur Verfügung, da er im Urlaub ist.«

»Ach.« Mehr bekam Rory nicht heraus.

Robin Byrne versuchte eine andere Nummer mit dem gleichen Resultat. Der Gerichtsmediziner von Athlone nehme leider an einem Kongress in Edinburgh teil.

Byrne schüttelte ungläubig den Kopf. »Verdammt noch mal, gehen die etwa davon aus, dass es an der Westküste im November weder zu einem Mord noch zu ungeklärten Todesfällen kommt?«

»Ts, ts, ts«, machte Rory diesmal.

Ein dritter Anruf in Limerick ergab tatsächlich einen anwesenden und praktizierenden Gerichtsmediziner. Nur war der in einen Doppelmord vertieft und im Augenblick unabkömmlich.

»Er könne jedoch, wenn es wirklich wichtig sei, heute Abend gegen neun nach Galway kommen und sich die Leiche mal unverbindlich ansehen«, berichtete Robin Byrne.

»Hat er wirklich unverbindlich gesagt, Rob?« Rory musste einfach nachfragen.

Rorys Chef grinste unglücklich. »Nein, hat er nicht. Das habe ich hinzugefügt, weil es sich für mich so anhörte.«

»Gut, dann bestellen wir den Menschen aus Limerick, aber was machen wir jetzt vor Ort?«, fragte der Kommissar. »Es sollte doch am Fundort der Leiche ein Gerichtsmediziner auf jeden Fall einen Blick drauf werfen. Soll ich Fitz mal fragen?«

Byrne hob verblüfft die Augenbrauen. »Fitz? Du meinst den Wirt vom Spaniard's Head?«

Rory nickte. »Er war bis vor zwei Jahren noch Gerichtsmediziner von Gardai Limerick.«

»Stimmt. Ich erinnere mich. Dr. Padraic Fitzgibbon hatte einen exzellenten Ruf und gab dann krankheitsbedingt alles auf.«

»Er sattelte um und wurde Wirt, ganz recht. Auch mit exzellentem Ruf.« Robin Byrne überlegte einen Moment, während er wieder an seinem Pullover zupfte.

»Hmm, wenn er sich eure Leiche vor Ort inoffiziell mal anschaut und die Sache unter uns bleibt – dann ist wohl nichts dagegen einzuwenden.«

Byrne fasste einen der zahllosen Papierstapel, die seinen Schreibtisch bedeckten, ins Auge. Dann fiel sein Blick wieder auf den Kommissar.

»Warum bist du noch hier, Rory? Hol sofort den Wirt!«

Byrne hatte aufgehört zu zupfen und erhob sich. Rory kratzte sich am Hinterkopf.

»Ich werde es versuchen, aber es gab damals triftige Gründe dafür, dass Fitz keine Lust mehr auf die Rechtsmedizin hatte. Und die Chancen, dass er ablehnt, liegen vermutlich bei hundert Prozent.«

»Sag ihm, es sei ein Notfall.«

»Ist es ja auch.« Und damit verschwand Rory.

Fitz' Augen wurden schmal hinter den Brillengläsern, als Rory ihm kurz darauf in der Küche des Spaniard's Head sein Anliegen vortrug. Er sagte kein Wort, während Rory ihm ausführlich schilderte, wie es zu diesem Notfall gekommen war. Wobei er die laufenden Ermittlungen in den Mordfällen Lynch und Farrell nur grob skizzierte.

»Wo ist die Leiche?«

Rory nannte ihm den Fundort.

»Das heißt, sie hat eine Zeitlang im Wasser gelegen?«

»Vermutlich, ja.«

»Eine erwachsene, männliche Leiche?«

Rory bestätigte das.

Fitz dachte nach. »Dir ist klar, dass ich euch nur als Privatperson etwas dazu sagen kann, oder?«

Rory nickte. »Das wissen wir. Und unser Chef ist eingeweiht. Wir wollen wirklich nur, dass du mal draufschaust, bevor wir sie wegbringen.«

»Ich habe keine medizinischen Instrumente mehr.« Fitz hatte ein Tuch genommen und begann die Theke, die sauber und spiegelblank war, abzuwischen. Auf eine Stelle konzentrierte er sich ganz besonders.

Rory war kurz davor, aufzugeben. Er verlieh seinem letzten Versuch etwas Atem- und Hilfloses. »Ein kurzer Blick genügt. Und deine Erfahrung, Fitz. Und die Spusi, die schon vor Ort ist, hat sicher das eine oder andere Löffelchen für dich parat.«

Der Wirt schloss einen Moment lang die Augen, als müsste er Kraft sammeln für das, was jetzt vor ihm lag. Nachdem er sie wieder geöffnet hatte, rief er zu Fiona, die gerade mit einem Tablett voller Gläser die Küche betrat: »Ich bin mit Rory Coyne mal für ein, zwei Stunden unterwegs! Du hältst bitte die Stellung.«

Rory strahlte, während Fiona eher verblüfft schaute.

»Was habt ihr vor?«

Fitz hielt einen Moment lang inne und lächelte sie an. »Was ich vorhabe? Wie soll ich es nennen? Ein paar alte Gewohnheiten wieder aufgreifen?«

Er nahm seinen schwarzen Mantel vom Haken hinter der Tür und setzte sich einen breitkrempigen Hut auf, wie ihn australische Schäfer trugen.

Da schaltete sich Rory ein. »Ich würde sagen, Fitz ist dabei, neuen Freunden tatkräftig unter die Arme zu greifen.«

Schnellen Schrittes verließen sie den fast leeren Pub.

59

Es war schon dunkel, als Rory und Fitz den Ort erreichten, wo man die Leiche aus dem Wasser gezogen hatte. Standleuchten, die an ein Filmset bei Nachtaufnahmen erinnerten, tauchten diesen abgelegenen, ans Wasser grenzenden Teil des Golfplatzes in ein gespenstisches gleißendes Licht. Es war tatsächlich Robert Gaynor, Moiras Neffe, der da schlaff und wächsern auf dem geteerten Weg lag. Grace kniete mit zwei Kollegen in weißen Overalls neben der Leiche und schaute auf, als sie die beiden Männer kommen sah. Fitz begrüßte sie und die anderen und kniete sich sofort neben sie.

»Vielen Dank, Fitz, dass du gekommen bist.«

Er sah sie nicht an, sondern begann sofort, den Hals des Toten abzutasten.

»Ist doch selbstverständlich, dass ich helfe, wenn es nötig ist.«

Grace wusste, dass er nach einem Nervenzusammenbruch vor zwei Jahren nichts mehr mit der Forensik zu tun haben wollte. Deshalb rechnete sie ihm seine spontane Hilfe hoch an.

»Wann habt ihr ihn gefunden und wie?«

Fitz setzte seine Untersuchung fort, während Grace aufstand, weil ihre Knie schmerzten. Auch Rory hatte sich nun über den Toten gebeugt.

»Jemand vom Golfclub hat noch kurz vor Einbruch der Dunkelheit bei seiner Kontrollrunde etwas im Wasser schwimmen sehen«, fasste Grace ihre bisherigen Erkenntnisse zusammen. »Es hatte sich wohl im Schilf verheddert.

Bei näherem Hinsehen erkannte der Mann, worum es sich handelte, und schlug sofort Alarm. Sie haben ihn dann zu dritt rausgezogen, auch weil sie nicht sicher waren, ob er vielleicht noch lebte und man ihn retten könnte. Da hatte man uns schon informiert und wir waren auf dem Weg hierher.«

Grace merkte, wie routiniert Fitz bei der Untersuchung der Leiche immer noch wirkte. Bisher kannte sie ihn nur von hinter seiner Theke. Sie musste zugeben, dass sie fasziniert war.

»Wer hat ihn zuletzt lebend gesehen und wann war das?«

Rory machte sich permanent Notizen. Diesmal hatte er wieder sein neues Pad dafür gewählt. Sie musste ihn wirklich einmal fragen, nach welchem Prinzip er dabei vorging.

»Das war wohl die Wirtin von seiner Frühstückspension. Sie hat ihn gestern gegen sechs Uhr Abend aus dem Haus gehen sehen. «

»Hast du genug Licht, Fitz?«

Vom Boden ertönte ein undefinierbares Brummen, das sich zufrieden anhörte.

»Es ist klar, dass hier jemand verhindern wollte, dass wir ihn in die Mangel nehmen. Er wusste zu viel«, raunte Rory seiner Chefin zu, die dicht neben ihm stand.

Grace nickte zustimmend. »Genauso sehe ich das auch.«

»Wann hattest du ihn einbestellt?«, fragte Rory.

»Freitag. Nein, Samstag«, verbesserte sie sich.

»Das muss er seinem Mörder oder seiner Mörderin erzählt haben.«

»Habt ihr sein Handy gefunden?«, rief Grace der Spurensicherung zu.

»Nein, bisher nicht!«, kam prompt eine Antwort aus der Dunkelheit.

»Wir müssen herausfinden, wer davon wusste, dass er zum Verhör geladen war.«

Rory blickte kurz auf, nickte und tippte weiter.

Grace überlegte. »Henry Casey wusste es. Er kannte sogar die Pension, in der Gaynor abgestiegen war.«

»Wahrscheinlich wussten es seine anderen Freunde auf Inis Meáin auch«, fügte Rory hinzu. Er machte ein paar Schritte zum Ufer hin und versank mit seinen Straßenschuhen im Morast. Der Kommissar stieß einen lauten Fluch aus und hüpfte mit schlammigen Schuhen zurück zu Grace, die vergeblich versuchte ein Grinsen zu unterdrücken.

»Hast du schon jemanden in die Pension geschickt, der die Wirtin verhört?«, fragte Rory unwirsch.

Grace nickte unkonzentriert, da Fitz sich in diesem Moment erhob und auf sie zukam.

»Ja, ich habe Kevin hingeschickt, kurz bevor wir Ward verhört haben. Seitdem habe ich ihn noch nicht gesprochen. Er ging vorhin nicht an sein Handy.«

Fitz war bei Grace stehen geblieben und knöpfte umständlich seinen Mantel zu. Er wirkte nachdenklich. Seine sonst eher lachenden Augen waren ohne Glanz. Aber vielleicht lag das auch an der unzureichenden Beleuchtung.

»Hast du etwas gefunden, was für uns interessant ist?«

Fitz nickte. »Da sind Abwehrspuren an seinen Armen und Händen, vielleicht findet ihr ja was unter den Fingernägeln. Und er ist mit Sicherheit nicht ertrunken. Er war bereits tot, als man ihn ins Wasser warf. An seinem Hals sehe ich deutliche Spuren von Strangulation.«

»Genau wie bei Lynch.« Grace und Rory murmelten den Namen des ersten Opfers gleichzeitig.

»Meint ihr, ihr habt es mit demselben Täter zu tun?«, fragte Fitz, während er die Handschuhe abstreifte, die er übergezogen hatte.

»Sehr wahrscheinlich. Kannst du etwas zum Todeszeitpunkt sagen?«

Fitz zog die Stirn in Falten. »Weniger als vierundzwanzig Stunden. Ich würde vermuten, er ist zwischen acht und zehn Uhr abends ermordet worden. Aber sicher bin ich natürlich nicht.«

»Und wie lange lag er im Wasser?« Diese Frage kam von Rory.

»Das ist ohne Obduktion schwer zu sagen. Dazu müsste man die Lunge genauer untersuchen. Das werden die Kollegen tun. Mehr habe ich im Moment nicht für euch. Habt ihr schon etwas von Aisling gehört?«

Rory verneinte traurig.

»Dann wäre das jetzt ein guter Zeitpunkt für einen Auftritt deiner Witwe Malone, nicht wahr, Rory?« Fitz lächelte.

Auch ihm hatte Rorys Witwe schon einmal geholfen. Deshalb kannte er den keltischen Fluch, der auf Rory lastete und in kniffligen Situationen wahre Wunder wirken konnte. Der Kommissar war überzeugt davon, dass die Witwe besonders im Auffinden von Menschen und Dingen begabt war. Seltsamerweise hatten weder Rory noch Grace bisher diese Möglichkeit in Erwägung gezogen. Aber warum nicht?, dachte Grace. Bisher hatte die Witwe keinen Schaden angerichtet – ganz im Gegenteil.

Grace bedankte sich bei Fitz. Er nahm seinen Hut, verabschiedete sich und bat sie, ihn auf dem Laufenden zu halten. Dann verschwand er in der Dunkelheit. Ein rätselhafter Mann, dachte Grace, während sie ihm nachsah.

Rory wandte sich an die Spurensicherung. »Was liegt nördlich von diesem Golfplatz hier?«, fragte er die Kollegen. »Die Strömung führt vom See aus ins fließende Wasser des Corrib, der in Galway ins Meer mündet. Die Leiche kann nicht südlich von hier in den Corrib geworfen worden sein, sonst wäre sie nicht hier gelandet.«

Er kniff die Augen zu, wie um zu überlegen. »Wir müssen morgen bei Tageslicht alles genau absuchen.«

Colin von der Spurensicherung winkte ihnen zu. »Wir sind dahinten fertig. Sollen wir weitermachen oder alles absperren und morgen früh weitersuchen?«

Grace schlug vor, für heute aufzuhören. In diesem Moment meldete sich ihr Handy. Sie ging sofort ran und ihr Gesicht, das kurz zuvor noch hochkonzentriert und eher missmutig gewirkt hatte, entspannte sich und nahm einen heiteren Zug an.

»Danke, das ist endlich mal eine gute Neuigkeit«, sagte sie. »Bis gleich in der Zentrale.«

Rory sah sie neugierig an. »Gute Nachrichten von Aisling?«

»Nein, leider nicht. Das war Kevin. Er hat in der Pension im Badezimmer Gaynors Handy gefunden. Es hing dort am Akku und war zu hundert Prozent aufgeladen.«

Rory war dennoch enttäuscht. Er musste bei dem grausigen Leichenfund unaufhörlich an seine junge Kollegin denken. Und er wurde von Stunde zu Stunde unruhiger.

60

»Gibt es noch Tee?« Rory klang erschöpft, während Grace die dickbauchige Thermoskanne aufdrehte und hineinschaute. Sie schüttelte den Kopf.

»Wir können aber neuen machen, wenn du magst.«

Er winkte dankend ab.

Es war kurz nach Mitternacht. Die beiden Kommissare saßen in Graces Büro in der Garda-Zentrale und gingen noch einmal das Verhör mit Finbar Ward durch. Rory hatte sich in der Forensik eine von Aisling O'Gradys Tuniken besorgt, die sie immer überstreifte, wenn sie dort arbeitete. Sie waren übereingekommen, dass er noch in dieser Nacht seine Witwe Malone rufen sollte, um die vermisste Kollegin ausfindig zu machen.

»Hier zum Beispiel, Rory. Achte mal auf seine Körpersprache.«

»Sag ich doch.« Rory unterdrückte ein Gähnen.

»Er sitzt ziemlich entspannt da, bis die Sprache auf das Foto kommt, auf dem Moira Farrell ihn identifiziert hat. Dann spannt sich auf einmal sein Rücken und er wird nervös.«

»Sag ich doch«, nuschelte Rory und versuchte, sich auf den Computerbildschirm vor ihm zu konzentrieren.

»Aber für den Zeitraum des Mordes an Moira hat er ein wasserdichtes Alibi. Das haben wir nachgeprüft«, erwiderte die Kommissarin.

»Und Robert Gaynor? Hatte der eins für die Zeit?« Rory gähnte herzzerreißend.

Grace hatte das Bild angehalten und nickte. »Du meinst,

weil er auf Inis Meáin nicht aufgefallen wäre? Weil er dort hingehört?«

»Ja, weil man auf Inis Meáin nichts sieht, wenn es nichts zu sehen gibt«, zitierte der Kommissar Gerry von der Fähre. Er hielt diese Aussage nach wie vor für einleuchtend.

Grace war aufgestanden und lief unruhig im Zimmer umher. »Bleibt immer noch unklar, warum Ward seinen ehemaligen Schwager angestiftet haben sollte, seine angeheiratete Tante zu ermorden. Der Mord an ihr weist eine völlig andere Handschrift auf als die beiden anderen Morde.«

Rory reagierte nicht, sondern starrte ins Leere.

Grace gab ihm einen freundschaftlichen Klaps auf den Rücken. »Du bist todmüde, Rory. Komm, lass uns Schluss machen und nach Hause gehen.«

Grace sah auf die Uhr. Es ging auf ein Uhr zu. Draußen war es gespenstisch still.

»Ist nicht so schlimm, Grace. War nur ein verdammt langer Tag.«

»Die Auswertung von Gaynors Handy liegt uns morgen früh vor. Hast du eigentlich Keane getroffen? Der wollte dir doch etwas über Lynch erzählen.«

Rory kratzte sich am Hals. »Das hat er noch nicht getan. Er rief mich heute kurz an. Ich habe dir doch erzählt, dass er geradezu panisch reagiert hat, als ich ihm sagte, dass Tessa nicht in ihrem Haus in Clifden war. Er hat mir am Telefon gesagt, dass er daraufhin nicht wie geplant nach Galway gefahren ist, sondern nach Hause.«

»Das muss nicht unbedingt die Wahrheit sein.« Graces Stimme klang scharf. Sie wirkte trotz der fortgeschrittenen Uhrzeit überhaupt nicht müde.

»Auch er käme theoretisch für den Mord an Gaynor infrage.«

Rory wirkte einen Moment lang überrascht. »Du hast recht. Am Ende war er doch in Galway. Als ich ihn traf, war er jedenfalls ganz in der Nähe. So weit ist Clifden nicht davon entfernt.«

Grace bückte sich nach ihrer Tasche und zog sich dann den Anorak über.

»Michael Keane, der loyale Bruder, der seine Schwester nicht nur rächt, sondern ihr auch zu einem substantiellen Erbe verhelfen will. Wir hatten ihn bisher nie auf dem Schirm und deshalb auch sein Alibi nicht überprüft. Das müssen wir morgen früh sofort nachholen.«

In der Sekunde, in der Grace das ausgesprochen hatte, erkannten beide, was es bedeutete. Rory wurde bleich und ihm entfuhr ein Stöhnen.

»Wir müssen Aisling finden.« Graces Stimme klang gepresst. »Am besten, du schickst sofort deine Witwe Malone los, um sie zu suchen … Oder seid ihr beide zu müde?«

Rory schüttelte tapfer den Kopf und stand auf. »Die Verbindung zwischen Michael und Tessa Keane liegt auf der Hand. Und auch der Profit, den beide daraus ziehen könnten.« Der Kommissar hatte bereits Graces Bürotür erreicht.

»Rory!« Die Anspannung seiner Chefin war nicht zu überhören.

Der Guard blieb wie angewurzelt stehen und drehte sich langsam um.

»Warum weist uns Ward ganz von selbst auf die Tatsache hin, dass er kein Motiv hat? Das hat er doch getan, nicht wahr?«

Einen Moment lang blieb Rory stumm. Dann fiel ihm die Antwort ein.

»Vielleicht weil er tatsächlich kein Motiv hat? Weil er keinen Mord begangen hat?« Seine Stimme klang unsicher.

»Und wenn er eins hat, dann ist er wohl absolut überzeugt davon, dass wir es nicht herausfinden werden. Wie kann er das sein?« Grace überlegte fieberhaft.

Rory lächelte. »Ich bin immer noch der Meinung, dass du da auf der falschen Fährte bist, Grace, wenn du mir die offenen Worte gestattest. Aber wir sollten trotzdem alles in Betracht ziehen.«

Er wandte sich wieder zum Gehen. Doch Grace war noch nicht zufrieden.

»Auf der einen Seite belastet er im Verhör Marten Molloy ziemlich massiv und ohne dass wir ihn danach gefragt hätten. Und auf der anderen Seite tut er so, als würde er ihn nicht gut kennen. Da stimmt doch etwas nicht, Rory.«

Ihr Kollege nickte, doch es dauerte ein paar Sekunden, bevor er den Mund öffnete, um einen Vorschlag zu machen.

»Ich glaube, wir sollten morgen früh noch mal bei der Landwirtschaftskammer anrufen und fragen, wann Molloy dort abgesagt hat. Uns gegenüber hat er ja behauptet, dass er zur fraglichen Zeit zu Hause bei den Hunden war. Ein Treffen in der Kammer hat er gar nicht erwähnt.«

Grace nickte. Und dann ging plötzlich ein Leuchten über das Gesicht der Kommissarin. »Ich werde morgen auf jeden Fall mit Myrtle reden. Nach dem Mord an Robert Gaynor sehen auch für sie die Dinge jetzt ganz anders aus!«

Rory runzelte die Stirn. Er hatte offenbar keine Ahnung, wovon sie sprach. »Sag ich doch«, murmelte er und verschwand im Dunkel des Korridors.

61

Am nächsten Morgen wartete Grace ungeduldig auf verschiedene Untersuchungsergebnisse – und besonders auf Rory, der in der Zwischenzeit die Witwe Malone losgeschickt hatte, um Aisling zu finden.

Das Telefonat mit der Landwirtschaftskammer von Mayo hatte die Kommissarin eben beendet. Sie saß in sich zusammengekauert am Schreibtisch, fühlte sich etwas unausgeschlafen und konnte sich keinen rechten Reim auf die Auskunft machen, die sie gerade erhalten hatte.

Da klopfte es an der Tür und Sergeant Sheridan erschien mit dem Handschuh, den Moira ihnen hatte schicken wollen.

»Kommen Sie rein, Siobhan, und setzen Sie sich, bitte.«

Die junge Polizistin schaute verwundert, folgte aber der Aufforderung.

»Ich wollte Ihnen eigentlich nur den Handschuh bringen«, sagte sie. »Außer DNA-Spuren von Mr Molloy haben die Kollegen nichts gefunden. Bis auf ein paar Sporen.«

Die DNA von Molloy hatte sich Grace während ihres Besuches bei ihm an seiner Zigarette gesichert, um sie vergleichen zu können.

»Sporen?« Grace runzelte die Stirn. »Sie meinen Pilzsporen?«

Sheridan nickte. »Champignons oder so was, denke ich mal.«

»Danke.« Grace nahm den Beutel mit dem Handschuh darin entgegen und schaute ihn ein paar Sekunden nachdenklich an. »Ich wollte Sie etwas fragen, Siobhan.«

»Ja?«

Die Kommissarin überlegte einen Augenblick. »Können Sie sich noch daran erinnern, wie wir die Leiche von Moira Farrell gefunden haben?«

Die junge Kollegin nickte vehement.

»Wie ist der Täter dort vorgegangen? Was war Ihr Eindruck?«

Die junge Polizistin biss sich auf die Lippe und holte dann tief Luft. »Also. Der Täter klopfte, machte dann die Tür auf, die immer offen war, was er natürlich wusste, ging in die Küche, wo Moira gerade ihr Mittagessen vorbereitete, was er auch wusste, nahm ein Messer oder hatte es mitgebracht …« Sie überlegte kurz. »Nein, er hatte es mitgebracht, das war sicherer. Er stach zu, überprüfte, ob sie auch tot war, und verschwand durch die Hintertür. Er schloss überall ab und ging dann seiner Wege.«

Grace lächelte ein wenig. »Gut. Das wäre ziemlich kaltblütig. Was macht Sie so sicher, dass es so und nicht anders abgelaufen ist?«

Die Jüngere warf ihr einen Blick zu. »Ich weiß es natürlich nicht ganz genau, aber Sie fragten nach meinem Eindruck. Das Ganze machte auf mich den Eindruck, als wäre der Täter sich ziemlich sicher gewesen, wie alles ablaufen würde und was er zu erwarten hatte. Er hat nur einen einzigen Fehler begangen.«

»Und der wäre?« Nun hatte Grace sich neugierig nach vorn gebeugt.

»Er hat abgeschlossen.«

Grace nickte zufrieden.

»Damit wollte er Zeit gewinnen, bis man die Leiche entdecken würde – was aber dumm war.«

»Sie sind nicht schlecht, Siobhan.«

Die junge Frau strahlte und stand auf. »Kann ich Ihnen sonst noch behilflich sein?«

In dem Moment wurde die Tür aufgerissen und Kevin Day stürmte in Graces Zimmer. In der einen Hand schwenkte er einen Computerausdruck. Sheridan verließ rasch den Raum.

»Hier habe ich was für dich!«, rief Kevin, der wieder einmal wie aus dem Nichts aufgetaucht war. Dann murmelte er zerstreut einen verhuschten Morgengruß.

Eifrig wie ein Schuljunge, fuhr es Grace durch den Kopf. »Die Liste von Gaynors Handy?«

Kevin nickte und legte sie vor ihr auf den Schreibtisch. Dann deutete er auf zwei Telefonnummern.

»Einen Moment noch, Kevin. Ich brauche zuerst deine Meinung zu einem etwas rätselhaften Vorfall.«

Er schaute etwas irritiert, hörte ihr aber aufmerksam zu.

Grace stand auf und stellte sich direkt vor ihn. Kevin wich instinktiv einen Schritt zurück.

»Ich habe eben bei der Landwirtschaftskammer von Mayo Süd angerufen. Es gab wohl ein außerordentliches Meeting, auf Initiative eines Mitglieds namens Paul Scanlon. Laut Auskunft der Sekretärin wurden alle Mitglieder kurzfristig per Mail angeschrieben und dazu eingeladen. Auch Marten Molloy. Etliche haben abgesagt, aber Molloy nicht. Trotzdem ist er dort nicht aufgetaucht. Hat die Einladung angeblich nicht bekommen, wie er selbst behauptet. Dabei wäre eine Teilnahme für ihn ganz gut gewesen, da genau zu diesem Zeitpunkt Moira Farrell auf Inis Meáin ermordet wurde. Er hat laut eigenem Bekunden stattdessen zu Hause mit den Hunden trainiert – die leider keine Zeugenaussage machen können …« Grace schaute ihren Kollegen gespannt an, als wartete sie auf seine Reaktion. Doch Kevin Day beobachtete sie nur äußerst misstrauisch.

Dann fuhr sie fort. »Außerdem wurde Molloys Arbeitshandschuh dort gefunden, wo der Verdächtige vermutlich für den ersten Mord auf der Insel übernachtet hat. Wie würdest du das alles interpretieren?«

Nun streckte sich der Kommissar und nahm die Lesebrille ab, die er in seinen Fingern drehte. Er überlegte einen Moment. »Ich würde sagen, vorausgesetzt dass Molloy tatsächlich die Wahrheit sagt, hat er einen richtig üblen Feind, der über Leichen geht, um ihn dranzukriegen.«

Grace nickte langsam. Day hatte recht. Dieser Gedanke war ihr in der letzten Nacht gekommen, als sie nicht einschlafen konnte.

»Genau das glaube ich auch – sofern er, wie du sagst, uns die Wahrheit erzählt.«

Das würde bedeuten, dass es keine direkte Verbindung zwischen Opfer und Täter gab, sondern nur über einen Umweg, über ein Dreieck sozusagen, wie bei Declans Geschichte mit dem Hamster. Grace schwirrte der Kopf.

Kevin stand einen Moment lang unschlüssig da und setzte dann neu an: »Also, jetzt noch mal zu Gaynor. Niemand hat ihn in den vierundzwanzig Stunden vor seinem Verschwinden zu erreichen versucht. Die Letzte, die mit ihm sprach, war Myrtle O'Malley – und das war noch auf Inis Meáin.«

Wieder klopfte es und diesmal war es endlich Rory, der in der Tür stand und überrascht zwischen Kevin und Grace hin- und herschaute.

»Komm doch bitte herein, Rory«, sagte Grace. »Kevin ist gerade dabei, mir das Ergebnis von Robert Gaynors Handyauswertung zu erläutern.« Sie ging um den Tisch herum und setzte sich wieder.

Rory trat näher und warf einen misstrauischen Blick auf den Kollegen. Da trommelte Graces Handy. Sie nahm den Anruf an.

»Ja?« Die Kommissarin atmete tief ein und hielt einen Moment lang die Luft an. »Nein, das haben wir nicht. Wir wollten …« Sie verstummte.

Rory versuchte ihren Blick aufzufangen, doch sie drehte sich weg. Kevin zuckte mit den Schultern. Er wechselte die Brille von der einen Hand in die andere.

»Danke, Mr O'Grady. Wir melden uns wieder bei Ihnen.« Die Kommissarin beendete das Gespräch und lehnte sich mit geschlossenen Augen zurück. Sie war kreidebleich geworden.

Rory war sofort bei ihr. »Was ist los, Grace? Hat er was von Aisling gehört?«

Wortlos schüttelte sie den Kopf. »Nein, genau das ist es. Er versucht schon seit gestern, sie zu erreichen. Anrufe, SMS, App-Nachrichten, über die sozialen Netzwerke. Aber weder er noch ihr Freund hat eine Antwort von ihr bekommen.«

62

Nachdem Kevin gegangen war, versuchte Grace umgehend, mit Myrtle telefonisch Kontakt aufzunehmen. Sie hatte schon den Einsatzdienst verständigt, um mit dem Helikopter auf die Arans zu fliegen, als sie erfuhr, dass die ältere Dame sich zurzeit ebenfalls in Galway aufhielt und deshalb schnell zu ihr kommen könne. Erstaunt legte sie auf. Aber warum sollte man in einer lebhaften Stadt wie Galway nichts mehr zu tun haben, wenn man über siebzig war? Städte waren nicht nur für junge Menschen da, dachte Grace. Vielleicht schätzten gerade ältere Menschen die Lebendigkeit einer Stadt? Myrtle O'Malley in Galway. Warum behagte ihr der Gedanke trotzdem nicht? Sie wischte ihn beiseite und wandte sich an ihren Kollegen.

»Hat deine Witwe etwas gefunden, Rory?«

Der Inspector kratzte sich verlegen hinten am Hals. »Sie war mit ihren Aussagen kryptischer als sonst, würde ich sagen. Man könnte auch sagen, verspielter.«

»Ach? Dabei hatte ich wirklich gehofft, sie könnte uns etwas auf die Sprünge helfen. Ich mache mir große Sorgen um Aisling. Ihr Vater will spätestens heute Nachmittag eine Vermisstenmeldung aufgeben. Was hat die Witwe Malone denn gesagt?«

Rory setzte sich aufrecht hin und sah seine Kollegin aufmerksam an.

»Also, als Erstes hat sie mir ein schwarzes Feld gezeigt.«

»Ein schwarzes Feld? Wie soll ich mir das vorstellen? Ein abgeerntetes Feld, das verbrannt wurde?«

Rory schürzte die Lippen. »Hm, sah nicht so aus.«

»Ein Torfareal, vielleicht? Wo Torf gestochen wird? So was sieht auch ziemlich schwarz aus.«

Rory wiegte seinen Kopf hin und her. »Daran habe ich noch gar nicht gedacht. Könnte sein.«

Grace seufzte. »Okay, damit könnte ein Fünftel des irischen Westens gemeint sein. Hat sie dir noch etwas enthüllt?«

Rory nickte. »Zwei Eimer mit Wasser.«

Graces Augen weiteten sich. »Zwei Eimer mit Wasser? Was soll das denn bedeuten? Will sie uns auf den Arm nehmen?«

Bedrückt schüttelte der Kommissar den Kopf. »Das läge ihr nicht. Sie verfügt weder über Ironie noch über Sarkasmus. In den Eimern schwamm etwas.«

»Okay – was war das?«

Rory schien seinen ganzen Mut zusammenzunehmen, bevor er weitersprach. »In dem einen Eimer schwamm eine Kartoffel, in dem anderen eine Socke.«

Grace war einen Moment lang sprachlos. »Und das war ihre Antwort auf deine Frage, wo unsere Kollegin Aisling sich gerade aufhält?«

Rory nickte ohne ein weiteres Wort.

»Soll das ein geografischer Hinweis sein, den wir vielleicht nicht verstehen?«

Der Kommissar zuckte ratlos mit den Schultern. Die Enttäuschung über die wenig hilfreiche Beschreibung des Aufenthaltsortes der Medizinerin stand Grace ins Gesicht geschrieben. Rorys Blick fiel auf den Handschuh.

»Gibt es irgendwelche Spuren?«

Grace seufzte und verneinte. »Nur die DNA von Molloy und von Tieren, vermutlich von Hunden, was wir uns ja schon dachten – und von Champignons.«

»Champignons?« Nun war Rory überrascht.

Grace warf einen Blick auf den Zettel, der am Asservatenbeutel festgetackert war. »Hier steht ›Sporen von Pilzen‹. Welche Art von Pilzen ist nicht aufgeführt.«

Auf Rorys Gesicht breitete sich ein Grinsen aus. »Sag ich doch. Das Öl, das Mrs Coyne neulich gekauft hat. Das war Trüffelöl. Der Geruch des Handschuhs hat mich daran erinnert.«

»Trüffel? Bist du sicher?« Sofort tippte Grace etwas in ihren Laptop. Sie wartete gespannt.

Dann stieß sie triumphierend einen leisen Schrei aus. »Ja! Schau dir das mal an.«

Rory stand auf und trat hinter sie. Auf dem Bildschirm waren Bilder von Hunden zu sehen – braune, schwarze, beige Vierbeiner.

»Oh, Pudel!«, entfuhr es ihm.

Grace lachte und schüttelte ihre langen Locken. »Dachte ich auch erst, Rory, aber das ist eine andere Rasse.«

Der Kommissar beugte sich vor.

»Lagotto Romagnolo«, las er laut. »Die sehen ja putzig aus. Und was sagt uns das?«

Graces Aufregung über die unbekannte Hunderasse hielt an. »Lies weiter.«

»Die Lagottos werden auch ›Trüffelhunde‹ genannt. Ihre Zucht ist besonders in Norditalien und in der Schweiz verbreitet.« An dieser Stelle pfiff Rory durch die Zähne. »Sie sind weltweit bekannt und geschätzt für die Trüffelsuche. Die Welpen werden bereits in den ersten drei Monaten dazu ausgebildet und erzielen nach einem halben Jahr international hohe Verkaufspreise.«

Grace starrte ihren Kollegen ungläubig an. Dann flüsterte sie: »Luca. Marten Molloy besitzt einen Lagotto namens Luca. Ein schönes Tier. Ich habe ihn gesehen, als ich bei ihm war.«

Rorys Augenbrauen rutschten kurz in die Höhe. »Trüffel aus Mayo!«, rief er.

Dann klopfte jemand zaghaft an die Tür und Rory verabschiedete sich eilig.

Es war Myrtle, die unschlüssig in der Tür stehen geblieben war. Sie schaute sich um, lächelte unsicher und nahm dann auf dem Besuchersessel Platz, den Grace ihr mit einladender Geste anbot.

»Schön, dass Sie hier sind, Myrtle«, sagte die Kommissarin freundlich. »Da Robert Gaynor bedauerlicherweise tot ist, brauchen Sie nun keinerlei Skrupel mehr zu haben, über ihn zu sprechen und ihn möglicherweise zu belasten. Wir können jetzt noch mal alles durchgehen, was seit der Nacht von Samhain passiert ist.«

Myrtles Miene war unbewegt und kühl.

»Ich schlage vor, wir beide machen einen kleinen Spaziergang.«

63

Grace fuhr mit Myrtle O'Malley zu einem Parkplatz, der nördlich vom Golfplatz lag. Die Kollegen von der Spurensicherung waren noch vor Ort und untersuchten gerade ein Stück Böschung. Sie nahmen an, dass der Leichnam von Robert Gaynor an dieser Stelle ins Wasser geworfen worden war, denn man hatte eindeutige Schleifspuren im Gras entdeckt. Außerdem war der Gerichtsmediziner aus Limerick nach seiner Untersuchung zu dem gleichen Ergebnis gekommen wie Fitz: Gaynor war erdrosselt worden, vermutlich genau wie Lynch mit einem dünnen Stahlseil. Der Todeszeitpunkt lag zwischen acht und zehn Uhr am Sonntagabend.

Myrtle schaute sich verwundert um. »Was ist hier los?«

Drei Menschen in weißen Overalls krochen über den geteerten Platz und die Wiese, die bis zum Ufer des breiten Corrib reichte, wo einige Holunderbüsche und Fuchsien wuchsen. Es war eigentlich ein malerischer Ort, der unweit der Stadt Stille und fast unberührte Natur zu bieten hatte. Am anderen Ende der Wiese lud ein schmaler Weg zum Wandern ein.

Nachdem Grace ein paar Worte mit den Kollegen von der Spurensicherung gewechselt hatte, schlug sie mit Myrtle genau diesen Weg ein.

»Das ist die Stelle, wo der Mörder den erdrosselten Robert Gaynor vorgestern Abend vermutlich ins Wasser warf.«

»Ich verstehe.« Das war alles, was die ältere Frau dazu sagte.

Grace hatte die Fakten absichtlich ungeschönt wiedergegeben, doch die Frau zeigte keine Regung, was die Kommissarin verwundert registrierte.

»Bitte, erzählen Sie mir, was an dem Tag, als Moira ermordet wurde, genau passierte. Diesmal möchte ich wirklich alles wissen.«

Myrtle ging neben ihr her. Auf dem schmalen Pfad fanden nur zwei Menschen nebeneinander Platz. Hüfthohe Büsche begrenzten den Weg. Die dunkelgrünen, fleischigen Blätter sahen aus, als wären sie aus Wachstuch, an dem die Wassertropfen abperlten.

»Also, Myrtle?«, wiederholte Grace ihre Aufforderung.

»Ich traf Moira, wie ich schon sagte, bei Robert im Laden. Sie gab einen dicken Umschlag auf und sagte, dass sie dringend mit Paddy von der Fähre sprechen müsse«, begann Myrtle schließlich ihren Bericht.

»Und das hat jeder im Laden mitbekommen, auch Gaynor?«

Myrtle nickte.

»Haben Sie beide Irisch gesprochen?«

»Selbstverständlich. Untereinander sprechen wir nie Englisch. Irisch ist viel genauer und hat viel mehr Bilder. Wir würden niemals freiwillig eine so eingeschränkte Sprache wie Englisch verwenden.«

Grace musste schlucken. Das hatte sie seit ihrer Schulzeit, als sie wie alle Kinder der Grünen Insel Irisch lernen musste, fast vergessen. »Und dann?«

Myrtle blieb stehen und überlegte. »Ja, und dann kam der Anruf. Robert Gaynor ging mit seinem Handy kurz hinaus, und als er zurückkam, sagte er zu Moira, dass das eben Paddy gewesen sei. Er habe ein Steak in Roberts Laden bestellt und würde sich freuen, wenn Moira gleich bei ihm vorbeikäme und das Stück Fleisch für ihn mitnähme. Paddy mache jetzt Mittagspause und würde sie in der nächsten halben Stunde erwarten.«

Grace blieb abrupt stehen, während Myrtle langsam weiterging. »Warum haben Sie uns das nicht beim Verhör gesagt?«

Myrtle konzentrierte sich auf den Wanderweg, der an einigen Stellen tiefe Pfützen aufwies. Der Himmel war zwar bedeckt, aber es war trocken und windstill.

Myrtle drehte sich zu ihr um und seufzte. »Ich war mir nicht sicher, ob das wichtig ist. Ich meine, dass Moira zuerst zu Paddy ging, bevor sie sich zu Hause ihr Mittagessen richtete.«

Grace dachte nach und versuchte sich an ihr eigenes Gespräch mit Moira und an Rorys Gesprächsprotokoll zu erinnern.

»Wenn ich mich recht entsinne, Myrtle, folgte Moira einem äußerst streng geregelten, immer gleichen Tagesablauf. Es war klar, zu welchem Zeitpunkt sie an welchem Ort war und was sie tat, wann die Katzen etwas bekamen und so weiter. Und jetzt sagen Sie mir, dass dieser gebetsmühlenartige Ablauf auf einmal gestört wurde. Moira ging an diesem Mittag zunächst zu Paddy?«

Myrtle nickte und lief ein wenig schneller.

»Wo wohnt Paddy?«

»Am anderen Ende des Dorfes. Südlich von Moiras Haus.«

»Und Sie? Was haben Sie dann gemacht?«

»Ich bin zu unserem Gort hochgeradelt.«

Grace erinnerte sich. »Gort« war das irische Wort für »Feld«.

»Ich wollte die letzten Kartoffeln aufsammeln.«

Grace blieb abrupt stehen und runzelte die Stirn. »Ich vermute, Ihr Feld liegt in Sichtweite von Moiras Haus.«

Myrtle nickte.

»Und während Sie dort knieten und Kartoffeln ernteten, sahen Sie jemanden, der Moiras Haus betrat, da er wusste, dass es gerade leer stand.«

Wieder nickte Myrtle.

»Wer war das?«

Es vergingen einige Sekunden, bis Myrtle antwortete. »Robert Gaynor. Er hatte etwas in der Hand.«

»Was?«

»Ich weiß es nicht. Ich war zu weit entfernt. Es war nicht groß. Eine Schachtel Pralinen vielleicht oder ein Buch.«

Sie setzten ihren Weg fort. Grace hatte die ganze Zeit den Blick kaum von der Böschung gewandt. Sie wollte wissen, ob es noch einen anderen Ort gab, wo die Leiche gut hätte verschwinden können. Deshalb hatte sie diesen Weg für das Verhör von Myrtle gewählt.

»Moira kehrte kurz darauf zurück«, fuhr Myrtle fort. »Ich vermutete, dass sie Paddy doch nicht angetroffen hat. Ich dachte mir damals nichts dabei. Ich sah sie von Weitem, während ich mit dem Fahrrad nach Hause radelte.«

»Möglicherweise hat Moira Robert Gaynor dann bei etwas erwischt, das ihn in Schwierigkeiten hätte bringen können.« Grace wandte ihren Blick von der Böschung ab und wartete.

Myrtle schwieg.

»Warum haben Sie uns das nicht gleich gesagt?«

»Ich war verwirrt, ich war mir nicht sicher.«

Die Kommissarin merkte, wie die Frau zu zittern begann. »Sie waren sich nicht sicher, ob es Robert Gaynor war, der Ihre beste Freundin kaltblütig ermordet hat? Ihr Zweifel in Ehren – aber vielleicht hätten Sie es uns überlassen sollen, darüber zu spekulieren. Wenn wir diese Informationen schon früher besessen hätten, die Sie absichtlich zurückgehalten haben, dann wäre er vielleicht jetzt noch am Leben!« Grace wusste, dass sie ihren Zorn kontrollieren musste, auch wenn es schwerfiel. Man sollte sich nie vor Zeugen zu Emotionen hinreißen lassen, hatte man ihnen schon während der Ausbildung eingetrichtert.

Myrtle biss sich auf die Unterlippe. Ein Tropfen Blut rann an ihrem Mundwinkel herab.

»Ich konnte einfach nicht glauben, dass Robert seine Tante, die immer wie eine Mutter für ihn gewesen war, für ihn und seine Schwester – dass er sie umbringen könnte! Und als er mich dann anrief und erzählte, dass mit Moira irgendwas nicht stimmte, habe ich das für bare Münze genommen und meine Zweifel beiseitegeschoben.«

Grace schaute sie skeptisch an. Dann kam ihr ein Gedanke.

»Sie sagten aus, dass Sie sicher seien, dass Moira in der Nacht von Samhain etwas gesehen habe, was sie mit dem Mord in Verbindung brachte. Besaß Moira vielleicht irgendwelche Aufzeichnungen, schrieb sie sich Dinge auf, die ihr besonders wichtig waren? Viele Menschen notieren sich Dinge, damit sie sie nicht vergessen.«

»Ja, das stimmt. Ich schreibe mir alle Besorgungen, die anstehen, an meine kleine Wandtafel. Was sehr nützlich ist. So etwas hatte Moira aber nicht. Sie schrieb alles in ihr Haushaltsbuch. Zwischen Rechnungen und Bestellungen.«

Das Haushaltsbuch hatte Rory mitgenommen, wie Grace wusste, aber sie hatten noch keinen Blick hineingeworfen.

Die beiden Frauen hatten auf dem Weg nun die Stelle erreicht, von wo aus man den Golfclub sehen konnte. Der Wanderweg, der bisher dem Verlauf des Flusses gefolgt war, führte nun am Clubhaus vorbei in Richtung Hauptstraße.

»Superintendent, glauben Sie, dass Robert von demselben Mann ermordet wurde, der an Samhain auch den Farmer umgebracht hat?«

»Wir wissen nicht, ob es überhaupt ein Mann war.«

Myrtles Gesicht wurde augenblicklich puterrot. Grace beobachtete sie.

»Und wir können es im Moment noch nicht mit Sicherheit sagen. Sie müssen jetzt erst einmal mit mir in die Zentrale kommen und Ihre Aussagen zu Protokoll geben.«

Grace bestellte einen Wagen zum Clubhaus. Während sie dort warteten, rief sie Rory an und erzählte ihm, was sie von Myrtle erfahren hatte.

»Gaynor hat den Mord an seiner Tante wohl nicht geplant, sondern wurde von ihr bei irgendetwas überrascht – aber wobei?«, sagte sie und sah zu Myrtle hinüber, die sich wenige Meter entfernt auf eine Bank gesetzt hatte.

»Vielleicht hat er in Moiras Haus nach etwas gesucht«, schlug Rory vor.

Die Kommissarin überlegte. »Kann sein, aber dann wäre es Totschlag gewesen.« Sie hielt kurz inne und drehte sich in die andere Richtung.

»Hast du übrigens das Haushaltsbuch noch, das du aus ihrem Haus mitgenommen hast?«

»Sicher, ich suche es heraus«, antwortete der Kollege.

Myrtle stand auf und machte der Kommissarin ein Zeichen. Der Garda-Wagen war inzwischen angekommen. Grace nickte.

»Gut. Dann lies es mal aufmerksam durch, bis ich in der Zentrale bin. Sie hat es wohl auch als Erinnerungsstütze verwendet. Bis gleich.« Doch kurz bevor sie das Gespräch mit ihrem Kollegen beendete, kam ihr noch ein Gedanke. »Sag mal, Rory, spricht deine Witwe eigentlich Englisch oder Irisch?«

Rory erwiderte nichts.

»Mir ist eingefallen, was sie mit dem schwarzen Feld gemeint haben könnte. Schließlich gibt es hier im Westen noch etliche Gaeltachts. Auf den Arans, auf Achill und auch in einigen Regionen Connemaras. Weißt du, was schwarz auf Irisch heißt?«

Rory schien das Wort zu kennen. »Dubh. Das kann ›dunkel‹ oder ›schwarz‹ heißen.«

»Und Gort heißt auf Irisch ›Feld‹, das hat mir Myrtle eben noch mal gesagt.«

Inzwischen winkte die ältere Frau aufgeregt, dass Grace zum Wagen kommen solle.

»Auf Achill gibt es ein Dorf, das Dugort heißt.« Grace lächelte zufrieden. »Dann müssen wir also nur noch die Eimer finden.«

64

Als sie die Garda-Zentrale erreichten, erlitt Myrtle einen Schwächeanfall und Grace musste den Notarzt rufen. Sie transportierten die alte Dame vorsichtig ins Arztzimmer. Nachdem die Kommissarin sich beim Arzt vergewissert hatte, dass Myrtle lediglich Ruhe und ein paar den Kreislauf stabilisierende Medikamente brauchte, kehrte sie in ihr Büro zurück. Dort wartete Rory bereits ungeduldig auf sie. Die Kommissarin hatte gerade noch Zeit, die Tür zu schließen und ihre Jacke auszuziehen, als er auch schon loslegte.

»Ich könnte mich ohrfeigen, dass ich da nicht schon früher reingeschaut habe. Das ist ungeheuerlich, was in diesem Haushaltsbuch steht, Grace! Jetzt haben wir ihn!«

Rory führte fast ein kleines Freudentänzchen auf und Grace wunderte sich. Sie sagte aber erst einmal nichts dazu und hängte ihren Anorak an den Haken.

»Auf den ersten Blick dachte ich, das sind nur endlose Auflistungen von Lebensmitteln, Katzenfutter und allen möglichen Anschaffungen. Da sind alle Ausgaben aufgeführt, bis hin zu den kleinen Summen, die sie in den Klingelbeutel geworfen hat«, fuhr Rory fort. »Aber ich hätte es unbedingt schon viel früher überprüfen müssen.«

Er sah leicht schuldbewusst drein.

Grace hoffte, dass das, was sie gleich von ihm hören würde, zu dem passte, was sie von Myrtle erfahren hatte. Sie setzte sich auf ihren Bürosessel, lehnte sich zurück und legte ihr Notizpad vor sich auf den Tisch.

Rory räusperte sich und blätterte in dem Haushaltsbuch,

einem altmodischen Ringbuch, in dem jedes Blatt separat abgeheftet war.

Schließlich hatte er gefunden, was er suchte. »Also, auf dem vorletzten Blatt steht Folgendes …« Nun begann er fast feierlich zu deklamieren: »›Ich kenne den Mann, der das Haus von meinem Neffen Robert Gaynor über Samhain gemietet hat. Er heißt Marten Molloy. Ich habe ihn beobachtet, als er das Haus am 1. November verlassen hat. Er hat mich nicht gesehen. Und meine Katze Mimi hat drüben im Schuppen einen Handschuh gefunden, den ich Garda zukommen lassen will.‹«

Rory hob den Kopf und klopfte mit dem Zeigefinger auf die Seite, die er gerade vorgelesen hatte. »Das wäre es dann, oder?«

Grace war unzufrieden und enttäuscht.

»Hm«, murmelte sie. »Ich weiß nicht so recht.«

Nun war Rory enttäuscht. »Glaubst du das etwa nicht?«

Grace schluckte. »Das scheint perfekt zu passen, Rory. Der Handschuh und alles … Aber dieser Fall ist viel komplizierter, als wir denken. Wir sehen immer nur einen Teil. Und jetzt sollen wir auf einmal das Ganze präsentiert bekommen? Das kann ich einfach nicht glauben.«

Der Kommissar dachte nach. »Du hältst diesen Eintrag also für eine Fälschung?«

Grace wiegte den Kopf hin und her und ihre Haare fielen ihr ins Gesicht. Sie strich sie sich aus der Stirn. »Nicht unbedingt. Es könnte auch sein, dass Moira sich getäuscht hat und den Mann nicht richtig erkannt hat. Schließlich war es zu dem Zeitpunkt dunkel draußen und wir wissen nicht, wie gut ihre Augen waren. Oder es ist tatsächlich eine Fälschung. Stimmt die Handschrift mit dem Rest der Einträge überein? Lass mal sehen.«

Rory schob ihr das Haushaltsbuch hin und sie blätterte darin.

»Wir müssen es unseren Experten vorlegen. Wenn etwas damit nicht in Ordnung ist, finden die es heraus.«

Grace schien trotz der Brisanz der neuen Ermittlungslage nicht ganz bei der Sache zu sein. Sie wirkte unkonzentriert und hatte auf einmal die Augen geschlossen.

Dann öffnete sie die Augen wieder und sprang auf. »Aisling. Wir müssen dringend Aisling finden«, rief sie nervös. »Ich glaube, wir sollten deiner Witwe vertrauen. Ich fahre jetzt nach Dugort auf Achill. Das könnte nämlich passen. Achill Island ist zum größten Teil von Torfmoor bedeckt und um diese Jahreszeit ein einziges schwarzes Feld, wenn man so will. Und Dugort bedeutet tatsächlich dasselbe. Außerdem ist es der Ort, wo der Clan der Keanes immer wieder sein Lager aufgeschlagen hat. Ich habe ja auch Tessas Mutter dort besucht.« Grace ging eilig zur Tür.

»Kann ich mitkommen?«, fragte Rory.

Die Kommissarin hielt in ihrer Bewegung inne. »Ich hätte dich sehr gern dabei, Rory, aber ich glaube, wir sollten beim derzeitigen Stand der Ermittlungen nicht einfach beide von hier verschwinden. Einer von uns muss vor Ort bleiben und alles koordinieren. Ich nehme Siobhan Sheridan mit.«

Rory zögerte einen Augenblick. Offenbar wollte er noch etwas loswerden. »Wir beide wollen nicht, dass hinter diesen Verbrechen Traveller stecken, habe ich recht?«

Grace nickte kaum merklich.

»Es würde nur das Klischee bestätigen. Ich sehe schon die Schlagzeilen der Boulevardpresse vor mir: ›Traveller morden kaltblütig für ein Millionenerbe!‹« Rory schnaufte aufgeregt.

Grace trat einen Schritt auf ihn zu. »Aber wenn es tatsächlich so ist, dürfen wir unsere Augen nicht davor verschließen. Wir müssen ermitteln wie in jedem anderen Fall. Ruf bitte Michael Keane an. Ich will wissen, was er Lynch in Monaghan gesagt hat.«

Rory versuchte sofort, den Mann zu erreichen, erhielt aber keine Antwort. Seufzend ließ er das Handy in seiner Jackentasche verschwinden. Inzwischen hatte Grace Sheridan angerufen und sie für fünf Minuten später zum Wagen bestellt – ausnahmsweise bewaffnet.

»Soll ich mich um Molloy kümmern?«, fragte Rory. Er klang unsicher.

»Ich weiß nicht«, erwiderte Grace, während sie ihren Anorak wieder vom Haken nahm. »Nur weil Moira das in ihr Haushaltsbuch geschrieben hat? Oder weil er hinter Trüffeln her ist? Ich denke mittlerweile, dass das der eigentliche Grund für sein Interesse an diesem Landstück in Delphi ist. Trüffeln sind ein extrem gutes Geschäft und bringen genauso viel ein wie pures Gold. Kleine Eichenwälder, die gibt's doch in Delphi, oder?«

Rory nickte. »O ja, ich habe sie selbst gesehen. Wunderbare irische Eichenhaine. Perfekt für Trüffelhunde.«

Plötzlich ging die Tür auf und eine etwas blasse Myrtle stand auf der Schwelle.

»Um Gottes willen, Mrs O'Malley«, rief Rory besorgt und führte sie am Arm zum Sessel.

Myrtle setzte sich. »Danke, mir geht es schon wieder besser. Ich wollte Sie nur noch etwas fragen.«

Grace warf einen ungeduldigen Blick auf ihre rote Armbanduhr.

»Wissen Sie, ob inzwischen jemand Alice Ward in Boston vom Tod ihres Bruders benachrichtigt hat?«

»Die Schwester des Opfers?«

Myrtle nickte.

Rory machte sich an seinen Zetteln zu schaffen. »Sie haben völlig recht. Wir erledigen das. Das fällt in die Verantwortung von Gardai.«

Myrtle lächelte dankbar. »Sie wird sicher zur Beerdigung kommen. Es war ja ihr Bruder.«

»Das hoffen wir, Myrtle«, fügte Grace hinzu, »denn wir würden uns gern mit ihr unterhalten.« Dann zögerte sie und sah Myrtle fragend an. »Sie erzählten uns, dass Alice ihre Ehe mit Finbar Ward damals beendet hat. Was war passiert?«

Myrtle schüttelte aufgeregt den Kopf. »Nein, das habe ich so nicht gesagt, Superintendent. Es war Ward, der sie rausgeworfen hat. Sie hatte ihn im ganzen County lächerlich gemacht und welcher Mann kann das schon vertragen?«

Graces Augen verengten sich, während sie und Rory ihre ganze Aufmerksamkeit der alten Dame schenkten.

»Fragen Sie ihn doch selbst, fragen Sie Finbar Ward. Ich bin sicher, dass er das nicht vergessen hat. Er hat damals sehr gelitten.«

Plötzlich hatte Grace es nicht mehr so eilig. Sie ging vorsichtig auf die alte Dame zu. »Ich möchte es aber von Ihnen wissen. Was ist damals passiert? Vor …«

»… ungefähr zwei Jahren«, fuhr Myrtle fort. »Alice hat ihren Mann betrogen. Es ging wohl ziemlich lange. Über Monate, vielleicht sogar noch länger. Weshalb sie so leichtfertig ihre Ehe aufs Spiel setzte, weiß kein Mensch.«

»Und mit wem hat sie ihn betrogen?«

Myrtle benetzte ihre Lippen, als würde sie sich auf einen Leckerbissen freuen. Sie schaute der Kommissarin fast triumphierend ins Gesicht.

»Mit Marten Molloy, dem Hundetrainer aus Connemara.«

65

Die Kommissarin informierte Sergeant Sheridan auf dem Weg nach Achill Island über die Ereignisse um das Verschwinden der Gerichtsmedizinerin Aisling O'Grady gut drei Tage zuvor.

»Und warum haben wir nicht schon viel früher etwas unternommen?« Die junge Frau klang verwundert.

Grace versuchte sich auf die kurvenreiche Landstraße zu konzentrieren. »Erstens haben wir zunächst noch regelmäßige SMS von ihr erhalten und zweitens ist sie am Samstagabend nicht entführt worden, sondern mit ihrer leiblichen Mutter vermutlich an einen ruhigeren Ort als den lauten Pub geflüchtet. Da will man sich ja nicht einmischen.«

Glaubte sie das etwa selbst?

Sie fuhren kurz hinter Westport auf der N59 und es begann schnell zu dämmern.

»Aber ...« Sergeant Sheridan hielt inne.

»Was aber?«, hakte Grace vorsichtig nach.

»Wenn Sie Tessa Keane als eine der Hauptverdächtigen im Mordfall Lynch betrachten, weil sie davon ausging, seine Erbin zu sein, dann läge es doch nahe, dass sie nicht zögern würde, diejenige aus dem Weg zu räumen, die ihr dieses Erbe nun streitig macht, oder sehe ich das falsch, Ma'am?«

Grace war unschlüssig, was sie denken sollte. Sie räusperte sich. »Na ja, schließlich handelt es sich um ihre Tochter. Würde sie ihr eigenes Kind wirklich aus Gier umbringen? Das glaube ich nicht«, sagte sie, obwohl sie wusste, dass so etwas möglich war.

Siobhan lachte laut auf. »Aber es sind doch Traveller! Die sind hinter dem Geld her wie der Teufel hinter der armen Seele. Und Lynch war, wie Sie selbst sagten, schwerreich.«

Überrascht drehte Grace den Kopf zu ihr. »So arbeiten wir bei Gardai nicht, Siobhan. Mit Vorurteilen und Klischees. Da wäre ich an Ihrer Stelle sehr vorsichtig.«

Sergeant Sheridan biss sich auf die Lippen. »'tschuldigung. Das war politisch nicht korrekt. Aber es steckt trotzdem ein Körnchen Wahrheit drin, glauben Sie mir.«

Ihre aufgeregte, unternehmungslustige Laune schien durch keinerlei Gewissensbisse getrübt zu sein.

Grace schwieg und grübelte. Ihr fiel wieder ein, was sie vor einer Stunde schon zu Rory gesagt hatte. Wollten sie etwa nicht, dass es Tessa oder ihr Bruder gewesen war, der Lynch ermordet hatte?

Wenn es aber wirklich einer der beiden war, wer hätte dann den Mord an Moira und Gaynor begangen? Obwohl Michael Keane sich zum Zeitpunkt des Mordes an Robert Gaynor in Galway hätte aufhalten können. Aber weder Myrtles Aussagen noch das dubiose Haushaltsbuch passten da hinein.

»Wo fahren wir denn jetzt genau hin auf Achill? Darf ich mein Sandwich auspacken und essen? Oder stört Sie das?« Sheridan griff schon nach ihrer Garda-Tasche.

Grace schüttelte den Kopf und drehte sich leicht zu ihr. »Ins Camp des Keane-Clans. Dort lebt Tessas Mutter. Und ich erwarte von Ihnen, dass Sie sich tadellos verhalten. Wenn ich geahnt hätte, wie Sie über Traveller denken, hätte ich Sie sicher nicht mitgenommen. Dies ist eine hochsensible Ermittlung, Sheridan.«

Sie war vom vertrauten Siobhan wieder zum unpersönlichen Nachnamen gewechselt, was in Irland einer Degradierung gleichkam.

Die junge Polizistin rutschte ein paar Zentimeter tiefer

auf dem Beifahrersitz. Ihre gute Laune, die Grace so an ihr mochte, war nun doch verschwunden.

»Selbstverständlich, Ma'am«, flüsterte die junge Kollegin und ließ ihre Tasche ungeöffnet.

Grace hatte sich vor ihrer überstürzten Abfahrt nicht um einen Durchsuchungsbefehl gekümmert, was sie jetzt bereute. Sie musste damit rechnen, keinen der Wohnwagen betreten zu dürfen. Daher rief sie Rory an, damit er sich sofort darum kümmerte, und aktivierte die Freisprechanlage.

»Ich habe eine interessante Neuigkeit, Grace.«

»Ich höre.« Es war jetzt kurz vor fünf Uhr nachmittags und die Dunkelheit hatte bereits eingesetzt. Glücklicherweise regnete es nicht.

»Hast du nicht gesagt, du hättest Robert Gaynor am Samstag zum Verhör am Montagmorgen bestellt?«

»Das stimmt. Warum?«

»Laut Aussage seiner Pensionswirtin hat er aber schon am Freitagabend das Zimmer in Galway gebucht.«

»Wie spannend! Das hast du gut recherchiert, Rory, super!«

Es herrschte Schweigen in der Leitung.

»Rory?«

»Ähm, das war Kevin. Der hat bei ihr nachgefragt.«

Rory konnte nicht lügen und sich mit fremden Federn schmücken. Obwohl es ihm sicher schwerfiel, zuzugeben, dass es der Ermittlungserfolg seines unbeliebten Kollegen war.

»Das bedeutet, dass er auf jeden Fall nach Galway wollte, beziehungsweise dass sein Mörder ihn möglicherweise nach Galway bestellt hat, noch bevor wir Gaynor in die Zange nehmen konnten.«

»Sag ich doch. Er war für den Mörder zum Risikofaktor

geworden. Wir überprüfen im Moment die Alibis von Marten Molloy und Finbar Ward für den Sonntagabend. – Seid ihr schon angekommen?«

»Noch eine halbe Stunde. Wir bleiben in engem Kontakt!«

»Ich schicke dir die Durchsuchung rüber, sobald ich sie habe.«

Das Gespräch war beendet, als sie in Mallaranny gerade auf die R319 abbogen. Bis zur Michael Devitt Bridge in Achill Sound war es nicht mehr weit.

»Sie kommen aus Achill, Ma'am, nicht wahr?« Sergeant Sheridan wagte es, eine Friedenspfeife anzubieten.

»Das stimmt nur zur Hälfte, wie so viele Dinge im Leben«, erwiderte Grace versöhnlich. Sie zögerte einen Moment, entschloss sich jedoch, ein paar Informationen über sich preiszugeben. Denn sie hatte bemerkt, dass ihre natürliche Neigung, Privates auch privat zu halten, in der Zentrale schon zu wilden Spekulationen über ihre Vergangenheit geführt hatte.

»Meine Familie stammt aus Achill, wie viele O'Malleys. Mein Vater und seine zwei Brüder wurden hier geboren und meine Großeltern haben hier gelebt. Als mein Vater meine Mutter geheiratet hat, sind sie sehr schnell in die Nähe von Dublin gezogen. Dort bin ich aufgewachsen, aber ursprünglich sind wir tatsächlich von hier und ich habe alle Sommerferien als Kind auf Achill verbracht.« Das musste reichen, dachte Grace.

»Ihre Mutter ist Schwedin, habe ich gehört.« Sheridan bohrte unbeirrt weiter, wie es sich für eine Irin gehörte. Sie hatte ihre gute Laune wiedergefunden.

»Nein, sie ist Dänin. Das ist ein großer Unterschied.«

»Wirklich?« Ihre Augen hatten sich geweitet.

»Ja, so wie bei den Iren und Briten. Wir sind ja auch keine Briten, nur weil die nebenan leben und lange hier bei uns waren, oder? Da muss man genau bleiben!«

Siobhan Sheridan lachte erleichtert.

»Die Dänen sind auch eine kleine Nation, genau wie wir. Nur kriegen die alles besser auf die Reihe. Warum eigentlich?« Siobhan schien zu grübeln.

Da meldete sich Graces Handy wieder. Diesmal war es Peter.

Sie freute sich, seine Stimme zu hören. »Ich bin auf Achill.«

»Ich weiß, ich habe eben mit Rory telefoniert. Ich wollte dich nur auf dem Laufenden halten. Jetzt, wo ihr noch eine dritte Leiche habt, will ich euch natürlich gerne weiter helfen. Aber ich wollte das vorher noch mit dir abklären.«

»Ich kann deine Hilfe sehr gut gebrauchen, Peter. Kümmerst du dich nach wie vor um die Hibernian Earth?«

»Ja! Wir sind schon fast in Dalkey.«

»Oh«, entfuhr es ihr. »In Dalkey?« In dem Moment dämmerte ihr etwas. »Wer ist ›wir‹?«

Peter lachte. »Ich habe deine reizende Schwägerin Oonagh gebeten, mit dem Geschäftsführer der Hibernian als seine Vermieterin einen Termin auszumachen, und ich begleite sie. Schön, dass du das auch für eine gute Idee hältst! Ich melde mich wieder.«

Er hatte aufgelegt und Grace war sprachlos und wütend. Mit Oonagh! Ohne mit ihr Rücksprache zu halten? Was bildete er sich ein?

Wenig später erreichten sie den »Schnabel des Kessels«, wie der irische Name für den kleinen Ort lautete, wo eine kurze Brücke die größte Insel Irlands seit über hundert Jahren mit dem Festland verband, und sie fuhren auf ein Land, das besonders jetzt im Dunkeln wie ein großes schwarzes Feld wirkte. Man sollte der Witwe Malone immer ein gehöriges Maß an Vertrauen entgegenbringen, fand Grace.

66

Kurz bevor sie in Dugort ankamen, erreichte Grace die vorläufige Bewilligung zur Hausdurchsuchung auf ihrem Smartphone. Die Kommissarin stellte ihren Wagen kurz hinter dem Dorf ab, um die restlichen zweihundert Meter zum Traveller-Camp mit Sheridan zu Fuß zurückzulegen.

»Haben die denn Wasser und Stromanschlüsse?« Dem weiblichen Sergeant bereitete es keine Mühe, Graces hohes Tempo zu halten und gleichzeitig zu reden.

Die Kommissarin überlegte. Mary Keane hatte ihr damals Tee angeboten. Und das Wasser war aus einem Hahn geflossen.

»Ja, haben sie. Dafür hat die Gemeinde gesorgt.« Grace zog sich die Kapuze über, denn es war ihr kalt am Kopf.

»Das tun sie aber nicht überall. Manchmal lassen sie sie auch absichtlich hängen, damit sie bald wieder abhauen. Stimmt doch, oder?«

Grace nickte.

»Und dann passieren so furchtbare Unglücke wie das in Dublin, wo so viele Menschen verbrannt sind. Das war abscheulich. Und niemand hat denen geholfen.«

Sergeant Sheridan wollte nun offenbar ihre Solidarität gegenüber den Fahrenden unter Beweis stellen.

»Warum werden sie denn immer noch diskriminiert?«

Grace ging rasch weiter, während sie prüfend nach ihrer Waffe im Halfter tastete. »Weil Menschen offenbar immer jemanden brauchen, den sie ausgrenzen. Damit sie sich besser fühlen können. Und da wir uns hier in Irland alle über den Landbesitz definieren, macht man am besten denjenigen fertig, der ohne Land ist und von dem man nicht genau weiß, wo er herkommt. In anderen Ländern gibt es Flüchtlinge, die man ausgrenzen kann.«

Ihr Sergeant schwieg einen Moment lang, was ungewöhnlich war. Als sie die Wagen schon fast erreicht hatten, meldete sich Sheridan wieder zu Wort.

»Hmm. So habe ich das noch nie betrachtet. Aber ein bisschen kriminell sind die schon, oder?«

Grace musste fast schmunzeln. »Nicht alle, Siobhan.« Sie war stehen geblieben, denn die Wohnwagen waren jetzt nur noch etwa zwanzig Meter entfernt. »Aber einige schon. Passen Sie auf – Sie warten hier, bis ich mich melde. Ich gehe jetzt erst mal alleine dahin.«

Grace war nicht sicher, was sie Mary Keane sagen sollte. Sollte sie die Frau etwa fragen, wo sich ihre Tochter aufhielt, die sie seit über dreißig Jahren nicht mehr gesehen hatte?

Es waren ungefähr sechs geräumige Caravans, die wie bei einer Wagenburg im Halbkreis geparkt waren. Vor einem der Wagen spielten im Dunkeln noch drei Kinder, hinter einem zweiten waren zwei Pferde angepflockt. Ein paar Hunde tollten über den schlammigen Platz. In allen Wohnwagen brannte Licht, was dem zugigen, ungemütlichen Ort tatsächlich etwas Anheimelndes verlieh. War das mit Heimat vergleichbar?, ging es Grace durch den Kopf. Für die Kinder, die hier spielten, war das eindeutig ihre Heimat. Da, wo sie hingehörten.

Die Kommissarin zog die Kapuze wieder herunter und klopfte schließlich an einem der Wagen. Sheridan bezog nicht weit von ihr Stellung und rührte sich nicht. Niemand antwortete, sodass Grace das Klopfen an der Eingangstür wiederholte. Wieder kam keine Reaktion. Die Kommissarin legte ihr Ohr an die Tür, konnte aber keine Geräusche von innen vernehmen.

»Wen suchst du?« Ein kleines Mädchen von ungefähr sieben Jahren hatte seine Spielgruppe im Dunkeln verlassen und war zu ihr gerannt. Die anderen beiden Kinder, es waren zwei Jungs, folgten ihm zögernd.

Sheridan hatte ihre Taschenlampe angeknipst und ließ den Lichtstrahl tanzen. Das Kind folgte dem Schein der Lampe und versuchte ihn mit den Händen zu erhaschen. Die junge Polizistin hatte offenbar Spaß daran. Grace ließ die beiden eine Weile lang spielen.

»Ich suche Mary, die hier wohnt. Weißt du, wo sie ist? Es brennt ja Licht im Wagen.«

Das Kind lächelte selbstbewusst. »Sie ist weggegangen.«

Grace lächelte das Mädchen freundlich an. »Du weißt bestimmt, wohin?«

Die Kleine guckte kess. »Garda sag ich nichts.«

Grace hatte nicht bedacht, dass Siobhan in ihrer Uniform hier sofort auf Misstrauen stoßen würde. Die junge Polizistin hob vielsagend die Augenbrauen.

»Du könntest uns sehr helfen, wenn du es uns verraten würdest.«

»Hat Mary Keane was ausgefressen?«

Die Frage kam von einem der Jungen, der hinter Grace stehen geblieben war. Sie drehte sich um und Siobhan suchte ihn mit der Lampe, bis er im Licht stand. Er hatte dichte dunkelblonde Locken und trug trotz der herbstlichen Temperaturen halblange, abgeschnittene Jeans. Seine nackten Füße steckten in Turnschuhen.

»Nein, sie hat nichts ausgefressen. Wie heißt du?«

»Shaun. – Und du?«

»Graínne.« Es war das erste Mal seit dem Tod des Vaters, dass sie sich selbst so nannte. Es war ihr einfach herausgerutscht.

»Du kannst ihr sagen, wo sie ist, Christine.« Damit verschwand der Junge in der Dunkelheit.

Siobhan starrte ihm mit halb geöffnetem Mund hinterher.

»Sie ist in der heiligen Messe. Mit den anderen.« Nun hatte das Mädchen es plötzlich sehr eilig, diese Informationen loszuwerden.

»Mit welchen anderen?«

»Keanes.«

Grace warf einen Blick auf die Uhr. Es war Viertel vor sieben. Die Sechsuhrmesse musste inzwischen vorbei sein. Sie brauchten bloß zu warten. Die kleine Kirche von Dugort war nur drei Minuten entfernt, das wusste Grace aus ihrer Kindheit. Das Haus ihrer Großeltern stand nur etwa zwei Kilometer südlich von hier in Richtung Keel, gleich hinter dem Cottage, das ein berühmter deutscher Schriftsteller vor langer Zeit bewohnt hatte, um sein noch berühmteres Buch über Irland dort zu schreiben.

Die einsame Kirchenglocke begann zu läuten. Kurz darauf öffnete sich die Tür des am weitesten von Grace entfernten Wohnwagens und eine Frau erschien als Schattenumriss in der hell erleuchteten Türöffnung.

»Christine, Shaun, Paddy!«, schallte es durch die Dunkelheit. Sie hatte das »-dy« von Paddy abgetrennt und schickte es wiehernd hinter den anderen Silben her. »Tee!«

Dann verschwand sie wieder im Wagen und knallte die Tür zu. Grace wusste, dass es die Einladung zum Abendessen für die Kinder war.

Die drei stürmten los. Im gleichen Moment bog Mary Keane um die Ecke, vom diffusen Schein einer alten Straßenlaterne beleuchtet und rechts und links gestützt von jeweils einer Frau. Als die leicht schwankende Gruppe näher kam und in das Licht der Taschenlampe trat, erkannte Grace die beiden Frauen. Ihr stockte der Atem.

Rechts hatte Tessa Keane den Arm ihrer Mutter genommen. Auf der anderen Seite hatte Aisling O'Grady fürsorglich den Arm um ihre Großmutter gelegt.

Grace merkte, wie ihr Tränen in die Augen traten. Auch die sonst so gesprächige Siobhan Sheridan brachte kein einziges Wort heraus.

67

»Du hättest deinen Vater benachrichtigen sollen! Du glaubst nicht, welche Sorgen er sich gemacht hat!«

Grace stand mit der Rechtsmedizinerin zwischen Marys Wohnwagen und dem ihrer Nachbarn. Die Kommissarin bemühte sich, ihre Kollegin nicht wie ein ungezogenes Kind, das weggelaufen war, herunterzumachen. Als Grace Aisling kurz vor den Caravan gebeten hatte, um ungestört mit ihr zu reden, hatten sie keinen Mantel übergeworfen, und nun zitterten beide vor Kälte.

»Das habe ich doch. Ich hab ihm mehrere SMS geschickt, auch Julian. Bis der Akku leer war. Aber ich hatte kein Ladegerät dabei. Und ich wollte ja heute Abend schon wieder zurück sein.«

Aisling hob den Kopf und blickte nach oben. Der Himmel war klar und von funkelnden Sternen übersät, wie man es selbst hier an der Westküste, wo kaum eine künstliche Beleuchtung ablenkte, nur selten erleben konnte. Dann senkte sie wieder den Kopf. Sie wirkte trotzig. »Außerdem …« Sie zögerte und schob die Unterlippe vor. »Außerdem haben mich meine Eltern über dreißig Jahre lang nicht benachrichtigt und mir meine Herkunft verschwiegen. Da ist es wohl okay, wenn ich mir mal ein Wochenende lang die Freiheit nehme, meine leibliche Mutter und meine Großmutter in Ruhe kennenzulernen, oder?«

Grace konnte sie verstehen. »Trotzdem – auch wir, deine Kollegen, haben uns große Sorgen gemacht.«

»Warum denn?« Aislings große Augen schauten Grace

verunsichert an. Wie viel sollte sie ihr hier und jetzt sagen? Grace schlang beide Arme um ihren Körper, um sich warm zu halten. Aisling begann wohl aus dem gleichen Grund von einem Bein auf das andere zu hüpfen.

Die Tür des Wohnwagens wurde geöffnet, jemand trat leise heraus und blieb im Dunkeln stehen.

»Warum wir besorgt waren? Aisling, du warst mit Tessa Keane unterwegs. Und die steht nach wie vor unter Verdacht, am Mord an Michael Lynch beteiligt gewesen zu sein.« Grace hatte das Letzte lauter gesagt, als sie es beabsichtigt hatte.

Aisling erbleichte und hielt inne. Einen Moment lang herrschte Schweigen zwischen den Frauen.

»Ihr glaubt ernsthaft, dass meine Mutter meinen Vater umgebracht hat?«, stieß sie dann hervor.

Grace kam es merkwürdig vor, dass ihre Kollegin statt vom Mordopfer und der Verdächtigen plötzlich von »Vater« und »Mutter« redete.

Die Kommissarin schluckte. Sie musste es ihr sagen.

»Tessa war als Erbin seines Vermögens eingesetzt, bis Lynch von deiner Existenz erfuhr. Du weißt sicher, dass du jetzt ein Vermögen erbst, oder?«

Aisling stand etwas verblüfft da. Langsam bewegte sie den Kopf hin und her. »Nein, weiß ich nicht. Aber das ist mir auch egal.« Ihre Stimme klang trotzig. »Mir ist kalt hier, ich gehe wieder rein. Du kannst ja draußen bleiben, wenn es dir hier so gut gefällt.«

Aisling wandte sich zum Gehen. Doch dann hielt sie plötzlich inne. Es schien ihr mit einem Mal zu dämmern, was Grace gerade versucht hatte, ihr klarzumachen. Sie drehte sich um, ging zwei Schritte auf die Kommissarin zu und fasste sie hart an den Schultern.

»Aber … Grainne … willst du damit sagen, dass ihr euch Sorgen um mich gemacht habt, weil ihr dachtet, meine

Mutter würde ihr eigenes Kind … sie würde mich aus Habgier umbringen? Dachtet ihr das?«

Grace konnte nicht darauf antworten. Wieder herrschte Stille zwischen den beiden.

Die Kommissarin überlegte, wie sie die Situation retten konnte.

»Wir hatten in der Zwischenzeit eine dritte Leiche, wie du vielleicht weißt«, fuhr sie schließlich fort.

»Ich hab's gehört. Das tut mir wirklich leid. Wer hat sich darum gekümmert?« Nun ließ Aisling die Kommissarin los und legte ihr fast vertraulich den Arm um die Schultern

Grace erzählte es ihr.

»Fitz? Der muss dich wirklich sehr mögen, dass er so etwas tut.«

Grace hatte bisher nicht daran gedacht, dass es auch etwas mit ihr zu tun haben könnte. Sie schob den Gedanken beiseite.

»Schau mal, die Sterne. Es ist unfassbar schön hier. Man fühlt sich so klein, wenn man unter diesem Himmel steht. Siehst du den Großen Wagen dort, Aisling?«

Die Kollegin fing an zu lachen. »Der Große Wagen, klar doch, Graínne, das ist das einzige Sternbild, das man auf Anhieb erkennt. Mit dem Großen Wagen fährt man immer auf der sicheren Seite.« Sie kicherte.

Die Kälte schien auf einmal verschwunden. Sie hatten Frieden geschlossen.

»Und wie geht es dir jetzt?«, fragte Grace.

»Gut. Was ich in den letzten beiden Tagen erfahren und durchgemacht habe, war ziemlich heftig. Aber jetzt ist alles geklärt, Graínne. Ich habe die Zeit hier gebraucht. Tessa ist sofort mit mir hierher zu Mary gefahren und am Sonntagabend kam noch ihr Bruder Michael dazu, der inzwischen schon wieder weg ist. Einen wirklich netten Onkel hab ich da. Und es ist gut, eine neue Familie zu haben, glaub mir. Mit Dad, natürlich. Dad ist ein richtig guter Vater.«

Sie strahlte, zum ersten Mal.

»Kann ich mal dein Handy benutzen, um ihm und Julian Bescheid zu geben?«

Grace reichte es ihr bereitwillig.

Die Tür zum Wohnwagen wurde leise geöffnet und wieder geschlossen. Grace hob den Kopf und meinte ein Geräusch gehört zu haben. Als sie aus der Lücke zwischen den beiden Wagen trat, konnte sie jedoch niemanden entdecken. Sie starrte in die Dunkelheit. Dann klopfte sie und betrat Marys Wagen, um sich bei ihr und Tessa zu verabschieden. Und um Sheridan abzuholen, die sie vorher zu Mary ins Warme geschickt hatte.

»Ich muss noch kurz zu meiner Familie, ein Stück weiter in Richtung Keel. Ich nehme Aisling und meine Kollegin schon mal mit.«

Mary drückte ihre neue Enkeltochter fest an sich und Tessa schien mit den Tränen zu kämpfen.

»Wie kommen Sie nach Connemara, Tessa?«, fragte die Kommissarin.

»Ich habe einen kleinen Wagen, danke.« Sie wich ihrem Blick aus.

Auf dem Weg zum Parkplatz bemerkte Grace, dass Peter ihr eine Nachricht und eine Rückrufbitte geschickt hatte. Das wollte sie tun, sobald sie bei Dara sein würde. Obwohl sie immer noch wütend auf ihn war.

Sheridan hatte wieder die Taschenlampe angeknipst und leuchtete ihnen den Weg.

»Das war ja spannend«, plapperte sie drauflos. »Wussten Sie, dass die Traveller immer zwei getrennte Spülen benutzen? Eine für Lebensmittel und eine zum Waschen von Kleidung und anderem? Das hat Mary Keane mir eben gezeigt.«

»Oh!« Grace blieb mitten auf der Straße stehen.

»Was ist?«, fragte Aisling verwundert.

»Die zwei Eimer!«

Die beiden Frauen starrten sie verständnislos an.

Dann setzte Grace grinsend ihren Weg fort. »Die Witwe Malone ist ein ausgekochtes Fischweib!«

68

Als sie wenig später das alte Herrenhaus bei Keel erreicht hatten, lehnte Dara schon erwartungsvoll an der Tür. Offenbar freute er sich über den spontanen Besuch und wollte es sich nicht nehmen lassen, alle köstlich zu bewirten. In solchen Situationen lief Graces Bruder zur Hochform auf. Die Kommissarin hatte eigentlich nur noch einmal mit Declan sprechen wollen, und die Tatsache, dass Oonagh mit Peter nach Dalkey gefahren war, bot ihr einen weiteren Anknüpfungspunkt. Was genau wusste Dara darüber?

Grace zog sich kurz in sein Arbeitszimmer zurück, um Peter anzurufen, doch im selben Moment läutete ihr Handy und Rory meldete sich bei ihr. Sie erzählte ihm von der wundersamen Familienzusammenführung der Keanes, bei der durch das unerwartete Auftauchen der verlorenen Enkelin Aisling auch Tochter Tessa nach über dreißig Jahren wieder zu ihrer Mutter gefunden hatte.

»Sag ich doch, mir fällt ein Stein vom Herzen. Und du sagst, Michael Keane war am Sonntagabend auf Achill? Das schließt ihn als Täter für den Mord an Gaynor aus. War sowieso nur eine verrückte Idee, an die ich nie wirklich geglaubt habe.«

Grace musste schmunzeln. »Konntest du die Alibis von Ward und Molloy überprüfen?«

»Ja. Molloy hat ein ziemlich sicheres. Das checken wir im Moment noch einmal. Das von Ward dagegen ist auf Moor gebaut, wenn du mich fragst. Es gibt niemanden, der etwas bestätigen kann. Vage Aufenthalte, irgendwo.«

Grace lehnte sich in dem alten Schreibtischstuhl ihres

Vaters zurück, einem der wenigen Möbelstücke, die im Arbeitszimmer ihres Bruders standen.

»Ich habe übrigens schon vor Stunden mit Alice Ward telefoniert«, fuhr Rory fort. »Die macht einen sympathischen Eindruck. Die Nachricht über den Tod ihres Bruders hat sie ziemlich niedergeschmettert. Sie ist auf dem Weg hierher. Nahm den nächsten Flug von Boston nach Shannon und müsste im Laufe der Nacht schon hier eintrudeln.«

Declan erschien an der Tür. »Dad hat Abendessen gemacht. Kommst du?«, raunte er ihr zu.

Grace nickte. »Moment, Rory, bitte.« Sie wandte sich ihrem Neffen zu. »Ich komme gleich. Außerdem muss ich dich nach dem Essen noch mal sprechen, Declan. Allein.«

Seine Augenbrauen schossen in die Höhe. »Ich habe nichts gemacht – und Mum ist gegen Dads Wunsch nach Dalkey gefahren.«

Sie hielt die Hand über das Handy. »Ich hab ja nicht gesagt, dass du was angestellt hast. Ich brauche deine Hilfe. Du musst mir bei meiner Ermittlung helfen. Tust du das?«

Der Junge nickte begeistert und verschwand.

Grace sprach wieder ins Telefon. »Rory, hier bin ich wieder, tut mir leid. Das müssen wir morgen früh alles besprechen.«

»Sicher. Wir stehen kurz vor der Lösung, Grace, hab ich recht?«

»Es gibt da noch ein paar Unklarheiten, aber ich glaube, dass wir bald so weit sind. Ist das Haushaltsbuch inzwischen überprüft worden?«

»Morgen Vormittag bekommen wir die Ergebnisse, das haben sie mir fest versprochen.«

Eine Nachricht kam herein und Grace beendete das Gespräch mit ihrem Kollegen.

Vom Esszimmer her hörte sie Gelächter. Dara gab offenbar Anekdoten zum Besten. Das konnte ihr Bruder ausgezeichnet, wenn er entspannt und gut gelaunt war. Und wenn er sich nicht von Oonagh beobachtet fühlte.

Grace trat in die Tür zum Esszimmer. »Ihr habt offenbar viel Spaß. Bitte, fangt ohne mich an, ich muss noch einen dringenden Anruf erledigen. Mhmm, das riecht herrlich. Was hast du gekocht, Dara?«

Ihr Bruder hob den Kopf und drehte sich in ihre Richtung. »Lammrücken mit Kräutersenfkruste, karamelisierte Möhren und Champignons nach Art des Hauses O'Malley!«

Dara lief langsam zu Hochform auf und Grace hoffte, dass sie alle, bis auf den armen Declan natürlich, bereits auf dem Weg nach Galway sein würden, wenn er danach in sein unvermeidliches Stimmungstief rutschte.

»Dein Bruder sollte ein Restaurant eröffnen«, ertönte es von Aislings Seite.

Auch Sergeant Sheridan schien jede Sekunde zu genießen. Ihr Gesicht hatte schon eine rosige Farbe angenommen, was teils am flackernden Torffeuer und teils an ihrer Begeisterung liegen mochte.

Grace zog sich wieder in Daras Arbeitszimmer zurück. Die neue Nachricht, die eingegangen war, stellte sich als Foto heraus, das Peter ihr geschickt hatte. Sie öffnete es, hielt es unter die Schreibtischlampe und brauchte eine Weile, bis sie es erkennen konnte. Jemand hatte eine Zahl, wohl eine Telefonnummer, offenbar hastig auf einen Block gekritzelt. Es war eine Nummer auf den Aran-Inseln, das sah sie an der Vorwahl.

Dann atmete die Kommissarin tief durch und tippte Peters Nummer. Er antwortete sofort.

»Schön, dich zu hören, Peter. Ihr seid schon in Ballinaslo?« Sie bemühte sich, nicht allzu verärgert zu klingen. Er war zwar eigenmächtig, aber letztendlich für sie und ihre Ermittlungen dort hingefahren. Das durfte sie nicht vergessen.

Ballinaslo lag im Osten des County Galway. Grace erzählte ihm knapp, dass sie im Traveller-Camp auf eine muntere Aisling gestoßen waren und nun bei ihrem Bruder zu Abend aßen, um sich danach auf den Rückweg nach Galway zu machen.

»Du hast etwas herausbekommen, was wichtig für uns sein könnte?«, fragte sie schließlich.

Peter erzählte ihr, was geschehen war. Offenbar saß Oonagh neben ihm und fuhr den Wagen.

Einen Moment lang war Grace sprachlos. »Das ist ja ungeheuerlich!«

Die beiden hatten den Geschäftsführer der Hibernian Earth aufgesucht, um an weitere Informationen heranzukommen. Dabei hatten sie sich als das Ehepaar ausgegeben, das die Geschäftsräume an die Hibernian vermietete. Grace wusste, dass Oonagh die Mietverhandlungen damals mit dem Makler allein geführt hatte und Dara nicht dabeihaben wollte. Daher bemerkte der Mann den Schwindel offenbar nicht.

Grace bat Peter, auf jeden Fall noch am selben Abend zu ihr zu kommen, um ihr alle Einzelheiten zu berichten.

»Was ist das für eine Telefonnummer, die du mir vorhin geschickt hast?«, fügte sie noch hinzu. »Und wo hast du das Foto aufgenommen?«

Sie hörte zu und hob dann erstaunt die Augenbrauen.

»Verstehe. Darauf hätten wir auch früher kommen können. Gut, bis später.«

Während sie mit Peter telefonierte, hatte sich Declan vom Esstisch davongestohlen und war zu ihr ins Arbeitszimmer gekommen. Er saß jetzt im altmodischen Drehsessel seines Vaters und begann sich langsam zu drehen. Neues Gelächter ertönte aus dem Esszimmer.

Als Grace das Gespräch beendet hatte, schaute sie zu Declan hinüber.

Sein Blick war mehr als erwartungsvoll. Grace zog sich auf die große Mahagoniplatte des Schreibtischs und blieb dort mit baumelnden Beinen sitzen.

Die Lampe mit dem ausladenden runden Metallschirm aus den Vierzigerjahren verbreitete eine anheimelnde Atmosphäre, die sie an Kindheitstage im Winter erinnerte. Da war sie manchmal auf Zehenspitzen ins Arbeitszimmer des Vaters geschlichen, um ihm eine Zeichnung hinzulegen, wenn er sich gerade eine Tasse Tee aus der Küche holte. Manchmal hatte Dara ein Gedicht dazu geschrieben, das er sich ausgedacht hatte. Ihr Vater hatte sich immer sehr gefreut und Liv hatte die Zeichnungen und Gedichte in der großen Küche aufgehängt. Da hatten sie auch an dem Morgen noch gehangen, viele Jahre später, als man den toten Vater auf der Straße gefunden hatte, wo er verunglückt war.

»Wie kann ich Gardai helfen?«, ergriff Declan nun das Wort. Den Satz kannte er wohl aus Fernsehkrimis.

»Hast du den Hamster noch?«

Declan nickte mit ernster Miene. »Ich passe gut auf ihn auf. Ist ja nicht irgendein Hamster.«

Grace stimmte ihm zu. »Und an der ganzen Sache waren drei Jungs beteiligt, nicht wahr, Declan?«

Der Junge war nicht sicher, worauf seine Tante hinauswollte. Das sah man ihm deutlich an. Schließlich nickte er.

»Wie hießen sie noch gleich?«

»Fergus, Jack und Adam.«

»Und Adam hatte eine alte Rechnung mit Jack zu begleichen, richtig?«

Declan legte den Kopf schief. Sein Gesichtsausdruck wurde immer ratloser.

»Fergus hat Adam wegen der geklauten Limo erpresst. Und dann hat Adam zwei Fliegen mit einer Klappe geschlagen und Jack und Fergus gleichzeitig ausgeschaltet.«

Declan wusste nun überhaupt nicht mehr, was hier gespielt wurde. »Tante Grace, was …?«

Doch die Kommissarin legte ihren Zeigefinger an die Lippen. »Trotzdem hast du jetzt den Hamster. Welchen Fehler hat Adam deiner Meinung nach gemacht?«

»Was soll das heißen? Welchen Fehler?«

»Er muss einen Fehler begangen haben, sonst wäre er am Schluss der Gewinner gewesen und hätte jetzt den Hamster.«

Declan dachte nach. Grace störte ihn nicht dabei. Er gab sich die größte Mühe, das konnte sie an seiner gerunzelten Stirn gut sehen. Nach ein paar Minuten glättete sie sich und sein Mund verzog sich zu einem breiten Grinsen.

»Er hielt sich einfach für clever, Tante Grace. Ich glaube, das war sein Fehler.«

Das späte Treffen bei Rory hatte endlich zu Ergebnissen geführt.

In dem Moment wo Grace in der Struktur der Morde und den Motiven der Verbrechen ein Dreieck erkannt und den anderen klargemacht hatte, dass sie sich von einem direkten Täter-Opfer-Schema verabschieden müssten, waren sie tatsächlich weitergekommen.

Für sich allein betrachtet, reichte kaum etwas als Motiv für einen Mord aus, aber in der Kombination miteinander bekam das Ganze eine Dynamik, die endlich nachvollziehbar war.

»Und was passiert morgen?«, hatte Peter Burke am Schluss Grace gefragt, nachdem sie sich von Rory verabschiedet hatten und zu ihren Wagen zurückgingen.

Grace überlegte einen Moment.

»Wir müssen noch das Ergebnis der Untersuchung von Moiras Haushaltsbuch abwarten. Wenn es da auch nur den geringsten Zweifel gibt, werden wir ihn morgen wegen des Verdachts auf zweifachen Mord festnehmen.«

Peter hatte beide Hände tief in seinen Jackentaschen vergraben. Er trat einen Schritt auf sie zu.

»Es tut mir leid, Grace, dass ich diesen Alleingang veranstaltet habe. Aber du hättest ihn mir mit Oonagh nie genehmigt.«

Sie schaute ihn belustigt an. »Das ist korrekt, Mr Burke. Hätte ich nicht. Ist aber gut, dass du es gemacht hast. Sonst hätten wir diesen letzten Mosaikstein in der Beweiskette nicht erhalten. Nur so konnten wir die drei Enden des Dreiecks fest miteinander verbinden.«

Sie wollte noch ein Danke hinzufügen, als er sie schon an den Schultern gefasst und sanft an sich gezogen hatte. Sie ließ es geschehen und drängte ihren Körper eng an den seinen. Sie küssten sich. Lange und innig. Dann blieben sie eng umschlungen mitten auf dem Bürgersteig vor der Doppelhaushälfte der Coynes stehen.

Schließlich löste sich Grace von ihm, strich ihm über die raue Wange und lächelte.

»Wünsch uns Glück«, sagte sie leise und ging langsam zu ihrem Wagen.

»Pass auf dich auf!« Mehr brachte er nicht heraus.

69

Es war schon nach zehn Uhr am nächsten Morgen und sie warteten immer noch auf das Ergebnis der Untersuchung von Moiras Haushaltsbuch. Grace lief nervös in ihrem Büro hin und her, während Rory sich eine Tasse Tee nach der anderen aus der Thermoskanne nachschenkte. Er war bereits bei der vierten angelangt. Dazu knabberte er scharfe Gewürzmandeln, die Mrs Coyne wohl am Abend zuvor frisch geröstet und dem Garda-Team zur Verfügung gestellt hatte.

»Willst du wirklich nichts davon, Grace? Deine Nahrungsverweigerung zaubert das Ergebnis auch nicht flotter auf unseren Tisch.«

Grace hatte kaum geschlafen und sah etwas blass aus. Das hatte vor allem mit Peter Burke zu tun. Appetit empfand sie jetzt ganz und gar nicht.

»Willst du, dass wir die Kollegen aus Westport einschalten, damit sie die Verhaftung vornehmen, während wir hier noch festhängen?«

Grace schüttelte entschlossen den Kopf, sodass ihr langes Haar ihr um die Schultern flog.

»Nein, ich glaube nicht, dass er sich absetzt und verschwindet. Keine Fluchtgefahr. Das machen wir selbst. Aber wir sollten noch einmal bei ihm anrufen, um sicherzugehen, dass er auch dort ist.«

Rory nickte. Er rief Finbar Ward an und kündigte seinen Besuch für eine weitere Vernehmung in spätestens zwei Stunden an. Ward fragte nicht einmal nach, worum es denn gehe, sondern legte sehr schnell auf.

Bald darauf hatten sie endlich das Untersuchungsergebnis auf dem Tisch.

Die beiden Kommissare beugten sich tief über den Bericht ihrer Kollegen. »... Es kann nicht mit Sicherheit ausgeschlossen werden, dass der Name nicht nachträglich verändert wurde.«

»Was soll das heißen? Wurde der Name nun verändert oder nicht?«, stöhnte Rory. »Immer diese verwirrende doppelte Verneinung in den Berichten.« Er stand auf.

»Die meinen, dass der Name mit ziemlicher Sicherheit ersetzt wurde, das heißt, dass am Haushaltsbuch manipuliert wurde«, stellte Grace fest. »Das bedeutet für uns zweierlei: Erstens belastet es eindeutig Ward. Er hat offenbar versucht, neben dem Handschuh noch eine weitere Spur in Richtung Molloy zu legen. Zum anderen können wir nun mit größerer Sicherheit sagen, was Gaynor gerade tat, als er von seiner Tante überrascht wurde.«

Rory war schon fast an der Tür. Er drehte sich zu seiner Chefin um und nickte.

»Gaynor wollte das mittlerweile manipulierte Haushaltsbuch zurücklegen«, folgerte Grace. »Es könnte sein, dass seine Tante ihm von diesem Buch erzählt hat und Finbar Ward über Gaynor auf die Idee kam, Molloy durch diesen Eintrag im Haushaltsbuch zusätzlich zu belasten. Dann musste Gaynor es nur noch zurückbringen. Und um es besser zu verstecken, legte er Zeitschriften darüber, was Moira grundsätzlich nie tat. Aber das wusste Gaynor nicht. Dann platzte sie herein. Sie stellte ihn zur Rede und er griff zum Messer, das in der Küche lag. Eine echte Kurzschlusshandlung.«

Grace griff nach ihrem Mantel und überprüfte ihre Waffe. »Lass uns fahren, Rory!«

Der atemberaubenden Landschaft entlang der N59 von Galway nach Leenane schenkten die beiden Kommissare an diesem Tag keine Beachtung. Sie waren viel zu sehr mit ihren Ermittlungsergebnissen beschäftigt, um die Schönheit der wolkenverhangenen kahlen Berge der Twelve Bens und der Maam Turk Mountains zu würdigen.

»Können wir es bitte noch mal zusammenfassen, Grace? Ich finde die Sache mit dem Dreieck echt nicht ganz einfach.« Rory drückte aufs Gas und schoss mit hohem Tempo die Nationalstraße entlang. Weit vor ihnen konnte man einen Traktor erkennen, der langsam voranzuckelte und ihn sehr bald ausbremsen würde.

»Der Ausgangspunkt war, dass Michael Lynch herausbekommen hatte, dass Finbar Ward seine ehemaligen Mitstreiter aus der Torf-Initiative in Monaghan hinters Licht geführt hatte. Darauf hatte ihn Michael Keane gestoßen. Das Gutachten für die Hibernian war mit Wards Hilfe manipuliert worden, und da die Farmer ihm vertrauten, hat es keiner nachträglich überprüft. Was sie nicht wussten, war, dass Ward mittlerweile Miteigentümer der Hibernian geworden war, ein stiller Teilhaber sozusagen. Das hat Peter gestern wirklich geschickt dort herausbekommen. Ward profitierte also direkt und nicht zu knapp von seinem heimlichen Seitenwechsel. Das ist, wenn du so willst, die Grundlage für diese Dreiergeschichte.«

Rory bremste ab, denn er hatte den Traktor erreicht. »Aha. Und welche Rolle spielte Lynch?«

»Lynch muss Ward damit erpresst haben. Vergiss nicht, Lynch hatte es nach wie vor nicht verwunden, dass er damals nicht abbauen durfte und dass die Hibernian später die Genehmigung dafür bekam. Er war ein schlechter Verlierer. Es wurmte ihn sehr und er grübelte, wie er sich rächen könnte. Ich denke, das war das Motiv für seine Erpressung. Die Sache war zwar gelaufen, aber er wollte es

Ward heimzahlen.« Grace hielt kurz inne und schaute nervös aus dem Fenster. »Oh, Rory, jetzt überhol den Trecker doch nicht an dieser unübersichtlichen Stelle. So viel Zeit muss sein.«

Der Kommissar grummelte, unterließ aber sein waghalsiges Überholmanöver, das er gerade einleiten wollte.

»Und was war der zweite Schenkel des Dreiecks?«

Grace schloss einen Moment lang die Augen. »Die Erpressung durch Lynch war nicht nur ärgerlich für Ward, sie war auch gefährlich für ihn. Lynch hätte seine finanziellen Stakes bei der Hibernian eiskalt öffentlich machen können. Damit hätte er überall, nicht nur bei seinen Torfkumpels, seine Glaubwürdigkeit verloren. Was für den ehrgeizigen Politiker fatal gewesen wäre. Also musste er sich absichern und etwas unternehmen. Vermutlich dachte Finbar Ward zunächst überhaupt nicht an Mord, um sich den lästigen Lynch vom Hals zu halten. Aber als er von Lynchs zweiter Baustelle erfuhr, wurde es für Ward hochinteressant.«

Endlich konnte Rory die Straße weit genug einsehen, um festzustellen, dass ihm niemand entgegenkam. Er schaltete einen Gang runter, stieg aufs Gas und zog am Traktor vorbei.

Grace atmete erleichtert aus und fuhr fort. »Ward erfuhr vom heftigen Streit zwischen Lynch und Molloy um das Stück Land in Delphi. Dass es dabei um Trüffel und nicht um Gold ging, wusste niemand außer den Beteiligten. Das war auch unwichtig für Ward. Für ihn war nur wichtig, dass alle in Mayo über den Streit Bescheid wussten. Und da Molloy auch derjenige war, der eine Affäre mit Wards Exfrau gehabt hatte, konnte der betrogene Ehemann gleich zwei Fliegen mit einer Klappe schlagen: Lynch, den gierigen Erpresser, und Molloy, den Mann, der seine Ehe zerstört hatte. Zwei auf einen Streich. Was für eine gute Gelegenheit! Patsch!«

Rory bog auf die kleine Nebenstraße in Richtung Maam ab. Er legte einen niedrigeren Gang ein. »Und die Verbindung zwischen Nummer eins und zwei komplettiert unser Dreieck?«

»Richtig. Als Ward erfuhr, dass Lynch wegen Tessa Keane an Samhain nach Inis Meáin wollte, stand sein Plan fest. Die Nacht, in der man dort vermummt herumlaufen und alle Häuser betreten kann, war ideal für ihn. Als er erfuhr, dass sich auch Molloy dort aufhalten würde, war der Mord an Lynch beschlossene Sache. Eine bessere Gelegenheit würde nicht mehr kommen. Der Verdacht konnte, nein, er musste auf Molloy fallen. Und daran arbeitete er.«

Rory grinste. »Außerdem kannte er ja Robert Gaynor, seinen ehemaligen Schwager. Den kontaktierte er, um bei ihm unerkannt die Nacht zu verbringen, in der er Lynch umbringen wollte.« Der Kommissar schwieg einen Moment. »Gaynor muss von Anfang an mitgespielt haben. Wie hat er sich den bloß gefügig gemacht? Auch für das, was später geschah?«

Grace zuckte mit den Schultern. »Das müssen wir noch herausfinden. Vielleicht kann Alice darüber Auskunft geben. Myrtle erwähnte, dass sie und ihr Bruder sich nicht gut verstanden hätten. Möglicherweise hängt das mit ihrem Exmann zusammen.«

»Alice muss schon gelandet sein. Entweder sie hält sich jetzt in Galway auf oder sie ist direkt nach Inis Meáin weitergefahren«, fügte Rory hinzu. »Wir müssen sie unbedingt kontaktieren.«

Es begann zu regnen. Der Himmel verfärbte sich fast ins Grünliche.

»Ein komisches Licht, findest du nicht?«, stellte Rory fest.

Der Wagen holperte die schlechten Straßen zwischen Maam Cross und Maam Village entlang.

»Glaubst du, Ward wusste von der Geschichte um Tessa, Lynch, Aisling und das Erbe?«, fragte der Kommissar.

»Auf keinen Fall. Das alles hat sich doch erst so rasant entwickelt, als Aislings Adoptivmutter plötzlich starb«, erwiderte Grace. »Und ich halte es für ausgeschlossen, dass Ward Kenntnis von Lynchs Testament besaß.«

»Dann hat er also davon profitiert, dass uns diese Sache durcheinandergebracht hat?«

Grace sah ihren Kollegen von der Seite an. »Ja und nein. Molloy war nun nicht mehr der einzige Verdächtige, aber auch wir haben davon profitiert. Erst unser Interesse an Tessas Familie hat uns zur richtigen Stelle in Monaghan gebracht und die genauen zeitlichen Abläufe vor Augen geführt.«

Sie waren kurz vor Leenane und dem Killary Harbour angelangt, dem einzigen Fjord Irlands. Der Regen hatte sich verstärkt und prasselte heftig auf die Fahrbahn. Rory versuchte die beschlagenen Scheiben mit einem Taschentuch abzuwischen, was ihm nur unzureichend gelang. Er murmelte etwas.

»Was sagst du?«, fragte Grace nach.

»Glaubst du, dass Finbar Ward das alles, was wir uns jetzt so logisch zusammengebastelt haben, gestehen wird?«

Um ihren Mund zuckte es leicht. »Nein, Rory, das glaube ich nicht. Das wird noch ein hartes Stück Arbeit werden. Wir können ihm zwar das eine oder andere eindeutig nachweisen, doch für den gesamten Zusammenhang fehlen uns entsprechende Beweise. Aber er hält sich für clever. Das ist sein Nachteil. Auch wenn es hier keinen Hamster gibt.«

»Wie bitte?«

Rory trat an der kleinen Kreuzung mitten in Leenane auf die Bremse. Rechts vor der neuen Brücke lag das Kulturzentrum und links davon standen vor einem der beiden Pubs zwei alte Männer in Gummistiefeln im Regen und hielten einen Humpen Tee und eine Cola in der Hand. Sie hoben den Arm zum Gruß, als die Kommissare vorbeifuhren und rechts abbogen.

Jetzt fuhren Grace und Rory am Fjord entlang.

»Er ist immer wieder majestätisch schön, findest du nicht auch, Grace?«, schwärmte Rory. »Egal bei welchem Wetter und zu welcher Jahreszeit.«

Der Regen war noch stärker geworden und so dicht, dass die Landschaft kaum mehr zu erkennen war. Die Scheiben beschlugen wieder und Rory knipste diesmal das Gebläse an. Kurz vor der Abzweigung nach Louisburgh bogen sie rechts in die Auffahrt zu einem schmucken zweistöckigen Haus ein.

»Hier wohnt Ward?«

»Anscheinend. So hat Peter es mir beschrieben.«

Die beiden Kommissare stiegen aus. Im Hof stand ein großer Geländewagen. Sie klopften an die Hintertür, wie es üblich war. Es dauerte etwas, bis ihnen geöffnet wurde und ein junges Mädchen mit kurzen weizenblonden Haaren und hellen Augen im Türrahmen erschien.

»Hallo«, empfing sie die beiden Ermittler. »Heute viel los. Mr Ward ist weggefahren mit Frau.« Sie sprach mit einem starken osteuropäischen Akzent und stellte sich als Irina aus der Ukraine vor.

»Mona ist krank, so ich helfe heute.«

Mona schien die reguläre Haushaltshilfe von Ward zu sein.

»Wissen Sie, wo er sein könnte? Das hier ist doch sein Wagen, oder?« Grace deutete auf den Geländewagen.

Irina nickte. »Nicht weit. Sie haben kleines Auto von Frau genommen. Sie wollten spazieren. Vielleicht zu Wasserfällen?«

Die berühmten Ashleigh Falls befanden sich keine zehn Minuten von hier.

Es regnete ohne Unterlass, sodass sich bereits breite Rinnsale über den Hof schlängelten. Das war definitiv kein Wetter für eine romantische kleine Wanderung.

»Sie sagen, er war nicht allein?«

»Nein, junge Frau mit rotem Haar ist gekommen. War ganz kurz hier. Jetzt sie sind weg. Ich habe sie nicht gesprochen.«

Grace und Rory tauschten besorgte Blicke aus.

»Wir sind von Garda Galway und waren mit Mr Ward hier verabredet. Hat er das nicht erwähnt?«

Irina schüttelte freundlich lächelnd den Kopf. »Aber Sie sind nicht die Einzigen, die Augen auf ihn werfen.«

»Das verstehe ich nicht.« Rory runzelte die Stirn. »Was meinen Sie damit? Wer hat Augen auf ihn geworfen?«

Irina bedeutete ihnen, ihr zu folgen. Es machte ihr anscheinend nichts aus, in kürzester Zeit nass zu werden. Mit ausgestreckter Hand zeigte sie auf ein paar Büsche weiter unten auf der anderen Straßenseite.

»Da war auch eine Frau, das war aber zu weit, konnte nichts genau sehen. Nur auch rotes Haar.« Sie trat auf die Straße, Grace und Rory folgten ihr.

»Sie stand da und hat Haus beobachtet. Und als Mr Ward später mit der Frau herauskam, sie sich versteckt hat und gleich verschwunden war. Ich habe genau beobachtet. Hinter Kellerfenster. Ist komisch, oder?«

Grace sah Rory an und ihre Stimme klang belegt. »Ja, das ist sehr komisch.«

»Und wie lange ist das her?«

Irina dachte nach. »Viertelstunde, halbe Stunde?«

70

Als sie wieder im trockenen Auto saßen, waren sie ratlos, wie sie die Informationen, die sie von der jungen Frau erhalten hatten, verstehen sollten.

»Er hat plötzlich Besuch von einer jungen rothaarigen Frau bekommen? Das kann doch nur Aisling sein.« Rory klang unsicher.

»Und warum sollte sie bei Ward auftauchen?« Auch Grace wusste nicht, was das alles zu bedeuten hatte.

»Vielleicht hat sie von Tessa Keane erfahren, dass Ward ihren Vater umgebracht hat, und will ihn nun zur Rechenschaft ziehen?«

»Das glaube ich nicht. Aisling ist von Garda. Die weiß, wie wir arbeiten und wie man sich entsprechend verhält. Das würde sie nie machen!«

Hundertprozentig sicher war Grace sich trotzdem nicht. »Wir müssen die beiden suchen!«

Es war klar, was sonst passieren könnte. Rory ließ den Wagen an, während Grace hastig eine Nummer in ihr Handy tippte.

»Fahr zu den Ashleigh Falls!«

Die Kommissarin hatte ein mulmiges Gefühl bekommen. Und zwar genau in dem Moment, als die Ukrainerin ihnen von der zweiten Frau erzählte, die angeblich das Haus beobachtet hatte.

Rory bog auf die Straße nach Westport ein.

»Aisling geht nicht ran«, stellte die Kommissarin fest.

Auf der leeren regennassen N59 kam ihnen ein Pick-up entgegen.

»Den kenn ich, blink mal mit der Lichthupe und fahr Schritttempo!«, bat sie ihren Kollegen.

Der Wagen bremste ebenfalls ab und kam genau neben ihnen zum Stehen. Das Fenster ging herunter und ein Mann mit halblangem nassem Haar und einer Regenkappe streckte den Kopf heraus. Es war Marten Molloy. Er schien völlig aufgelöst. Auf dem Sitz neben ihm lag ein Border Collie mit erhobenem Kopf.

»Gut, dass Garda da ist! Sie müssen Ward finden!«

»Deshalb sind wir hier«, entgegnete Rory. »Aber wir …«

»Er hat Alice!«, unterbrach ihn der Hundetrainer aufgeregt.

»Seine Exfrau?«, rief Grace vom Beifahrersitz herüber.

»Ja! Und er hat eine Waffe!«

»Wir fahren zu den Wasserfällen! Sie bleiben hier«, ordnete die Kommissarin an.

Rory fuhr das Fenster wieder hoch, denn der Wind, der vom Atlantik kam, wehte den schweren Regen ins Innere des Wagens. Der Kommissar fuhr los. Im Rückspiegel konnte er sehen, wie Molloy den Pick-up wendete und ihnen folgte. »Er kommt mit.«

Grace drehte sich um. »Vielleicht ist das gar nicht so schlecht. Er kennt sich hier aus und könnte uns behilflich sein – solange er sich an unsere Weisungen hält.«

Rory überlegte. »Alice Ward ist auch rothaarig? Das wusste ich gar nicht.«

»Das sind hier viele«, murmelte Grace, die fieberhaft nachdachte. Ihre Gedanken flogen zurück zur irischsten aller Nächte. Was ging hier vor?

»Aber nicht in unserem Fall. Da gibt es nur Aisling, die rote Haare hat.« Rory dachte sich wohl nichts dabei, als er es sagte.

Einen Moment herrschte Stille im Wagen. Dann platzte Grace heraus: »Und Tessa Keane!«

Rory sog scharf die Luft ein, als hätte er sich gerade verletzt. »Sie war die Frau, die Ward beobachtet hat!«

Der Inspector bog auf die schmale Straße nach Louisburgh ein, die zu den Wasserfällen führte. Die Blätter der Rhododendronbüsche, die das Ufer des Killary hier als undurchdringliches Dickicht säumten, hatten sich schwer von Regenwasser tief hinuntergebeugt und berührten fast den Asphalt. Von allen Seiten strömten Rinnsale über die Straße in Richtung Fjord.

»Tessa hat auch kein Alibi für die Zeit nach Mitternacht an Samhain. Sie behauptet, sie hätte im Cottage auf Lynch gewartet und wäre schließlich eingeschlafen.«

Rory lenkte hektisch hin und her, um den großen Pfützen auszuweichen.

»Ja, ich erinnere mich. Und du glaubst, sie lügt?«

Grace versuchte ruhig zu bleiben. Sie näherten sich der Brücke über den Erriff River am Fuß der Wasserfälle.

»Nein, aber mir kommt es jetzt wahrscheinlicher vor, dass Tessa sich in der Samhain-Nacht nach draußen gewagt hat, um nachzuschauen, ob Lynch endlich käme. Und ich denke, sie hat dort den Green Man gesehen, Finbar Ward. Sie wusste, wer es war. Die ganze Zeit. Jede Wette.«

Als sie auf die Brücke zufuhren, konnten sie einen beigefarbenen Mini ganz allein auf dem weiter oben gelegenen Parkplatz erkennen.

»Das müssen sie sein!« Grace schaute zu den Ashleigh Falls hinauf, sah jedoch niemanden. Hinter ihnen hörten sie Molloys Van auf die Holzbrücke rumpeln.

»Und nun hat Tessa irgendetwas vor …«

Sie fuhren auf den Parkplatz. Rory hielt die Kommissarin einen Moment zurück, die sofort aussteigen wollte.

»Grace, was, glaubst du, hat sie vor?«

Grace O'Malleys Augen blitzten. »Tessa hat ihre Tochter

wiedergefunden und ihre Mutter. Und sie glaubt zu wissen, wer den Vater ihrer Tochter ermordet hat.«

Plötzlich kam ihr das Geräusch in den Sinn, das sie am Abend zuvor gehört hatte, als sie mit Aisling zwischen den Wohnwagen stand. Aisling hatte ihr vorgeworfen, dass sie ihre Mutter verdächtigt hätte, die eigene Tochter aus Habgier umbringen zu wollen. Es muss dort jemand im Dunkeln gestanden haben und das muss Tessa gewesen sein. Grace lief es eiskalt den Rücken hinunter, als ihr bewusst wurde, was das bedeuten konnte. Was, wenn Tessa beweisen wollte, dass es ihr um Gerechtigkeit und nicht um Geldgier ging? Wenn sie Ward zur Rede stellen wollte? Hatte sie Alice, von der niemand etwas ahnen konnte, aus der Entfernung etwa für Aisling gehalten?

»Raus! Wir müssen uns beeilen!« Grace schlug die Autotür zu.

Die Wasserfälle waren in diesige Nebelschwaden getaucht. Man konnte sie, obwohl sie nur etwa hundert Meter entfernt waren, kaum erkennen. Ein durch den heftigen Regen angeschwollener Strom ergoss sich mehrere Meter tief vom Erriff River auf die darunterliegenden Felsen. Das Tosen der Wassermassen war deutlich zu vernehmen.

Molloy war nun ebenfalls aus dem Wagen gesprungen und hielt den Hund an der Leine. Er kam auf die beiden Kommissare zu.

»Was wissen Sie über Alice?«, fragte ihn Grace.

Der Regen prasselte ohne Unterlass auf sie herab und lief ihnen über das Gesicht und den Hals und den Körper hinunter.

»Sie rief mich heute Morgen völlig unerwartet an. Sie sei auf dem Weg nach Leenane und wolle Ihren Ex zur Rede stellen. Wegen der Sache mit ihrem Bruder. Sie glaubte, dass Ward irgendwie für den Tod an Robert verantwortlich war, direkt oder indirekt. Und da wollte sie ihm auf den Zahn fühlen. Ich riet ihr davon ab, aber sie lachte nur und sagte, sie würde danach bei mir vorbeikommen.«

»Und dann?«

Während die Kommissarin Molloy befragte, schaute sie sich um und versuchte, in dieser unwirtlichen Landschaft Menschen auszumachen. Doch die Wand aus Nebel und Regen wurde immer undurchdringlicher. Sie mussten näher an die Wasserfälle heran. Grace wandte sich wieder Molloy zu.

»Ich machte mir Sorgen und war total nervös, und dann kam vor einer halben Stunde eine SMS von ihr. Mayday.«

»Wahrscheinlich hat sie den Hilferuf abgesetzt, als Ward einen Moment lang unaufmerksam war«, mutmaßte Rory.

»Ich habe sofort Gardai in Westport alarmiert«, sagte Molloy, der kreidebleich war. »In Leenane sitzt ja nur noch Mike Gogarty, und der ist ein Kumpel von Ward, soweit ich weiß. Lassen Sie uns hier hochlaufen, da haben wir den besten Blick auf den Erriff und den Wald gegenüber.« Er ging mit großen Schritten voraus, dem Hund folgend, den er von der Leine gelassen hatte.

Grace warf Rory einen irritierten Blick zu. »Mr Molloy!«

Der Mann drehte sich um. Die Anspannung stand ihm ins Gesicht geschrieben. Seine sonst eher freundlichen Gesichtszüge hatten einen harten Ausdruck angenommen.

»Sie zeigen uns den Weg, das ist eine große Hilfe, danke – aber wir leiten hier die Ermittlungen und ich entscheide, was wir machen«, sagte Grace mit Nachdruck. »Und noch eins: Es gibt wohl noch eine dritte Person, die sich hier oben versteckt hält. Wir wollen auch sie nicht gefährden.«

Mit diesen Worten überholte Grace den Hundetrainer,

ohne ihn eines weiteren Blickes zu würdigen, und folgte dem Hund hinauf auf den Hügel.

Molloy schien einen Moment verärgert, sagte aber nichts.

Als sie etwa die Hälfte des Berges erklommen hatten, blieben sie stehen, auch der Hund hielt inne. Sie atmeten tief durch. Molloy zog ein Fernglas aus seinem Parka hervor und richtete es auf den Fluss unter ihnen und auf das Waldstück auf der anderen Seite. Die Sicht war von hier oben aus nicht viel besser. Die schweren Wolken deckten alles zu. Schräg gegenüber kauerte hinter den grauen Regenvorhängen die Devil's Mother in ihrem goldbraunen Herbstkleid.

»Da drüben bewegt sich etwas!« Sofort reichte Molloy sein Fernglas weiter an Grace. »Dort, oberhalb des Flusses!«

Es war der Zugang zu dem silbernen Wasserlauf, der sich durch karge Felsformationen wand und aus dem die Lachse hoch in die Luft sprangen, um das Gefälle zu überwinden. Grace hatte in ihrer Kindheit oft mit ihrem Vater im Erriff Lachse gefischt.

»Ja, ich sehe sie!« Die Kommissarin gab Rory das Fernglas.

Sie waren nicht weit entfernt. Ein Mann, es musste Finbar Ward sein, schob eine Frau, wahrscheinlich Alice, vor sich her. Sie schien an den Händen gefesselt zu sein, aber sicher war Grace sich nicht. Alices Gang und Körperhaltung wirkten weder geschmeidig noch natürlich. Die beiden bewegten sich von ihnen weg, in Richtung der Wasserfälle.

Grace bedeutete Rory mit dem Kopf, auf ihrer Seite des Flusses die gleiche Richtung einzuschlagen. Sie zogen beide ihre Waffen und entsicherten sie. Der Berghang, auf dem sie sich bewegten, bot ihnen keinerlei Deckung. Würde Ward sich umdrehen und einen Blick zu ihnen herüberwerfen, könnte er zwar ohne Fernglas nicht erkennen, wer hier herumspazierte, doch dass Menschen in der Nähe waren, wäre nicht zu verheimlichen. Den Hund mitzunehmen war, im Nachhinein betrachtet, eine gute Idee gewesen, da alle Farmer hier mit ihren Hunden unterwegs waren und Ward sie so für Einheimische halten könnte. Doch Grace wäre es lieber, er würde gar nicht erst zu ihnen herüberschauen.

Sie waren noch ziemlich weit entfernt und zumindest durch den heftigen Regen weitgehend vor Blicken geschützt. Nun gereichte er ihnen plötzlich zum Vorteil. Niemand außerhalb Irlands könnte es sich vermutlich vorstellen, dass die Polizei hier Regen als Tarnung nutzte.

Sie folgten ihnen in einigem Abstand. Von einer zweiten Frau war keine Spur zu sehen. Grace wagte kaum zu hoffen, dass Tessa aufgegeben hatte. Die Kommissarin wies Rory durch Handzeichen an, sich vorsichtig nach unten zum Flussufer zu begeben. Molloy bedeutete sie, dort, wo er jetzt war, stehen zu bleiben. Er gehorchte und setzte sich mit dem Hund ins Moos.

Ward und Alice hatten den oberen Rand des Wasserfalls fast erreicht. Was hatte er vor? War er wirklich bewaffnet? Auch von ihrer jetzigen Position aus konnte Grace das nicht erkennen. Sie fluchte leise.

Als sie nur noch etwa fünfzig Meter zurücklagen, warfen sich Rory und Grace auf die nasse Erde und krochen weiter. Jetzt konnte man sie nicht mehr sehen. Das Uferschilf gab ihnen genügend Deckung. Grace robbte durch den Matsch. Das hatte sie zum letzten Mal bei ihrer Ausbildung an der Garda-Hochschule gemacht, die mehr als zehn Jahre zurücklag. Sie hatte es gehasst und nicht geglaubt, dass sie es jemals anwenden würde. Doch im Augenblick war es absolut notwendig. Grace spürte, wie ihr der Schlamm in Nase, Mund und Augen drang. Er spritzte ihr beim Robben ins Gesicht, das sie nicht zu schützen vermochte.

Alice balancierte nun am Rand des Abgrunds, während Ward hinter ihr stehen geblieben war und sie, was Grace jetzt erst erkennen konnte, tatsächlich mit einer Pistole zu bedrohen schien. Die Kommissarin wusste, dass sie nicht mehr anders eingreifen konnte, als ihn durch einen gezielten Schuss aus ihrer Waffe manövrierunfähig zu machen. Aber dafür musste sie mindestens noch zehn Meter näher heran, und so beeilte sie sich, über den weichen Boden, der von Pfützen übersät war, voranzukommen.

Sie konnte das Land spüren. Das Land, um das es hier immer ging, schoss es ihr durch den Kopf. Das verdammte, das verfluchte Land.

Da geschah es plötzlich.

Eine Frau hatte sich aus dem Dickicht des Waldes gelöst und war auf Ward zugestürzt. Sie sprang ihn von hinten an und wollte ihn offenbar zu Fall bringen, um die Frau am Rande des Wasserfalls zu retten.

Grace sah die beiden miteinander ringen. Sie sprang auf und rannte auf ihrer Seite des Flusses zu ihnen hin. Als sie fast auf gleicher Höhe mit ihnen war, löste sich ein Schuss. Die Frau schrie und taumelte. Sie fiel den Wasserfall hinunter. Es war Tessa Keane.

Das Wasser des Erriffs färbte sich rot. Grace brüllte mit erhobener Waffe: »Garda! Lassen Sie sofort die Pistole fallen!«

Ward gehorchte. Offenbar hatte Tessas Angriff ihn völlig aus dem Konzept gebracht. Alice saß zusammengekauert auf dem flachen Stein über dem Wasserfall und rührte sich nicht mehr.

Als Rory seine Chefin erreichte, kamen auf der Brücke gerade mit Blaulicht und Krankenwagen die Kollegen aus Westport an.

Rory trat neben Grace und wischte sich den Dreck aus dem Gesicht. Er schaute hinunter zu der Stelle, wo Tessa Keane reglos im Wasser lag.

»Nicht zwei Mütter hintereinander«, hörte sie ihn flüstern. »Nicht beide Mütter.«

71

Grace betrat auf Zehensitzen das abgedunkelte Krankenzimmer im Galway Hospital. Aisling O'Grady saß auf einem Stuhl, den sie sich ganz nah ans Bett gezogen hatte, und hielt Tessas Hand. Die Musikerin schlief. Der Arzt hatte Grace versichert, dass Tessa Keanes Verletzungen zwar zu einem ziemlich hohen Blutverlust geführt hätten, aber nicht lebensgefährlich seien. Die Maßnahmen der schnell eingetroffenen Sanitäter hätten das Schlimmste verhindert und der Rest sei nur eine Frage der Zeit. So hatte Tessa Keane ihr Leben zwei Bluttransfusionen zu verdanken, wobei nach der zweiten ihr Kind nicht verschwunden war, sondern neben ihr saß.

Grace lächelte Aisling an und rückte einen weiteren Stuhl ans Bett.

»Ich möchte dir und Rory nochmals von Herzen danken. Ohne euch hätte ich sie auch noch verloren.« Die junge Frau umarmte Grace.

»Dann schnapp dir auch Marten Molloy, er sitzt draußen im Flur. Ohne ihn hätten wir sie wahrscheinlich nicht retten können. Er hatte ja schon Gardai und die Ambulanz informiert und wir alle wissen, dass das im ländlichen Irland entscheidend sein kann.« Sie dachte an ihren eigenen Vater.

Die beiden Frauen schwiegen einige Augenblicke. Tessa lag blass auf den weißen Laken. Ihr Gesicht war entspannt und ihr Schlaf ruhig und friedlich. Trotzdem wirkte sie verletzlich.

»Sie dachte, Ward hätte mich entführt. Das hat sie mir vorhin erzählt. Eigentlich wollte sie ihn zur Rede stellen wegen des Mordes an meinem Vater. Sie hat ihn an Samhain erkannt. Und dann sah sie, wie er eine rothaarige junge Frau ins Auto stieß.«

Grace schaute ihre junge Kollegin nachdenklich an. Was hatte sie in diesen letzten Tagen nicht alles durchstehen müssen. »Ich weiß, aber das war ziemlich leichtsinnig von ihr. Sie hätte wissen müssen, dass Finbar Ward gefährlich und unberechenbar ist. Sie hätte zu uns kommen müssen.«

Aisling verzog ihr hübsches Gesicht. »Ach, du weißt doch ... Traveller und Garda ...« Dann grinste sie plötzlich. »Und nun haben sie auch noch eine echte Gardai in die Familie bekommen.«

»Zwei Anwälte haben sie ja schon. Deine Großmutter wird es überstehen.«

Aisling schaute ratlos. »Wieso zwei? Onkel Michael und ...?«

»Deinen Vater!«

Aisling strahlte. »Du hast recht. Dad bringe ich natürlich mit«, fügte sie zärtlich hinzu.

Grace hatte ihren Blick nach draußen gerichtet. Es hatte heute noch nicht geregnet und die Sonne gab ihr Bestes. Etwas beschäftigte die Kommissarin noch. Sie schaute die Kollegin an.

»Aber Tessa muss doch spätestens an den Ashleigh Falls gemerkt haben, dass es nicht du warst, den Ward in seiner Gewalt hatte.«

Aisling zog die Augenbrauen hoch. »Ja klar, das hat sie erkannt. Aber hätte sie Alice etwa im Stich lassen sollen, nur weil ich es nicht war? Sie hat gemerkt, dass Alice in Gefahr war, und nicht lange überlegt.«

Grace neigte den Kopf. Wenn sie ehrlich war, hätte sie Tessa das niemals zugetraut. Sie war bei Sheridans Vorurteilen Travellern gegenüber sofort aus der Haut gefahren. Aber wie viele davon trug sie selbst mit sich herum?

»Woher wusste Tessa eigentlich, dass du die Geburt überlebt hast?«, fragte sie ihre junge Kollegin leise.

Aisling lächelte. »Damals sollten zwar alle im Krankenhaus dichthalten, aber die kleine Füchsin fand wohl Mittel und Wege, eine der Schwestern zum Reden zu bringen.«

Es klopfte verhalten. Grace und Aisling schauten auf. Alice Ward stand unsicher in der Tür und streckte verlegen eine Tüte Trauben ins Krankenzimmer. Sie hatte tatsächlich eine vage Ähnlichkeit mit Aisling, stellte Grace fest, obwohl sie etwas kleiner war und das Rot ihrer Haare kräftiger, und sie hatte eine Stupsnase.

»Wie geht es ihr?«, flüsterte Alice.

»Danke, sie ruht sich momentan aus«, entgegnete Aisling.

Grace stand auf. »Darf ich Sie kurz draußen sprechen, Alice?«

Die Kommissarin verabschiedete sich von ihrer Kollegin und warf einen letzten Blick auf die friedlich schlummernde Tessa. Dann trat sie hinaus auf den fast leeren Korridor des Krankenhauses und schaute sich nach einem Sitzplatz um.

Da die Sitzecke für Besucher schon mit Aislings Freund Julian und Marten Molloy besetzt war, ging Grace ein paar Schritte in die entgegengesetzte Richtung, um Alice ungestört noch ein paar Fragen zu stellen.

»Ich muss Sie bitten, heute Nachmittag in die Garda-Zentrale zu kommen. Wir müssen Sie verhören. Die Situation war schwierig für Sie. Deshalb haben wir gestern davon abgesehen.«

Alice nickte bedrückt. »Damit habe ich gerechnet. Geht es um meine Ehe?«

Grace schaute sie überrascht an. »Auch. Aber hauptsächlich um Ihren Bruder.«

»Sie wollen vermutlich wissen, warum er Finbar geholfen hat.«

Grace nickte und sah sie dabei an. Alice Ward war ihrer Einschätzung nach eine der Frauen, die jahrelang vieles hinnahmen, jede Demütigung, jede Verletzung durch ihren Partner, und die sich nicht wehrten, um dann eines Tages, ohne Vorwarnung hocherhobenen Hauptes für immer zu gehen. Molloy war sicher nur eine Art vorübergehender Rettungsanker gewesen. Auch wenn es gerade so aussah, als würden die beiden sich wieder näherkommen.

»Wissen Sie es?«

Alice war stehen geblieben und schaute in Richtung Krankenhauseingang. In ihrem Gesicht konnte man unschwer die Wut erkennen.

»Selbstverständlich weiß ich es. Der Grund waren etwas über einhunderttausend Euro Schulden, die Robert bei Finbar hatte. Die hat er gebraucht, um seinen Laden vor dem Bankrott zu bewahren. Mein Bruder stand bei seinen Lieferanten extrem in der Kreide. Die Post- und Banklizenz wackelte schon, als ich noch hier war, und Finbar hat ihm damals bereits mit Bürgschaften ausgeholfen. So etwas verpflichtet natürlich. Finbar ist der Meinung, dass man alle und alles kaufen kann.« Ihre Stimme klang nicht anklagend, sondern eher tonlos und verächtlich. Dann versuchte sie ein Lächeln, mit dem sie sich offenbar selbst aufmuntern wollte.

»Gut. Das müssen Sie bitte zu Protokoll geben.«

Alice nickte und fügte hinzu: »Ich hätte allerdings nie gedacht, dass Robert so weit gehen würde, Tante Moira …« Sie brach ab, da sie mit den Tränen kämpfte.

Grace legte ihr die Hand auf die Schulter. »Falls es Ihnen hilft: Garda geht nicht von einem vorsätzlichen Mord aus, sondern von einer Affekttat, die durch die Umstände ausgelöst wurde. Trotzdem hat er sie getötet.«

»Und wie ist er selbst …?«

Grace warf ihr einen prüfenden Blick zu. Wie viel sollte, durfte sie ihr erzählen? Trotz allem war er ihr Bruder gewesen.

»Das müssen wir noch rekonstruieren. Höchstwahrscheinlich ist Ward mit ihm unter irgendeinem Vorwand in die Nähe des Golfclubs gefahren und hat ihn mit einem dünnen Stahlseil stranguliert. Ähnlich wie bei Michael Lynch.«

Alice schwieg einen Moment. »Ich habe Finbar, trotz allem, was ich mit ihm durchmachen musste, falsch eingeschätzt. Ich war unglücklich mit ihm, denn er war nur in sich selbst verliebt und konnte keinem anderen Liebe schenken, auch mir nicht. Aber dass er zu so etwas fähig ist?«

Sie hatte ihren Blick auf die Kommissarin gerichtet, als könnte sie immer noch nicht glauben, was sie eben erfahren hatte.

»Meinen Sie, ich wäre zu ihm gefahren, um ihn zur Rede zu stellen, wenn ich ihn für einen brutalen Mörder gehalten hätte?«

Grace antwortete ganz ruhig. »Nein. Das glaube ich nicht.«

Alice wischte sich mit dem Ärmel über die Augen. »Danke für alles, Superintendent.«

Grace schenkte ihr ein tröstendes Lächeln und verabschiedete sich.

An der großen Schwingtür kamen ihr Donal und Michael Keane entgegen.

Donal hatte eine Schachtel Pralinen in der Hand und schaute verlegen lächelnd zu Boden, Michael trug einen Rosenstrauß bei sich, mit dem er Grace winkte.

Wenig später schlenderte die Kommissarin zu ihrem Wagen, den sie auf dem Besucherparkplatz in der letzten

Reihe geparkt hatte. Sie sah ihn schon von Weitem. Er hatte sich lässig gegen die Fahrertür gelehnt, die Arme verschränkt, und sah ihr erwartungsvoll entgegen. Sie musste schlucken und merkte, wie sie Herzklopfen bekam. Die Sonne war inzwischen ganz herausgekommen und tauchte selbst den tristen Parkplatz in ein beinahe überirdisches goldenes Licht.

»Peter! Woher wusstest du, dass ich hier bin?«

Er lächelte zurückhaltend. »Rory hat es mir verraten. Auf deinen Kollegen ist hundertprozentig Verlass.«

Ein verlegenes Schweigen breitete sich zwischen ihnen aus.

»Willst du mit? Ich fahre ins Zentrum.«

Peter löste sich von der Tür und trat beiseite. »Danke, aber ich habe dahinten geparkt. Ich bin nur gekommen, um dich zu sehen.«

Sie lächelte unsicher und trat auf ihn zu. Ihre rechte Hand verschwand kurz in ihrer großen roten Tasche und holte etwas hervor, was wie ein zerknülltes Papiertaschentuch aussah. Sie hielt es ihm hin und er starrte darauf.

»Was ist das denn?«

Sie drückte ihm das Taschentuch vorsichtig in die Hand, in dem etwas Festes eingewickelt war. Er beugte sich darüber.

»Mach es auf, aber vorsichtig!«

Peter gehorchte.

»Oh!« Er roch verzückt am Inhalt.

»Statt einem Hamster.«

Er starrte sie ungläubig an. Dann grinste er und betrachtete das Ding in seiner Hand genauer. Es sah aus wie eine kleine Kartoffel mit winzigen Poren und Furchen, und ein erdiger, nussiger Geruch ging davon aus.

»Mit herzlichen Grüßen von Luca«, sagte Grace und strahlte ihn an.

»Wer ist Luca?«

»Ein Lagotto Romagnolo. Ich habe Molloy das kleine Stück abgekauft. Nicht dass du denkst, das hier ist ein Bestechungsversuch in Gestalt eines Tuber excavatum mayorensis.«

Peter hob die Augenbrauen und Grace lächelte.

»Habe ich so getauft – ein echter Trüffel aus Mayo.«

Peter betrachtete den wertvollen Pilz von allen Seiten und schlug ihn dann sorgfältig wieder in das Taschentuch ein.

»Wer hätte das geglaubt?«, sagte sie gut gelaunt. »Dass wir tatsächlich einmal Trüffel aus Irland essen würden?«

Peter nickte. »Ja, wer hätte es geglaubt? Dabei glauben wir Iren doch viel und manchmal wirklich alles. Und das seit Tausenden von Jahren.«

»Das wiederum fällt mir schwer zu glauben. Sehen wir uns heute Abend bei mir?«

Er nickte und sie lächelten sich an.

Glossar

Achill Island, Insel westlich der Küste Mayos, die mit einer Brücke mit dem Festland verbunden ist

Blanket Bog, sogenanntes Deckenmoor. Kommt in den Ländern der nördlichen Hemisphäre vor, sehr häufig in Irland und Schottland. Besteht aus großen, zusammenhängenden Flächen und steht häufig unter Naturschutz.

Blauhemden, abwertender Spitzname von Mitgliedern der **Fianna Fáil** (übersetzt: Soldaten Irlands) für die Mitglieder der zweiten großen Partei Irlands, der **Fine Gael** (übersetzt: irische Familie)

Bodhran, irische, mit Fell bespannte Trommel (gesprochen: Boran)

Craic (gesprochen: Kräck), irischer Begriff für Spaß, Freude

Daíl (gesprochen: Doil), vollständig: Daíl Éireann – übersetzt: Versammlung Irlands. Das irische Parlament, das in Dublin tagt.

Dalkey, teurer Vorort südlich von Dublin direkt am Meer. Bekannt auch durch Flann O'Briens ›Die Dalkey Archive‹ (gesprochen: Dokie)

Éamon De Valera, 1882–1975, bekanntester irischer Politiker und mehrfacher Ministerpräsident. Gründete die Partei Fianna Fáil und prägt Irland bis heute. Im Volksmund »Dev« genannt.

Galwegian, Bezeichnung für die Einwohner Galways

An Garda Síochána, Hüter des Friedens, heißt die Polizei in Irland. Kurz **Garda** oder **Gardai** (gesprochen: Gardi)

Gaeltacht (gesprochen: Gältacht), bezeichnet die Regionen Irlands, wo Irisch noch als erste Sprache gesprochen wird. Fast alle Gaeltachts liegen im Westen der Insel. Sie erhalten eine besondere Förderung ihrer Sprache und Kultur durch den Staat. Insgesamt 86 000 Menschen sprechen hier Irisch.

Graínne Ni Mháille (gesprochen: Gronja nei Maljach), irischer Name für Grace O'Malley, wird häufig zusammengezogen zu Granuaille (gesprochen: Gronjawehl)

Inis Mór, die größte der drei Aran-Inseln in der Bucht von Galway, auf denen noch Irisch als Alltagssprache gesprochen wird (gesprochen: Inisch Mor)

Inis Meáin, die mittlere der drei Aran-Inseln (gesprochen: Inisch Maan)

Inis Oírr, die kleinste der drei Aran-Inseln (gesprochen: Inisch Iir)

Keltischer Tiger, Bezeichnung für Irland zwischen den Jahren 1995 und 2007, als das Land ein außergewöhnlich starkes Wirtschaftswachstum erlebte. In dieser Zeit gab es eine große Immigrationswelle und viele zuvor emigrierte Iren kehrten in ihre Heimat zurück.

Monaghan, nördliche irische Grafschaft und deren Hauptstadt (gesprochen: Manehen)

Osteraufstand 1916, wichtiges Datum im irischen Freiheitkampf. Der vergebliche Versuch irischer Republikaner, die Unabhängigkeit von Großbritannien gewaltsam zu erreichen. Das traditionelle irische Lied »The Foggy Dew« nimmt Bezug auf die historischen Ereignisse.

RTÉ (gesprochen AR-TI–IE), Raidió Teilifís Éireann, der öffentlich-rechtliche Sender der Republik Irland. Gegründet 1960.

Samhain (gesprochen Saaum), einer der höchsten keltischen Feiertage. Die Nacht vom 31.10. auf den 1.11. Ursprung von Halloween. Wird heute nur noch auf den Aran-Inseln traditionell gefeiert.

Tin Whistle, einfache Flöte mit sechs Löchern, die besonders in der traditionellen irischen Volksmusik verwendet wird

Traveller, die Fahrenden Irlands und Englands, die sich selbst stolz als **Pavee** bezeichnen. Sie sind ethnisch nicht mit Sinti oder Roma verwandt, sondern mit den Jenischen aus der Schweiz.

Witwe Malone, Rory Coynes keltischer Fluch oder sein »zweites Gesicht«

Personen

Das Ermittler-Team:

Grace O'Malley – Leiterin des Morddezernats in Galway
Rory Coyne – ihr Kollege und Vertrauter
Peter Burke – Privatdetektiv für Wirtschaftsdelikte

Weitere Personen:

Beth – Hebamme im Ruhestand
Pattie Burke – Peters Mutter, die auf Inis Meáin ein exklusives Bed & Breakfast führt
Robin Byrne – Chef der gesamten Garda-Zentrale in Galway
Henry Casey – Fischer auf Inis Meáin
Kitty Coyne (Mrs Coyne) – Rorys Ehefrau und Mutter ihrer sechs Töchter
Kevin Day – Graces eifersüchtiger Kollege
Moira Farrell – Robert Gaynors Tante und Katzenfreundin
Fiona – Barfrau im Spaniard's Head
Dr. Padraig (gesprochen: Porrig) **Fitzgibbon**, genannt Fitz – ehemaliger Gerichtsmediziner bei Garda Limerick, inzwischen beliebter Wirt im Spaniard's Head
Oliver Fitzsimons – Notar von Michael Lynch
Julian Gafferty – Aisling O'Gradys Freund
Robert Gaynor – besitzt einen Lebensmittelladen mit Post und Bank auf Inis Meáin

Hilary – Stammgast im Spaniard's Head
Michael Keane – Bruder der berühmten Fiedlerin Tessa Keane
Donal Keane – Tessas zweiter Bruder
Mary Keane – Tessas Mutter
Tessa Keane – Fiedlerin
Mrs Keegan – Angestellte bei St. Mary's in Castlebar
Michael Lynch – erfolgreicher Farmer
Frank MacMurray – Landbesitzer
Marten Molloy – erfolgreicher Trainer von Border Collies
Kieran O'Dowd – Farmer auf Inis Meáin
Aisling (gesprochen: Äschling) **O'Grady** – Gerichtsmedizinerin bei Garda Galway
Alfred O'Grady – Aislings Vater
James (Jim) O'Malley – Graces Onkel und bekannter Politiker
Dara O'Malley – Graces Bruder aus Dalkey
Declan O'Malley – Daras Sohn
Myrtle O'Malley – beste Freundin von Moira Farrell, nicht mit Grace verwandt
Oonagh (gesprochen: Una) **O'Malley** – Daras Frau
Paddy und **Gerry** – Fährleute auf Inis Meáin
Roisin (gesprochen: Roschin) – Graces vierzehnjährige Tochter
Siobhan Sheridan – neuer Sergeant bei Garda Galway
Alice Ward – Exfrau von Finbar Ward
Finbar Ward – Politiker bei den Indis und Torfaktivist

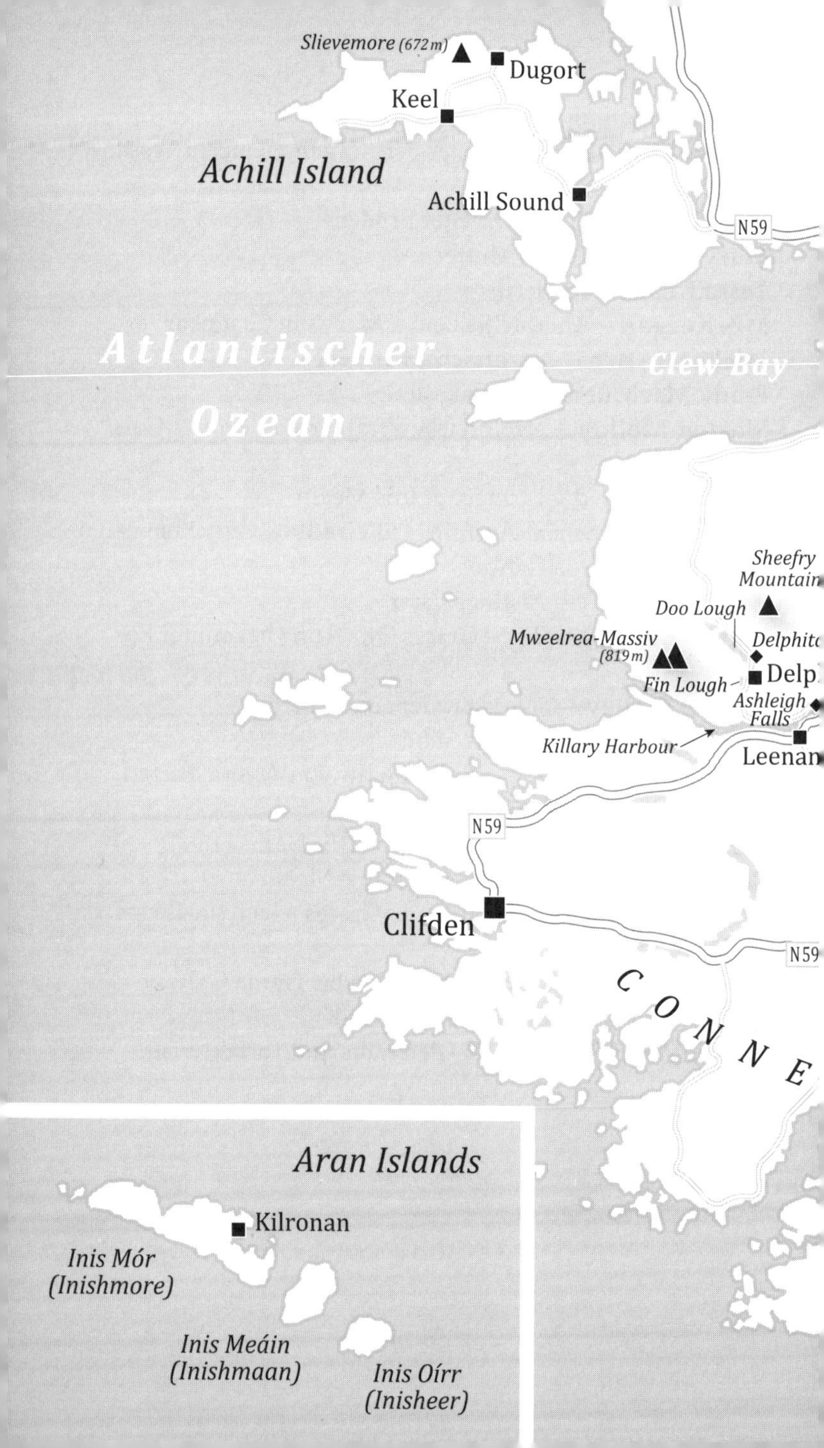

Slievemore (672 m)
Dugort
Keel
Achill Island
Achill Sound
N59
Atlantischer
Ozean
Clew Bay
Sheefry
Mountain
Doo Lough
Mweelrea-Massiv
(819 m)
Delphi
Fin Lough
Delp
Ashleigh
Falls
Killary Harbour
Leenan
N59
Clifden
N59
CONNE
Aran Islands
Kilronan
Inis Mór
(Inishmore)
Inis Meáin
(Inishmaan)
Inis Oírr
(Inisheer)

Lough Conn
Groß-
britannien
Republik
Irland
Castlebar
Westport
N59
M A Y O
REPUBLIK IRLAND
Lough
Mask
Maam
Lough
Corrib
A R A
N59
Galway
Rossaveel
Galway Bay
10 km
© landkarten-erstellung.de

Danksagung

Ich danke allen, die mich bei der ›Irischen Nacht‹ auf die eine oder andere Weise begleitet haben. Das gilt, auch wenn es schon ein paar Jahre her ist, besonders den Menschen auf Inis Mór, der größten Aran-Insel, mit denen ich die ganze Samhain-Nacht feiern durfte. Ganz genau wie ich es im Buch schildere, jedoch ohne Mord.

Die Pavee Communities in Dublin und Galway öffneten ihre Wohnwagen für mich und ließen mich an ihrem Familienleben, ihren Traditionen und ihrer Musik teilnehmen.

Monika Wörman und Judith von Rauchhaupt vermittelten mir den Kontakt zum Dan O'Hara Kulturzentrum in Connemara, wo man mir alles über das Torfstechen und den Schutz des Blanket Bogs, Teil der einmaligen Landschaft Westirlands, beibrachte. Joy Joyce bei Maam Village in Connemara trainiert irische Schäferhunde, die Border Collies, und ich war besonders beeindruckt, dass seine Hunde auch Enten zusammenhalten konnten und sie sehr entspannt begleiteten.

Meine Familie und meine engen Freunde haben mich wie immer ermuntert und unterstützt, besonders möchte ich mich bei Michael Gaeb, meinem Agenten, Karoline Adler vom Verlag und Ulrike Schuldes, meiner geduldigen Lektorin, bedanken. Ihr alle habt mich gut durch die ›Irische Nacht‹ gebracht.

3, Fall

Neumann
Rydz
ulbrich